인정

하나의 유럽 사상사

나남
nanam

나남신서 2079

인 정
하나의 유럽 사상사

2021년 6월 25일 발행
2022년 1월 5일 2쇄

지은이   악셀 호네트
옮긴이   강병호
발행자   趙相浩
발행처   (주) 나남
주소   10881 경기도 파주시 회동길 193
전화   (031) 955-4601 (代)
FAX   (031) 955-4555
등록   제 1-71호 (1979.5.12)
홈페이지 http://www.nanam.net
전자우편 post@nanam.net

ISBN 978-89-300-4079-2
ISBN 978-89-300-8001-9 (세트)

책값은 뒤표지에 있습니다.

나남신서 2079

인정

하나의 유럽 사상사

악셀 호네트 지음
강병호 옮김

나남
nanam

위르겐 하버마스(Jürgen Habermas) 에게
감사한 마음으로 헌정합니다.

한국어판 서문

이제 한국어로 선보이는 이 연구에서 나는 인정 개념이 근대가 시작된 이래로 오늘날까지 발전해 온 궤적을 재구성하려고 시도했다. 그러나 그런 작업에서 나의 시각은 내 자신의 지적인 사회화 과정으로 인해 나에게 가장 가까운 서유럽의 정신적 공간만을 향하고 있다. 이 개념사적 연구에서 나는 서유럽 전부도 포괄하지 못했고, 단지 서유럽의 세 문화적 중심, 즉 프랑스와 영국 그리고 독일만을 다루었다. 이탈리아와 스페인을 포함하는 지중해 전 지역도, 중부 유럽의 이웃 나라들도 포함시킬 수 없었다.

나의 연구는 서유럽의 봉건질서가 해체되면서 비로소 사회의 구성원들이 서로의 어떤 속성에 기반하여 어떻게 서로 긍정적으로 관계를 맺어야 할 것인가 하는 물음이 긴박해졌다는 논제에서 출발한다. 전에는 각자가 속한 신분에 의해 확고하게 규제되었던 것이 점차 의심스럽게 되면서, 이제 새롭게 관계를 맺는 주체들은 서로를 상호적으로 인정하는 방식에 대해 물어야 했다.

앞의 세 문화적 공간을 살펴보면서 나는 상호작용관계의 이러한 구상에서 세 나라 사이에 매우 큰 차이가 있음을 알게 되었는데, 그 차이는 각 나라가 마주한 정치적 경제적 도전들과 관련이 있어 보였다. 프랑스어권에서는 일상적 의사소통관계에서 사회적 구별 짓기가 갖는 막대한 중요성 때문에 주체들 사이의 인정이 항상 허위와 위선, 따라서 진실성의 상실이란 위험과 결부되었다. 시장이 사회적 생활세계에 미치는 영향을 제한하는 것이 우선적으로 중요했던 영국 문화권에서는 반대로 주체들이 서로를 관찰한다는 사실이 도덕적 공통감각의 형성을 위한 기회로 여겨졌다. 그리고 마지막으로 여전히 건재한 귀족에 맞서 시민계급의 해방이 중요했기 때문에 프랑스 및 영국과는 다른 종류의 도전에 직면해 있던 독일어권에서는 상호 인정이 모든 사회성의 필요조건이 되었고, 이로부터 사회적 평등에 대한 요구가 도출되었다.

이러한 세 가지 인정 동기를 종합하는 시도로 이 연구를 마무리했을 때 나는 이 재구성 결과가 아직 잠정적일 수밖에 없음을 당연히 알고 있었다. 일단 나는 다른 문화권에서는 더 이상 신분질서나 전통적 행위 규정에 묶여 있지 않은 주체들의 상호작용이 아주 다른 사회적 현상 및 결과들과 결부되지는 않았는지를 전혀 검토할 수 없었기 때문이다. 그 이후로 나는 이 작은 책이 다른 언어로 번역되는 행운을 얻을 때마다 이 책이 그곳의 문화권에서 인정 개념의 형성에 관한 연구를 자극할 수 있었으면 하는 희망을 품어왔다. 그 문화권이 서부 유럽에서 멀리 떨어져 있고 정신적으로 낯선 곳일수록, 그런 연구를 통해 인정 개념의 전혀 다른 계보에 대해 알 수 있게 되었으면 하는 나의 희망은 더욱 강하다.

이런 점에서 이제 기쁘게도 출간되는 이 한국어 번역은 내가 오래 고대해 온 진정한 행운이다. 유구하고 뜻깊은 역사를 가진 한국에서도 분명 사람들이 오래된, 아마도 유교적으로 짜여진 행위 유형에서 벗어나 사회구성원들 사이의 관계를 완전히 새로운 개념들로 해석해야만 했던 역사적 순간이 있었을 것이라고 확신한다. 그 개념들이 어떤 어휘로 구성되어 있고 유럽의 인정 개념과 어떤 관계가 있는지를 앞으로 언젠가 알 수 있게 되기를 바라는 나의 큰 희망이 이 책의 한국어판 출간과 결부되어 있다.

나의 책이 좋은 한국어 번역을 얻으리라는 것에 대해 나는 처음부터 조금도 의심하지 않았다. 이것이 나에게는 또 하나의 행운인데, 이 번역을 칸트 윤리학에 정통할 뿐 아니라 칸트 이후 철학의 전개에 대해서도 잘 알고 있는 철학자인, 나의 예전 제자 강병호가 맡아주었기 때문이다. 번역 작업 동안 이 책의 몇몇 까다로운 지점에 대한 그의 질문들에서 벌써 나는 그가 프랑크푸르트대학에서 박사학위 논문을 쓸 때 이미 증명했던 바로 그러한 엄밀함과 총명함 그리고 언어적 섬세함을 가지고 번역 작업에 임하고 있음을 알 수 있었다. 그래서 나는 나의 이 작은 연구가 가능한 최고의 번역으로 한국의 독자들에게 다가가게 되었다고 확신한다.

강병호가 이 작업에 바친 노력과 정성에 대해서 나는 무한히 감사한 마음이다. 이 책이 한국에서 인정 동기의 역사에 대한 연구를 자극할 수 있었으면 하는 나의 희망 역시 실현될 것인지는 기다려 보는 수밖에 없을 것이다.

프랑크푸르트 암마인에서
2021년 1월에
악셀 호네트

서문

이 연구는 케임브리지대학에서 2년마다 열리는 존 로버트 실리 (John Robert Seeley) 강좌의 2017년도 강연을 맡아달라는 케임브리지 정치사상 연구소(Cambridge Centre for Political Thought)의 초청 덕분이다. 정치사상사의 용광로로서 이 연구소가 오래전부터 누리고 있는 대단한 명성이 나를 약간 긴장시켰음을 고백해야겠다. 그래서 나는 조심스러운 결정을 내렸다. 강연 주제는 분명히 사상사적 면모를 지니면서도 동시에 내가 그에 관해 이미 상당한 전문적 권위를 갖고 있는 그런 주제여야 했다. 정치사상사라는 영역으로 진입하면서도 나에게 이미 철학적으로 친숙한 소재를 다루어야겠다는 이러한 고려에서 나의 실리 강좌가 구상되었고, 이 연구는 그것의 결과물이다.

　이른바 케임브리지학파와 독일의 "개념사" 전통이 우리의 정치적 자기이해에 열쇠가 되는 일련의 범주들에 대해 이루어낸 성취, 그러니까 민주주의를 구성하는 주도적 개념들의 역사적 기원을 우리에게 알려주기 위해서 갈등으로 점철된 복잡한 역사를 따라 이러한 범주들을 재구성해 왔던 것을, 나는 이 연구에서 나의 단출한 지식을 활용하여 그사이 어느 정도 중요성을 획득한 인정 개념에 대해서 수행해보려고 한다. 다시 말해서 이제부터 이 책의 다섯 장에서 이루어질 작업은, 주체들 서로 간의 관계가 타자에 의한 평가 혹은 인정이란 상호의존성을 통해 각인되어 있다는, 오늘날 우리에게 자명한 생각의 사상사적 뿌리를 드러내는 것이다.

내가 수행하려는 이 과제가 얼마나 어려운가 하는 것은, 인정 관념이 오늘날 다양한 맥락에서 매우 상이한 연상 작용을 일으킨다는 사정에서 벌써 알아챌 수 있다. 개인이 타자에 의한 인정에 의존한다는 사실에서 어떤 사람들은 모든 평등주의적 근대 도덕의 원천을 보기도 하고, 어떤 사람들은 개인을 사회가 장려하는 바른 행동 궤도로 유도하는 한낱 사회적 수단을 보기도 한다. 또 다른 맥락에서 같은 의존성은 개인의 "진정한" 인격에 대한 치명적 자기기만의 뿌리로 추정된다. 다시 말해서 인정은 "참된" 개인성에 대한 위협으로 파악된다. 이러한 차이들 중 몇몇은 이제부터 설명할 것처럼 개별 국가의 언어문화에서 인정 개념이 갖게 된 의미론적 특성과 관련되어 있다. 인정 개념이 프랑스어에서는 "르코네상스"(*reconnaissance*)로 영어에서는 "레커그니션"(*recognition*)으로 표현되는 데 반해서, 독일어에서는 그것들과 분명히 구별되게 "비더에어켄눙"(*Wiedererkennung*)이 아니라 "안에어켄눙"(*Anerkennung*)이라고 말해진다.[1] 다른 차이는 인정 개념이 각 나라의 특수한 문화 속에서 사용되면서 개별 국가에서 그 개념의 핵심 의미로 자연스럽게 스며들어간 관념들과의 결합에 의해 생겨난다. 누구를 인정한다고 할 때 그때 인정되는 것이 그 사람의 사회적 명성인지 아니면 그런 공적인 명성에서 독립적인, 보다 심층적인 어떤 것인지 하는 차이는 인정 개념의 이론적 사용에서 종국에는 큰 차이를 만들 것이다. 마찬가지로 "인정"이란 표현이 다른 사람에 대해 존중을 보이는 것 같은 도덕적 행위를 연상시키는지 아니면 그보다 훨씬 강하게 객관적 사태에 대한 인식 작용이라는 인지적 과정을 연상시키는지의 차이도 "인정"이란 표현의 사용과

---

[1] Paul Ricoeur, *Wege der Anerkennung* (übers. von Ulrike Bokelmann und Barbara Heber-Schärer, Frankfurt/M.), 특히 19~42쪽; Heikki Ikäheimo, *Anerkennung* (Berlin/Boston: de Gruyter, 2014), 2장 1절 참조.

* 〔옮긴이〕 인정을 뜻하는 프랑스어와 영어 단어에는 (전에 알던 것을 다시) 알아챈다는 의미 역시 들어 있다. 독일어에서는 그렇지 않다. 독일어에서는 다시 알아챈다는 뜻과 인정한다는 뜻 각각에 해당하는 낱말이 따로 있다: *Wiedererkennung*과 *Anerkennung*. 이것은 한국어에서도 그렇다: (재)인식과 인정.

관련하여 중요할 것이다. "인정"이란 표현의 의미론적 내용의 차이와 개별 국가에서 저 표현이 일으키는 다양한 연상 작용, 이 모든 것은 우리가 인정 개념의 근대사를 재구성하려고 하려고 할 때 중요한 역할을 할 수밖에 없는 물음들이다.

이 작업에 본격적으로 착수하기 전에 나는 먼저 이 영광스러운 초정을 통해 나를 인정 개념에 대한 사상사적 연구라는 발상으로 이끌어준 사람들에게 감사하고 싶다. 누구보다 우선해서 케임브리지 정치사상 연구소의 소장으로서 2017년 실리 강좌를 맡도록 초대해준 존 로버트슨(John Robertson)에게 진심으로 감사한다. 그의 너그러운 환대는 내가 케임브리지대학에 머무는 것을 매우 즐겁게 해주었을 뿐만 아니라, 유럽 계몽주의에 대한 깊은 지식에서 비롯된 그의 날카로운 질문들은 인정 관념의 지성사적 발전에 관한 나의 시야를 가다듬는 데 크게 기여하였다. 마찬가지로 존 던(John Dunn), 크리스토퍼 멕스트로스(Christopher Meckstroth), 마이클 소넨셔(Michael Sonenscher)에게 깊은 감사의 마음을 전한다. 그들의 논평과 이의제기는 내가 너무 성급하고 경솔한 결론에 빠지지 않도록 방지해주었다. 독일 관념론에서 인정에 대한 사유를 다루고 있는 이 책의 4장과 관련해서는 최종적으로 훔볼트 방문 연구원으로 프랑크푸르트 괴테대학 철학과에 두 학기 동안 머문 마이클 낸스(Michael Nance)에게서 중요한 자극과 조언을 얻었다. 그의 도움에 진심으로 감사한다. 강연 내용을 신속히 단행본으로 만드는 결정적 추진력은 케임브리지대학 출판사의 엘리자베스 프렌드-스미스(Elizabeth Friend-Smith)와 주어캄프 출판사의 에바 길머(Eva Gilmer)에게서 나왔다. 그들의 부드러운 압박과 상냥한 재촉 덕분에 원고를 상당히 정확하게 기한에 맞춰 전달할 수 있었다. 오랜 시간 계속해서 나의 원고를 잘 검토해 준 에바 길머는 이번에도 굉장히 섬세하고 세심하게 나의 원고를 교정해 주었다. 특별히 감사드린다.

차 례

일러두기

1. 이 책은 Axel Honneth의 *Anerkennung：Eine europäische Ideengeschichte* (Berlin：Suhrkamp Verlag, 2018)를 옮긴 것이다.
2. 원문에서 발견된 몇몇 오류를 저자와의 협의를 거쳐 수정하였다. 그러나 이를 일일이 표시하지는 않았다.
3. 가독성을 높이기 위해 원문에 없는 소제목을 달았고, 원문의 긴 문단을 나누기도 했다. 원문의 문단 구분은 한 줄 띄기를 통해 반영하였다.
4. 인용된 문헌을 한국어 번역에서 인용할 경우 맥락과 필요에 따라 번역을 수정하였다.
5. 인명, 작품명, 지명 등은 국립국어원의 외래어 표기를 따랐지만, 관례로 굳어진 경우는 예외를 두었다.

제 1 장

사상사 대(對) 개념사

연구 방법

내가 서문에서 암시했듯이 우리의 사회정치적 삶에 오늘날까지 지속적으로 중요한 영향을 미치고 있는 관념 혹은 개념의 역사적 기원과 발전을 생생하게 기억하는 것은 민주주의 문화를 위해 중요하다. 왜냐하면 그런 역사적 과정을 분명히 확인함으로써만 우리는 우리가 누구인지, 왜 오늘날의 우리가 되었는지 그리고 우리가 공유하는 자기이해에 어떤 규범적 요구가 동반하는지를 인식할 수 있기 때문이다. "인정" 개념 또한 그사이 이런 유의 역사적 성찰을 받을 만한 개념이 되었다. 20~30년 전부터 이 개념 역시 우리의 정치문화적 자의식의 핵심 요소가 되었기 때문이다. 협력 체계의 동등한 구성원으로 서로를 존중하라는,[1] 타자의 독

---

1) 존 롤즈, 《공정으로서의 정의: 재서술》(김주휘 옮김, 이학사, 2016), 특히

특함을 무조건적으로 인정하라는, 2) "인정의 정치"라는 의미에서 문화적 소수자에게 긍정적 가치를 부여하라는3) 다양한 요구들 속에서 인정 개념의 이러한 지위가 드러난다. 앞으로 우리는 인정 관념의 근대사를 재구성할 터인데, 이 계획은 이 개념의 혼란스러운 의미 장(場)에 어느 정도 질서를 부여하고 그를 통해 오늘날 우리들의 정치문화적 자의식의 해명에 기여하고자 하는 희망과 결부되어 있다. 그러나 이 과제에 본격적으로 착수하기 전에 먼저 이 연구의 방법과 목표에 대해서 약간 설명하는 것이 필요하다. 인정에 대해 오늘날 우리가 갖고 있는 표상의 기원을 발굴하고자 하는 계획에 대해서 사람들이 요구하거나 기대하는 복잡성 혹은 정교함이 아주 다를 수 있기 때문이다.

인정 개념을 역사적으로 추적하려는 나의 시도는 다양한 이유에서 두 가지 좁은 제한 아래 놓이게 된다. 우선 오늘날 이렇게 중요해진 인정 관념의 역사적 발생 과정을 밝히려 할 때, 우리가 다루려고 하는 것이 바로 "인정"이라는 이 **하나의** 표현이라고 생각한다면 그것은 엄청난 오해를 야기할 것이다. 오늘날 우리에게

---

§2 참조.

2) 주디스 버틀러, 《윤리적 폭력 비판》(양효실 옮김, 인간사랑, 2013).

3) Charles Taylor, *Multiculturalism and the Politics of Recognition* (Princeton: Princeton University Press, 1992).

중요한 다른 개념들, 예를 들어 "국가", "자유" 혹은 "주권" 등과 달리, 우리가 "인정"에 대해서 말할 때 우리에게 떠오르는 관념은 과거에 하나의 유일하고 확정된 용어의 형태로 존재하지 않았다. 오히려 인간이 다양한 형태의 인정을 통해 항상 서로 관계 맺고 있다는 사태를 지시하는 표현들은 근대 사상에서 아주 다양했다. 장 자크 루소(Jean-Jacques Rousseau)는 이와 같은 사태를 표현하기 위해 프랑스의 모럴리스트들을 이어서 아무르 프로프르(*amour propre*)라는 개념을 사용했고, 애덤 스미스(Adam Smith)는 내면으로 옮겨진 "외적 관찰자"에 대해서 말했다. 요한 고트리프 피히테(Johann Gottlieb Fichte)와 게오르크 빌헬름 프리드리히 헤겔(Georg Wilhelm Friedrich Hegel)에 이르러서야 비로소 위의 사태를 가리키기 위해 오늘날 우리에게 익숙한 "인정"이란 범주가 사용되었다. 이런 이유로 "인정"이란 표현에만 의거해서는 현대적 인정 관념의 발생과 역사를 추적할 수 없다. 역사적 재구성에서 "인정"이란 하나의 용어에만 집착한다면 너무나 많은 관련된 주변 흐름, 너무나 많은 중요한 원천과 노력들을 시야에서 놓치게 될 것이다. 따라서 이제 시도하려는 작업이 좁은 의미의 개념사(*Begriffsgeschichte*)일 수는 없다. 요구되는 것은 오히려 하나의 구성적 생각이 발전하면서 그것에 어떤 의미가 (수정이나 첨가를 통해) 추가되는지를 추적하는 일종의 사상사(*Ideengeschichte*)이다. 그래서 나는 인정 관념의 발전에서 하나의 기폭제 같은 역할을 한, 이런 발상이 처음으로 촉발된 지점이 있었는가 하는 어려운 물음으로 이 연구를 시작해야 할 것이다.

물론 인정의 "사상사"라는 작업은 매우 다양한 방법으로 실행될 수 있다. 몇몇 예를 들자면 로빈 콜링우드(Robin G. Collingwood), 퀜틴 스키너(Quentin Skinner), 미셸 푸코(Michel Foucault), 라인하르트 코젤렉(Reinhart Koselleck) 같은 사상가들은 어떤 사상의 기원과 역사를 재구성하는 작업에 대해 잘 알려져 있다시피 서로 아주 다른 생각을 갖고 있다. 그러나 여기서 오늘날의 인정 관념의 발생을 추적하려 할 때 나는 분과학문적 의미에서 사상사의 요구 수준에 맞추려고 하지 않는다. 나는 막연하게 윤곽 정도만 잡을 수 있는 하나의 동일한 관념의 여러 개별 버전들 사이에 어떤 역사적 인과관계가 있었는가 하는 복잡한 문제에 답하려고 노력하지 않으며 그렇게 할 수도 없다. 그런 "진짜" 역사 연구는, 마이클 더밋(Michael Dummett)의 말을 내 식대로 활용하자면, 어떤 사상가가 다른 사상가에게서 실제로 영향을 받았다는 것에 대한 증거를 요구할 것이다. 그리고 그런 증명을 위해서는 "출판연도를 조사하고, 일기와 편지를 읽고, 나아가 누가 무엇을 읽었는지 혹은 읽었을 수도 있었는지를 밝혀내기 위해서 장서 목록을 조사해야 한다."[4] 학문적 수련 과정을 통해 획득한 수단에 비춰 볼 때 나는 그러한 작업을 할 수 없다. 나는 서지학적 연구를 배우지도 않

24

았고 사상적 영향 관계를 역사적 자료를 통해 추적하는 데 익숙하지도 않다. 따라서 여기서 우리는 보통 사상사라는 분과학문이 요구하는 것보다 훨씬 낮은 요구 수준의 "사상사"로 만족해야 할 것이다.

　이 연구에서 내가 관심을 기울이는 물음은, 말하자면 지적(知的) 분위기로 널리 퍼져 있던 하나의 특정한 사고, 즉 인정이란 생각이, 각각의 발전 경로에서 계속 새롭고 시사하는 바가 많은 의미를 취하면서 어떤 식으로 여러 방향으로 발전했는가 하는 것이다. 이 역사적 재구성의 작업 마지막에 가서 나는 인정 관념의 다양한 후예들이 결국에는 서로 조화를 이루는 하나의 통일적 상(像)을 제시하는지 아니면 어떤 내적 연관도 없이 양립할 수 없는 단편들에 머무르고 마는지 하는 문제를 다룰 것이다. 어쨌든 이 연구의 주제는 한 생각의 논증적 발전의 역사이지, 한 저자가 다른 저자에게 미친 인과적 영향 관계의 역사가 아니다. 이 연구에서 독자들은 지적 상황과 영향 관계에 대한 새로운 발견을 기대해서는 안 될 것이다. 독자가 얻을 수 있는 것이 있다면 그것은 이미 충분히 알려져 있는 자료에 대한 새로운 시각일 것이다.

---

4) Michael Dummett, *Origins of Analytical Philosophy* (Cambridge MA: Harvard University Press, 1993), 2.

그럼에도 불구하고 한 지점에서 이 연구가 근대 사상사 연구의 이미 친숙한 결과를 넘어설 수 있기를 희망한다. 나는 한 나라의 사회문화적 조건이 어쩌면 인정 관념이 그곳에서 독특한 색깔을 띠게 되는 데 일정한 역할을 하지 않았는지에 대해 특별히 관심을 기울인다. 인간은 인정 관계를 통해 언제나 이미 서로 연관되어 있다는 표상이 근대 사유에서 획득한 다양한 의미를 고려할 때 나는 이러한 차이가 개별 국가(프랑스, 영국, 독일)의 사회문화적 특성과 관련되어 있다는 가설을 세우게 된다.

이런 스스로도 인정하는 과감한 추측은 나의 서술에 특별한 형태를 부여한다. 나는 각 저자들의 개별성을 부각시키는 데에 초점을 두면서 그들의 저작을 다루지 않을 것이다. 그보다는 같은 나라 출신의 여러 저자들을 어떤 이론적 믿음과 윤리적 가치평가를 공유하고 있는 전체 집단의 전형적 대표자로 다루어야 한다. 다시 말해서 나는 개인들의 저작을 하나의 공동 문화를 대표하는 사례로 다룰 수밖에 없다. 이런 점에서 "인정"으로 표시되는 관념을 이해하고자 하는 이 작업에서 이제부터 개별 국가들의 독특함이 연구를 이끌어가는 실마리가 되는 것은 놀랄 일이 아닐 것이다.

물론 이런 식의 접근이 갖는 위험을 나는 잘 알고 있다. 무심코 혹은 매우 목적의식적으로 "민족정신" 혹은 나아가 민족의 "영혼"에 대해서 말하는 전통에 휩쓸려 들어갈 수 있는 위험 말이다. 우리는 민족 전체에 귀속될 수 있는 "민족적 심성"이란 관념을 오늘날 섣불리 다시 소생시키지 않도록 (특히 독일 출신이라면 더욱) 조심해야 할 것이다. 따라서 앞으로 인정 관념의 의미와 관련하여 개별 국가의 독특함에 대해서 말할 때 나는 결코 집단적 "정신 자세", 민족 정서 혹은 이와 유사한 것을 의미하지 않는다. 그보다 내가 의미하는 바는, 어느 특정 국가의 일군의 사상가들이 인정 관념 아래 거의 같은 것을 연상하게 된 것은 그 나라의 사회문화적 조건 때문이 아니겠는가 하는 것이다. 그러니까 내가 앞에서 말한 작업가설로 염두에 두고 있는 것은 대체로 우리가 충분히 물어볼 수 있는 다음과 같은 물음이다. 한 나라의 철학 전통에서 특정한 동기, 주제 혹은 사유방식이 주도적인 것은 다른 나라와 뚜렷이 구별되는 그 나라의 제도적 혹은 사회적 조건 때문이 아닌가 하는 물음 말이다. 5) 이런 의미에서 이제부터 나는 인정 관념이 여러 나라에서 각국의 독특한 색깔이나 음조를 갖게 된 것은 바로 역사 발전과정에서 그 나라가 갖게 된 특수성 때문이라는 가정을 검토해 보려 한다.

---

5) 이와 관련해서는 나의 에세이를 참조. "Zwischen den Generationen", *Merkur*, Heft 610(2000), 147~152.

인간은 상호적으로 타자의 인정에 의존하고 있다는 생각이 프랑스 사상에서는 자주 부정적 징후와 결부되어 있다는 사실을 눈치챈 사람은 나만이 아니다. 늦어도 루소에서 시작해서 장 폴 사르트르(Jean-Paul Sartre) 혹은 자크 라캉(Jacques Lacan)에 이르기까지 프랑스 전통에서는, 사회적 평가와 동의에 대한 인간의 의존성이 개인의 자아상실의 위험을 동반한다고 추정된다. 이런 생각이 얼마나 상세히 서술되고 구체적 이유가 제시되든지 간에 일군의 프랑스 저자들에게서 이러한 생각이 규칙적으로 반복된다는 사실은, 이것이 우연이 아니고 그 나라의 특색이 일정한 역할을 하고 있다는 의심을 갖게 한다. 이렇게 해서 사람들은 프랑스의 어떤 사회사적 문화사적 특징이 이 나라에서 인정 관념이 처음부터 전형적으로 부정적 의미를 갖게 했을지에 대해 생각해 보게 된다. 이런 식으로 한번 생각하기 시작하면 자연스럽게 다른 나라의 경우에도 사회문화적 특성과 인정에 대한 그 나라의 친숙한 관념 사이에서 연관 관계를 찾게 된다. 이러한 중간 단계에서, 인정 관념이 지난 300년간의 전개 과정에서 매우 이질적인 의미들을 갖게 되는 데 아마도 다양한 철학문화의 경험지평들이 일정한 기여를 했을 것이라는 가설까지는 더 이상 그리 멀지 않다.

그렇다고 내가 프랑스, 영국, 독일 세 나라에 집중하고자 하는 이유가 설명된 것은 아니다. 물론 일단 이러한 선택을 지지하는 실용적 이유가 있다. 근대 이후 일어난 정치적 사유의 변동이 이 세 나라의 경우 특별히 잘 연구되어 있다. 이 세 나라에서 지난 거의 400년간 일어난 정치문화적 자의식의 갱신은 동시대 유럽 대륙의 다른 나라와 문화공간에서 일어난 아마도 마찬가지로 의미 있을 변화보다 우리에게 훨씬 더 잘 알려져 있다. 이 세 나라가 우리의 사상사적 이해에서 차지하는 주도적 위치는 그사이 정치철학에서 "고전적 사상가"의 반열에 오른 저자들이 거의 전적으로 이 세 나라 출신이라는 사실과도 관련이 있을 것이다. 바뤼흐 스피노자 (Baruch de Spinoza)와 프란시스코 수아레스(Francisco Suárez) 같은 극히 소수를 제외하고는 오늘날 우리의 교과서를 채우는 학자들은 유럽의 불어권이나 영어권 혹은 독일어권에서 활동했다. 그러나 곧장 다음과 같은 물음이 밀치고 들어오는 것을 피할 수 없다. 이들 나라에 대한 특별 대우는 후에 강대국이 되는 이 세 나라의 이론적 제국주의의 반영일 뿐인지 아니면 사태 그 자체로 정당화될 수 있는 위계서열인지 하는 강력한 물음 말이다.

이러한 문제제기가 가능하다는 것 자체가 세 나라에 대한 나의 선택이 실용적 이유만으로 충분히 정당화될 수 없음을 분명히 드러낸다. 실용적 이유에 머문다면 이 연구가 유럽에서 지배적인 세력의 철학적 관점을 그대로 대변할 뿐 아닌가 하는 의심을 떨쳐버릴 수 없을 것이다. 이런 의심을 떨쳐 내기 위해서는 단지 분과

학문의 연구 상황과 학문적 관례만을 강조하는 것보다 더 강력한 논거가 필요하다. 어쩌면 여기서 내가 라인하르트 코젤렉의 개념사 논문에서 처음 접했고 그 이후로 일련의 연구들에서 반복해서 발견한 생각이 도움이 될 수 있을 것이다. 코젤렉은 17세기 이후 프랑스, 영국, 독일이 이뤄온 발전이 근대 시민사회의 세 가지 발전 유형의 본보기를 보여준다고 확신한다. "시투아앵"(citoyen), "뷔르거"(Bürger), "미들 클래스"(middle classes) 사이의 의미 차이가 보여주듯 이 세 나라에서 부르주아지는 자신들의 역할과 역사적 위치를 각각 다르게 이해했을 뿐만 아니라, 이러한 의미론적 차이에는 또한 새로운 사회질서의 전형적 발전 경로로 제시될 수 있었던 원칙적 대안들의 징후가 이미 들어가 있다는 것이다.[6] 제럴드 시겔도 풍부한 자료로 뒷받침된 《근대와 부르주아의 삶》이란 연구에서 비슷한 논증을 펴고 있다. 이 책에서 시겔은 시민계급의 자의식의 차이를 실마리로 하여 프랑스, 영국, 독일이 각각 어떤 발전 경로를 밟았는지를 연구하는데, 여기서 그는 코젤렉처럼 이 세 나라가 단순히 한낱 자의적인 예가 아니라 근대 유럽에

---

6) Reinhart Koselleck, "Drei bürgerliche Welten? Zur vergleichenden Semantik der bürgerlichen Gesellschaft in Deutschland, England und Frankfreich", *Begriffsgeschichten: Studien zur Semantik und Pragmatik der politischen und sozialen Sprache*(Frankfurt/M. : Suhrkamp, 2006), 402~461.

서 시민사회 발전의 패러다임적 유형을 포착할 수 있는 비교 사례
라는 가설 아래 작업하고 있다. 7) 이렇게 암시된 기본 생각을 좀
더 펼쳐 보면 이미 유럽으로 국한된 나의 작업을 다시 세 나라의
사상적 발전만으로 좁히는 선택을 정당화할 수 있는 논거가 드러
난다.

    그러니까 코젤렉과 시겔이 암시하는 것처럼 지난 몇 세기 간
프랑스, 영국, 독일에서 훗날 유럽의 나머지 지역에 대해서도 구
조형성적 의미를 갖게 된 사상적 사회적 변화가 일어난 것이 사실
이라면, 이 세 나라에 대한 나의 집중은 한갓 자의적이거나 순전
히 실용적 성격의 것만은 아닐 것이다. 오히려 인정 관념이 세 나
라에서 각각 대안적으로 획득한 의미론적 색채와 강조에는 유럽
의 의식지평 안에서 인정 개념에 가능했던 모든 의미 편차가 반영
되어 있을 것이다. 그러나 이런 생각도 여전히 주도권 세력의 주
제넘은 소리처럼 들릴 것이기 때문에 나는 이를 다시 한 번 좀더
조심스럽게 표현하고 싶다. 프랑스, 영국, 독일 각각의 시민계급
의 자의식에 전체 유럽에 대해 패러다임적 성격을 갖는 시민사회
의 세 발전 유형이 반영되어 있다면, 이 세 나라에서 인정 관념이
겪은 변천과 그것의 미묘한 차이에 대한 역사적 분석을 통해 우리

---

7) Jerrold Seigel, *Modernity and Bourgeois Life*: *Society, Politics, and Culture
   in England, France, and Germany since 1750* (Cambridge: Cambridge
   University Press, 2012).

는 인정 관념이 가질 수 있는 의미층 역시 거의 대부분 밝혔다고
할 수 있을 것이다.

이러한 기본적인 생각에서 나는 근대 유럽에서 인정 관념의 기원
과 발전에 관한 앞으로의 연구가 하나의 매우 특수한 관점만을 반
영하는 데 그치지 않을 것이라는 희망을 갖는다. 유럽의 다른 언
어권에서도 흥미롭고 통찰을 주는 인정 관념의 변종이 있었을 수
있지만, 이 변종은 오늘날까지 유효하고 생생한 의미함축으로 자
리 잡을 수 있는 바로 그 힘을 갖지 못했다. 곧 분명해질 이유에
서 이제 나의 사상사적 분석은 불어권에서 시작한다. 여기에서
인간은 상호적 인정 관계를 통해 언제나 이미 서로 연관되어 있다
는 생각이 처음으로 사상적으로 풍요로운 뿌리를 내렸으며, 매우
독특한 프랑스적 색깔을 갖는 상호주관성 개념의 형성에 기여하
였다.

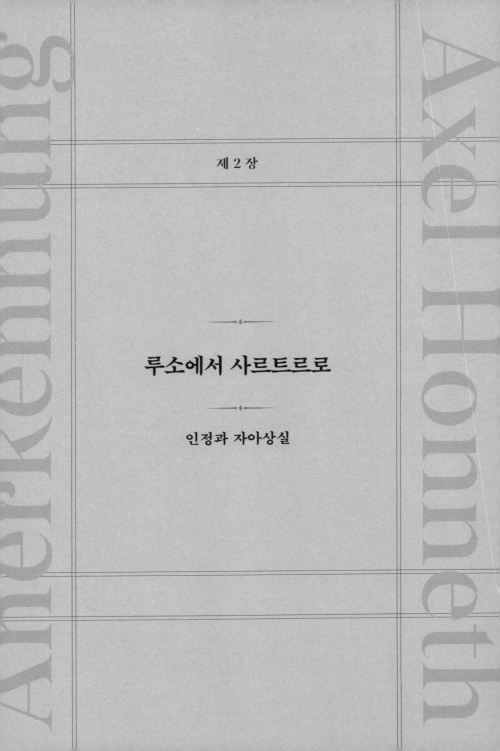

제 2 장

루소에서 사르트르로

인정과 자아상실

이미 꽤 오래 전부터 물밑에서 누가 처음으로 인정이란 생각의 시작을 알린 근대 사상가인지에 대한 토론이 여러 갈래로 있어 왔다. 30년 전만 해도 피히테와 헤겔이 인정 개념을 가지고 동시에 전체 인정이론의 길을 열었다는 대체적인 합의가 있었지만 그사이 상황은 크게 바뀌었다. 인정 관념의 탄생 시간을 훨씬 앞으로 잡고, 철학사적으로 더 오래된 저자에게서 그 근원적 뿌리를 찾으려는 제안이 오늘날 봇물 터지듯이 쏟아지고 있다. 1) 철학적 원

---

1) 다음의 저작들은 특별히 홉스와 루소와 스미스를 언급하고 있다. István Hont, *Politics in Commercial Society: Jean-Jacques Rousseau and Adam Smith* (Cambridge: Harvard University Press, 2015) (홉스) ; Frederick Neuhouser, *Rousseau's Theodicy of Self-Love: Evil, Rationality and the Drive for Recognition* (Oxford University Press, 2008) (루소) ; Stephen Darwall,

작자와 사상적 유래에 관한 이 논쟁에서 지금까지 가장 대담한 제안을 한 사람은 이슈트반 혼트이다. 그는 자신의 책에서 인간 공동의 삶에서 인정이 갖는 비범한 의미를 처음으로 강조한 사람은 다름 아니라 토머스 홉스라고 주장했다. 홉스의 저작의 새롭고 획기적인 면은 바로, 타자와 교제를 추구하고 그래서 사회집단 안에서 살도록 하는 동기가 "신체적" 필요라기보다는 오히려 우선적으로 칭찬과 명예를 향한 "심리학적" 욕구라는 그의 통찰이라는 것이다. [2]

홉스를 인정이론의 시조로 만들려는 이 시도는, 《리바이어던》의 저자가 여러 저작에서 사람들이 동료 인간의 눈에 명예롭고 뛰어난 존재로 보이고자 하는 정념으로 얼마나 가득 차 있는지를 쉬지 않고 강조했다는 점에서는 옳다. 자신보다 앞선 혹은 동시대의 철학자 어느 누구보다 홉스는 자신의 정치적 인간학의 틀 안에서 사람들을 서로 교류하게 하는 것은 바로 남보다 뛰어나고 자랑하고 잘난 체하고 싶어 하는 욕구임을 분명히 알고 있었다. [3]

"Equal Dignity in Adam Smith", *Adam Smith Review 1* (2004) (스미스). 다음의 논문 모음집도 흥미롭다. Francesco Toto, Théophile Penigaud de Mourgues, & Emmanuel Renault (Ed.), *Le reconnaissance avant la reconnaissance*: *Archéologie d'une problematique moderne* (Lyon: ENS, 2017).

2) István Hont, *Politics in Commercial Society*, 10쪽 이하.

3) 예를 들어 Thomas Hobbes, "Human Nature", *The Elements of Law*:

그런데 이를 근거로 홉스를 곧장 근대 인정이론 전체의 시조로 선포하기 위해서는, 그의 정치철학 핵심에서도 인간의 저런 "심리학적" 욕구가 계속해서 영향을 미치고 있다는 증명이 필요하다. 그러나 내가 보기에는 전혀 그렇지 않다. 홉스는 자연상태에서 개인들이 사회계약을 기꺼이 맺고자 한다고 생각하는데, 그것은 안전을 보장하는 한 명의 지배자에 대한 공동의 복종이 각자에게도 이익이 된다고 느낄 만큼 그들이 신체적 안전에 대한 걱정에 사로잡혀 있기 때문이다. 그리고 이렇게 전략적 계산에서 개별 주체들의 무리에 의해 추대된 군주는 홉스에 따르면 이제 사회적 인정 욕구의 만족을 위한 조치가 아니라 우선적으로 정치적 안정의 보장을 위해 애써야 한다.[4] 내가 보기에 《리바이어던》의 이 결정적인 두 가지 포석만으로도 홉스를 정치철학에서 인간의 사회적 인정 욕구가 갖는 무게를 제대로 고려한 최초의 사상가로 여기는 것은 별로 그럴듯하지 않다. 그보다 홉스의 저작에는 그의 심리학적·인간학적 통찰과 정치이론 사이에 상당히 깊은 균열이 존재한다는 해석이 훨씬 더 설득력 있다고 생각한다.

Natural and Politic (London: Routledge, 2013) ; 홉스, 《리바이어던》(진석용 옮김, 나남, 2008), 10장.
4) 홉스, 《리바이어던》, 30장.

그래서 나는 다른 길을 가려고 한다. 인정이론의 기원을 루소와 17세기 프랑스 모럴리즘의 선구자들에게서 찾고자 한다. 그러나 그러기 전에 다음의 사실을 먼저 언급해야겠다. 인간이 인정을 통해 구성된다는 생각이 당시 유럽 여러 나라에 점차 퍼지고 있었다. 초기의 아직 머뭇거리는 근대화 과정에서 낡은 사회질서가 해체되기 시작함에 따라 17세기부터 전통적 사회관계와 계급소속도 크게 흔들린다. 지배적 계급구조가 단순히 신이 원해서 만들어진 것으로 여겨지지 않게 되었고, 그럴수록 개인은 점점 더 그가 어떤 사회적 지위를 어떤 이유에서 갖게 됐는지 혹은 가질 수밖에 없었는지 하는 물음과 대면해야 했다. 좀더 분명히 말하자면 유럽의 여러 지역에서 사회적 인정에 대한 물음을 전면에 부상시킨 것은 바로 신분에 따른 고유한 행동규칙을 갖고 있는 낡은 봉건적 신분질서에서 근대 계급사회로의 점진적 이행이었다. 인간이 인정의 다양한 형식을 통해 언제나 이미 서로 관계 맺고 있다는 사실은, 개인이 사회적으로 어디에 속하고 그에 따라 어떻게 행동해야 하는지가 불분명해지기 시작한 역사적 시기에 철학과 문학의 주제가 되었다.

그런데 17세기와 18세기를 거치면서 프랑스에서는 이 새로운 문제가 특별히 절박해질 뿐만 아니라 또한 매우 독특한 색조를 띤다. 프랑스에서는 무엇이 앞으로 개인의 사회적 지위를 결정할지와 관련하여 매우 빠르게 일종의 "부정적 인간학"이 발전한다. 5)

이에 따르면 주체는 항상 자신의 전체 인격에 비춰 볼 때 실제보다 "더 나은" 혹은 "더 훌륭한" 사람으로 여겨지기 바란다. 그래서 인정은 상당한 위험 부담을 지는 일이 되는데, 실제로 타자의 "참된" 본질을 포착했는지 결코 확신할 수 없기 때문이다. 이러한 암묵적 의심이 오늘날까지 프랑스의 인정 담론에 어두운 그림자처럼 드리워져 있다는 것이 나의 주장이다.

프랑수아 드 라로슈푸코

프랑스에서 그러한 새로운 사회 관념의 담지자가 된 개념은 아무르 프로프르(amour propre)였다. 루소가 이 용어를 체계적으로 발전시켜 그 위에 자신만의 고유한 인정이론을 세우기 전에, 모럴리스트들은 이 개념을 인간의 본질에 대한 전통적 이해를 의문시할 수 있는 수단으로 사용한다. 자기 동시대인들의 두드러진 성향, 자신을 가능한 한 유리한 조명 아래 공개적으로 내세우려는 성향과 관련하여 그런 잘난 체하는 행동거지의 원천을 찾고자 한 사람은 다름 아닌 라로슈푸코(La Rochefoucauld) 공작이다.

라로슈푸코는 이러한 목적으로 아우구스티누스(Augustinus)의 이항대립을 세속적으로 재해석한다. 아우구스티누스에게 교만

---

5) 프랑스 모럴리스트들의 인간학을 "부정적 인간학"으로 이해하자는 제안은 Karlheinz Stierle, *Montaigne und die Moralisten*(Paderborn: Wilhelm Fink, 2016) 참조.

(*superbia*)은 신의 섭리에 부합하고 사회적으로도 용납 가능한 자기애라는 덕에 대립하는 악덕이었다면, 라로슈푸코에게는 이러한 이원론에서 오직 첫째 항, 교만 혹은 자만만이 남는다. 그리고 나아가 이것을 더 이상 윤리적으로 잘못된 행동이 아니라 자연적으로 주어진 인간의 정념으로 이해한다. 6) 이러한 지속적인 자연 충동을 그는 이제 — 젊은 미셸 드 몽테뉴(Michel de Montaigne)가 만든 번역어인7) — 아무르 프로프르라고 부르는데, 이 개념은 번역하기 매우 어렵다. 부족하나마 "자기과시욕구"나 "허영"이라고 옮길 수 있을 것이다. 어쨌든 이러한 성향이 이제 라로슈푸코의 유명한 《잠언과 성찰》의 중심축이 된다. 여기에서 새로운 의미가 정착되는데 이제 덕스러움, 고상한 인격, 도덕적 탁월함을 보여주는 것 같은 모든 행동은 실제로는 없는 자질을 단지 꾸민 것 아닌가 하는 일반적 의심을 받게 된다. 라로슈푸코에 따르면 사회적으로 높이 평가받는 성품을 가지고 있는 것처럼 가장하도록 개인을 자극하고 추동하는 것은 궁극적으로 아무르 프로프르

---

6) Paul Geyer, *Die Entdeckung des modernen Subjekts*: *Anthropologie von Descartes bis Rousseau* (Tübingen: Königshausen und Neumann, 1997), 64~68.

7) Hans-Jürgen Fuchs, *Entfremdung und Narizissmus*: *Semantische Untersuchungen zur Geschichte der 'Selbstbezogenheit' als Vorgeschichte von französisch 'amour propre'* (Stuttgart: Metzler, 1977), 167~172.

라는, 동료 인간들 앞에서 모범적이고 탁월한 사람으로 보이고 싶은 "맹렬한 욕망"이다. 8)

라로슈푸코가 오백 개가 넘는 아포리즘을 쓸 정도로 인간의 이 자연적 정념에 대해서 염려한 것은, 이 정념 때문에 우리의 상호작용 상대방이 실제로 어떤 사람인지 우리가 결코 확신할 수 없게 된다는 인지적 불확실성만이 아니다. 적어도 마찬가지로 그를 불안하게 한 것은 아무르 프로프르에 이끌려 개인들이 있지도 않은 탁월함을 갖고 있는 척 보이려 노력하다가 결국에는 전체 인격에 비춰 볼 때 자기 자신이 진정 누구인지조차 망각하고 만다는 사실이다. 짧고 간결한, 유명한 잠언 119번은 이렇다. "우리는 남들을 대할 때 위장하는 일에 너무 익숙해져서 결국 자기 자신을 대할 때에도 위장한다."9) 그러므로 라로슈푸코에게 아무르 프로프르는 외부로만이 아니라 내부로도, 즉 개개인의 자기관계에도 영향을 미치는 인간의 근본 충동이다. 이 충동은 외부로, 즉 동료 인간들을 향해서는 자신이 사회에서 모범적으로 여겨지는 어떤 품성을 가지고 있는 척하도록 자극하고, 내부로는 그런 가장(假裝)에 익숙해져서 자신의 "진정한" 실제 성격에 대해 스스로도 속

---

8) 라로슈푸코, 《잠언과 성찰》(이동진 옮김, 해누리, 2010). "맹렬한 욕망"에 대해서는 152쪽 참조.

9) 앞의 책, 47쪽(잠언 119) 참조.

게 되도록 오도한다. 이 두 가지 유혹, 타자와 자신을 속이는 것
을 라로슈푸코는 매우 미심쩍고 자신의 시대에 위협적인 것으로
여겼는데, 그것이 우리에게서 모든 자기결정의 가능성, 즉 자율
성을 향한 우리의 능력을 빼앗을 수 있기 때문이다. 10)

그런데 이러한 날카로운 관찰로부터 촌철살인의 경구 이상의 것
을 만들어 내기에는 라로슈푸코는 철학자도 아니고 충분한 학식
도 없다. 그에게는 이론사적 개관도 개념적 엄밀함도 부족하다.
그런 것이 있었다면 그는 아무르 프로프르의 작동방식에 대한 통
찰을, 인간의 상호주관성을 포괄적으로 새롭게 규정할 수 있는
열쇠로 만들 수 있었을 것이다. 물론 자신의 잠언을 통해 사회적
상호작용의 갈등과 동학(動學)에 관한 지식의 심화에 기여하는
것이 저 프랑스 공작의 의도도 아니었다. 이론 형성이나 학문적
인식이 아니라 자신의 동시대인들을 발가벗기기, 이것이 그가 살
롱에서 사교 목적으로 쓴 잠언집이 겨냥하는 바이다. 루이 14세
에 의한 귀족의 정치적 주변화에 맞서 그가 선봉에서 함께했던 프
롱드당의 투쟁이 실패하자 실망한 라로슈푸코는 자신의 이전 투

10) Jürgen von Stackelberg, "Nachwort", in: La Rochefoucauld, *Maximes et
réflexioin morales / Maximen und Reflexionen* (zweisprachige Ausgabe, hg.
und übers. von Jürgen von Stackelberg, Stuttgart, 2012), 265~287. 특
히 285쪽 이하.

쟁 동지들이 높이 평가되는 덕을 가장해서 어떻게든 왕의 총애를 얻고자 헛되게 노력하는 모습에 대한 증언을 잠언집에 담았다. 그러니까 호감을 사고 개인적으로 출세하기 위해서 왕궁에서 어떤 상호작용 수단이 활용되는지, 귀족계급 구성원들이 미심쩍은 눈으로 서로를 관찰하기 시작한 바로 그러한 역사적 순간에 프랑스 인정이론의 전통의 탄생을 알리는 종이 울린 것이다.

라로슈푸코를 통해 준비된 이러한 방향설정은 그 이후 몇 세기 동안 프랑스에서 이루어질 인정이론의 형성에 결정적 의미를 갖는다. 그가 인간관계 연구를 위해 쓸모 있게 만든 아무르 프로프르 개념은 처음부터 인정의 한 가지 차원에 주목하는데, 인정의 이 차원이 그 자체로 무조건적으로 당연한 것은 아니었다. 내가 설명한 것처럼 후에 이 범주를 통해 표시되는 것은, 동료 주체들의 눈에 자신을 탁월한, 우수한, 혹은 우월한 존재로 내세우고자 하는 정념에 사로잡혀 있는 주체의 관점에서 생각된 것이다. 이러한 종류의 인정 혹은 — 더 정확히는 — 다른 사람들의 긍정적 평가(*Wertschätzung*)를 받으려는 목적에서 해당 주체는 자신이 실제로 가지고 있는 자질을 넘어서 그 이상의, 자신의 문화에서 특별히 존경받는 성품을 가지고 있다는 인상을 주고자 하는 유혹에 지속적으로 시달린다. 우리의 인격이 내줄 수 있는 것보다 "더 많은 것"을 항상 공개적으로 만들어 내려는 이러한 자연스러운 경향을 통해 양쪽, 그러니까 판단하는 공론장과 판단 받는 주체 양편 모두에게 문제가 생긴다. 라로슈푸코에게서 이미 명백하게 인식론적 특성을 띤 문제 말이다. 판단하고 인정을 부여하는 공론장만이 아니라 인정을 추구하는 개인도, 제시된 탁월함이 실제 개인의 속성에 사실 얼마나 부합하는지 곧 의심에 빠질 수밖에 없다. 인식론적 차원으로의 이러한 전환에 의해 인정 행위는 라로슈푸코에게서 프랑스어 "르-코네상스"(re-connaissance)의 인지적 요소에 매우 상응하는 의미를 갖게 된다*: 사람에 대한 인정 혹은 평가에서는 언제나 객관적 사실에 부합하는 것을 **알아채는** 것 역시 중요하다. 그러나 저 프랑스 공작은 아직 자신의 저작에서 인정(reconnaissance) 개념을 전혀 사용하지 않고 있다. 따라서 프랑스어 "르코네상스"의 의미론적 애매성 때문에 라로슈푸코가 주체들 사이의 평가하는 관계를 일차적으로 사실 인식의 문제로 서술하는 성향을 갖게 된 것일 리 없다. 오히려 반대로 큰 역할을 한 것은 라로슈푸코가 왕궁에서 벌어지는 음모와 책략을 예로 해서 아무르 프로프르의 해로운 작용에 대한 통찰을 획득했다는 사실일 것이다. 거기서는 타자의 덕이 한낱 꾸밈인지 아니면 실제로 그가 갖고 있는 품성인지를 판단할 수 있는 것이 개개인의 성공을 위해 결정적으로 중요했다.

---

* 〔옮긴이〕 〈서문〉 1번 각주(15쪽)에 달린 옮긴이의 설명 참조.

라로슈푸코가 잠언을 쓰던 17세기에 유럽에서 봉건 귀족의 과시적 공론장이 프랑스만큼 왕궁에 집중된 나라는 없었다. 11) 프롱드당의 반란이 실패한 이후 봉건 귀족은 이미 정치적 지도력을 상당 부분 상실한다. 이제 자신들의 남은 특권을 지키는 데 몰두하는 귀족들은 음모를 꾸미거나 에티켓에 맞는 근사한 행동을 보여줌으로써 유리한 영향력을 얻으려고 군주와 그의 측근들 주변에 모여든다. 전자, 즉 권모술수가 통하지 않으면 모든 것은 모범적인 행동과 선망 받는 덕스러움의 제시를 통하여 왕과 궁정의 후원을 받을 자격이 있다는 것을 증명하는 것에 달려 있다. 12) 이제 라로슈푸코의 저작을, 자신의 동시대 귀족들의 이러한 행태를 염두에 두고서 겨와 알곡을, 한낱 허세와 진실된 사람됨을 구별하려는 시도로 이해한다면, 그의 아무르 프로프르 개념 안에 들어 있는 인식론적 요소는 쉽게 설명된다. 인간 욕구의 일반적 특성을 포착하기 위한 수단으로 만든 표현이지만, 이 범주는 우선 훨씬 더 가까운 목적, 즉 갖고 있지 않은 인품을 가장할 수도 있는 가능성을 고려할 수 있게 하려는 목적을 위한 것이었다. 이렇게

---

11) 봉건 귀족의 과시적 공론장에 대해서는 하버마스의 《공론장의 구조변동》(한승완 옮김, 나남, 2004〔3쇄〕), 66~78쪽을 참조.

12) 이에 관해서는 무엇보다 Norbert Elias, *Die höfische Gesellschaft* (Neuwied, 1996)를 참조. 추가적으로 Hans-Jürgen Fuchs, *Entfremdung und Narziß-mus*, 259쪽 이하를 볼 것.

《잠언과 성찰》의 저자를 통해 인정 관념이 일찌감치 경험한 인식이론적 편향은, 우리가 보게 될 것처럼 프랑스 사상에서 결코 완전히 사라지지 않을 것이다.

장 자크 루소

오늘날 기꺼이 모든 근대적 인정이론의 시조로 여겨지는 루소에게서[13] 이미 타자의 평가에 대한 개인의 의존성이란 생각은 인식적 연관과 도덕적 연관 사이에서 특이한 방식으로 끊임없이 부유하고 있다. 《사회계약론》의 저자가 프랑스 모럴리즘의 저자들, 그중에서도 특히 라로슈푸코와 몽테뉴의 영향을 크게 받았고 그들의 신랄한 관찰을 자양분으로 삼았음은, 루소의 저작에서도 아무르 프로프르가 마찬가지로 열쇠 역할을 한다는 사실에서 비로소 알아챌 수 있는 사실이 아니다. 루소는 처음부터 어떤 윤리적 탁월함이나 인지적 우월함의 외관을 갖춘 인간의 모든 행위를 한낱 속임수가 아닌지 의심하는데, 여기에서 이미 그가 자신의 선배들의 회의적 인간학에 의존하고 있음이 드러난다. 물론 모럴리스트들의 저작 활동과 루소의 활동 시기 사이에 놓여 있는 100년 동안 프랑스의 정치적 사회문화적 상황은 크게 바뀌었다. 정치적

---

13) Frederick Neuhouser, *Rousseau's Theodicy of Self-Love: Evil, Rationality, and the Drive for Recognition* (Cambridge: Oxford University Press, 2010).

구조로서 앙시앵레짐은 아직 견고했지만 궁정의 호의를 놓고 경쟁하는 사람들은 이제 더 이상 광범위하게 무력화된 귀족계급의 성원만이 아니었다. 그중에는 상승하는 부르주아들도 있었다. 교역과 상업의 호황으로 짧은 시간 안에 부유해졌지만, 이 새로 떠오르는 계급에게도 정치적 영향력, 수입이 좋은 공직, 금융상의 특혜를 누리기 위해서는 절대주의적으로 다스리는 군주의 후원을 얻어 내는 것 외에 다른 길이 거의 없었다. 그런데 부르주아지의 대두와 더불어 관심과 호의 획득의 정치를 펼치기에 적합했던 문화적 수단 또한 변화했다. 광고와 매스미디어의 수줍은 시작 덕분에 유행이 궁정 안까지 진입한 이후, 더 이상 고색창연한 귀족주의적 예의범절의 준수가 아니라 호감을 주는 행동, 사치품 소비, 그때그때 유행에 맞는 의상의 과시가 그사이 궁정에서 호의를 얻기에 유리한 존경의 표시로 여겨졌다. 14)

장 자크 루소가 보통 "문화비판적"이라고 불리는 저작을 집필한 때는 파리와 베르사유에서 지배자의 총애를 둘러싼 귀족과 부르주아지의 이러한 경쟁이 기묘한 모습을 띠기 시작한 바로 그 무렵이다. 1755년 루소는 자신의 둘째 논고를 출판하면서 인간들 사이에서 사회적 불평등이 커지게 된 과정을 설명하는데 여기서 아

---

14) Jerrold Seigel, *Modernity and Bourgeois Life*, 85~91.

무르 프로프르의 해로운 영향이 중심적 역할을 한다. 15) 1758년
에는 달랑베르(D'Alembert)에게 보낸 유명한 편지가 이어지는데,
이 편지에서 루소는 극장 제도를 비난한다. 무대 위의 능숙한 역
할극을 통해 사람들이 "한갓 외관"의 바이러스에 전염되어, 소유
하지 못한 성품을 있는 척하도록 고무되고 이를 통해 동시대의 정
치적 관습이 위태롭게 된다는 것이다. 16) 이 두 저작을 묶어주고
그것들에 체계적 윤곽을 부여하는 사고의 연결고리는, 개념적으
로는 라로슈푸코에서 시작했지만 철학적으로는 그의 한낱 사변
적이고 교육학적 의도를 훨씬 넘어서는 다음과 같은 주장에 있
다. 아무르 프로프르, 이미 프랑스 모럴리스트들에 의해 확인된
인간의 이 자기과시욕구는 루소가 보기에 인간들의 비교 기준이
빠르게 변함에 따라 가속도가 붙어 엄청난 동학을 발휘한다. 자
신의 위세를 드러내기 위한 행동거지와 사회적 지위의 과시가 점
점 더 눈꼴사나운 형태를 띠게 되는 것이다. 이를 위한 공간을 극
장이 제공한다. 배우들의 변장술이 관객들에게 사회적으로 선망

---

15) 루소, 《인간 불평등 기원론》, 주경복·고봉만 옮김, 책세상, 2018(개정
  1판).

16) Jean-Jaques Rousseau, "Brief an d'Alembert über das Schauspiel"
  (1758), übers. von Dietrich Feldhausen, *Schriften*, Bd. I, hg. von
  Henning Ritter, München/Wien, 1978, 333~474. 이에 대한 뛰어난 해석
  으로는 Juliane Rebentisch, *Die Kunst der Freiheit. Zur Dialektik
  demokratischer Existenz*(Berlin: Suhrkamp, 2012), 5장 참조.

되는 인품을 갖고 있는 척하는 행동을 위한 본보기를 제시한다. 다른 한편 자기과시욕구 동학의 본질적인 사회구조적 효과는 지배계급과 하층계급 사이의 격차를 끊임없이 심화하는 것이다.

우리가 루소의 이러한 초기 시대진단에서 엿볼 수 있는 것은, 라로슈푸코와 비교해 볼 때 아무르 프로프르의 고유한 특성에 대한 훨씬 더 정확하고 심오한 규정이다. 이 욕구는 사회적 가치평가의 기준에 의존하는데, 이 기준은 대중에 의해 모방이 가능해지자마자 곧 낡아 버리고 새로운 것에 의해 대체된다. 그 결과 아무르 프로프르는 계속해서 새롭게 자신을 갱신하는 엄청나게 동적인 성격을 갖는다. 루소는 자신의 모럴리즘 선배들이 시도하지 않았던 개념화 과정을 거쳐 이러한 통찰에 이른다. 다시 말해서 루소는 이제 간접적으로 — 의식적으로 그랬는지 아니면 모르고 그랬는지는 중요하지 않은데 — 신이 준 자기애와 악덕으로서의 허영이라는 아우구스티누스의 이항대립을 활용한다. 양자의 대조를 통해 아무르 프로프르의 진정한 속성을 좀더 정확하게 알기 위해서다. 이렇게 요약한 개념화 작업을 시도하는 저작이 앞에서 언급한 그의 둘째 논고 《인간 불평등 기원론》이다. 이 저작에서 루소는 우리가 충분히 부정적 인정이론이라고 부를 만한 것을 정초한다.

비록 이 논고가 표면적으로는 사회불평등이란 주제를 다루고 있지만 이 저작의 이론적 중심축을 이루는 것은 아무르 프로프르 개념이다. 인위적인, 그러니까 신체적으로 조건지어지지 않은 인간 간 위계질서를 심화시킨 것이 무엇일지에 대한 설명을 시도하면서 루소는 그 원인이 단순히 인간에게 자연적으로 주어진 충동이나 감정 혹은 정념일 수 없다는 생각을 하게 된다. 루소가 보기에 이러한 것들은 본질적으로 생존을 위한 자기관계적 본능, 생존을 위해 필요한 능력을 완전하게 하려는 의도, 그리고 마지막으로 인간에게 본래적인 연민의 감정으로 이루어져 있다.[17] 이것들 중 어느 것도 왜 인간이 동료 인간들보다 우월한 지위나 탁월함을 추구해야 하는지를 그럴듯하게 설명하지 못한다. 이러한 설명 공백을 채우기 위해 루소는 자신의 논고에서 아무르 프로프르라는 정념을 도입한다. 이것은 그가 보기에 역사 발전과정에서 비로소 생긴 욕구로서, 다른 사람의 눈에 특별히 가치 있고 뛰어나고 그래서 우월한 존재로 여기지기를 원하는 것이다. 이로써 벌써 분명해진 것처럼 이런 이상한 욕망은 모럴리스트들이 생각한 것과 달리 인간의 제1본성이 아니라 제2본성에 속한다. 이것은 문화적으로 생겨난 것이고 습관 형성을 통해서 비로소 인간의 자연적 본성에 추가된 것이다. 이제 자연스럽게 루소는 생존

---

17) 루소, 《인간 불평등 기원론》(개정 1판), 87쪽 이하.

을 향한 근원적인, 자기관계적일 뿐인 이해관심과의 비교를 통해 아무르 프로프르의 특성을 밝히려고 한다. 그리고 이런 대조를 위해서 아무르 드 수아(*amour de soi*)와 아무르 프로프르라는 개념 쌍을 사용하는데, 이것은 분명히 자신의 동시대인인 보브나르그 (Vauvenargues)의 언어사용을 따른 것이고,[18] 동시에 아우구스 티누스의 오래된 이원론을 세속적 형태로 재생시킨 것이다.

이러한 개념적 대조가 둘째 논고에서 차지하는 큰 비중을 고려해 볼 때, 이에 대해 루소가 본문에서 실제 쓴 양은 불과 몇 줄에 불 과하다는 것은 놀랄 만한 일이다.[19] 루소는 단 하나의 주(註), 그 러니까 열다섯 번째 주에 이 개념쌍에 대해 말하고자 하는 본질적 으로 중요한 모든 것을 적어 놓았다. 물론 그런 만큼 이 주는 자세 하고 밀도가 높고 내용적으로 충실해서, 왜 이 두 욕망 혹은 욕구 가 매우 다른 두 종류의 인간적 자기관계를 함축하는지를 잘 알려 준다.[20] 이 주에서 루소는 아무르 드 수아와 아무르 프로프르의 차이를, 행위의 적합성을 판단할 때 이 둘이 각각 다른 기준을 바 탕에 둔다는 점에서 도출한다. 우리가 자연적 욕구인 아무르 드

---

18) Hans-Jürgen Fuchs, *Entfremdung und Narzißmus*, 287.
19) 루소, 《인간 불평등 기원론》(개정 1판), 89, 91, 115.
20) 앞의 책, 218~219(* 이 판본의 번역자인 주경복과 고봉만은 "아무르 프로프 르"를 "이기심"으로, "아무르 드 수아"를 "자기애"로 옮기고 있다 – 옮긴이).

수아를 따를 때 행동의 판단 기준은 온전히 우리 자신의 판단에서 유래하고, 개인에게 좋고 옳은 것에 대한 생생한 직감에서 나온다. 반대로 아무르 프로프르, 즉 사회화 과정에서 문화적 습관화를 통해 비로소 획득된 욕구에 이끌릴 때, 타자의 동의나 인정을 얻고자 하는 집착 때문에 우리의 행위는 다른 사람의 판단에 의존적이게 된다. 이러한 대조가 가장 간결하면서도 확실하게 표현된 곳이 아마 루소가 "내부의 관찰자"라는 비유를 활용하는 앞의 주일 것이다. 아무르 드 수아를 충족시키려 할 때 주체는 자기 자신을 유일한 관객으로 갖는 데 반해, 아무르 프로프르를 충족시키려 할 때 그는 동료 인간을 자신의 일거수일투족의 "재판관"으로 여긴다. 21) 여기서 루소가 사용하고 있는 언어유희는, 호감과 거부가 동시에 뒤섞인 기이한 관계를 맺었던 데이비드 흄(David Hume)의 도덕이론 저작의 독서에서 온 것이 거의 확실하다. 22)

그런데 저 인용된 언급의 배후에 있는 인물이 정말 흄이라면, 동시에 분명해지는 것이 있다. 우리 행위의 적합성에 대한 타자의

---

21) 앞의 책, 218.

22) 루소와 흄의 관계에 대해서는 다음의 매혹적인 연구를 참조. Robert Zaretzky & John T. Scott, *The Philosophers' Quarrel: Rousseau, Hume, and the Limits of Human Understanding* (New Haven: Yale University Press, 2009); 데니스 C. 라스무쎈, 《무신론자와 교수: 데이비드 흄과 애덤 스미스, 상반된 두 거장의 남다른 우정》(조미현 옮김, 에코리브르, 2018), 7장.

판단을 루소가 아무르 프로프르에 대해서 말할 때처럼 저렇게 의심스럽고 심지어 부정적인 것으로 보는 것은 그렇게 자명한 것이 아니라는 점이다. 왜냐하면 우리가 보게 될 것처럼 흄과 조금 후의 애덤 스미스(Adam Smith)는 모두 잘 알려져 있다시피 다음과 같이 확신하기 때문이다: 동료 인간의 판단을 고려하며 이루어진 행위는 한갓 자기관련적이기만 할 뿐인 행동에 비해 사려 깊음, 성숙함, 적절함의 측면에서 훨씬 우월하다.[23] 그러므로 루소는 우리를 관찰하는 동료 주체들의 판단을 내면화하여 스스로의 행위를 거기에 맞추는 것이, 이를 통해 자기과시욕구와 사회적 구별에 대한 욕망에 불이 붙기 때문에 해로운 것이라는 자신의 가정을 뒷받침할 나름의 근거를 가지고 있어야 한다. 다른 사람의 판단에 그런 식으로 신경 쓰는 것은 인간과 사회에 해롭다는 전제에서 출발할 때, 저 제네바 철학자는 외부에서 내부로 옮겨진 관찰자에게서 자신의 스코틀랜드 동시대인과는 완전히 다른 특성을 보고 있

---

23) 이에 관해서는 다음의 글이 상당히 읽을 만하다. Hina Nazar, "The Eyes of Others: Rousseau and Adam Smith on Judgment and Autonomy", in: T. Pfau & V. Soni(Eds.), *Judgment and Action: Fragments Toward a History*(Chicago: Northwestern University Press, 2017), 113~141. 루소와 애덤 스미스의 관계에 대해서는 Dennis C. Rasmussen, *The Problems and Promise of Commercial Society: Adam Smith's Response to Rousseau*(University Park: Pennsylvania State University Press, 2018), 특히 59~71쪽 참조.

는 것이 분명하다. "재판관"이 된 타자가 루소에게 의미하는 바는 자신의 판단을 통제하고 교정하는 권위나 인지적이고 도덕적인 객관화를 촉진하는 힘이 아니라 자신이 동료 인간보다 우월함을 증명하고자 하는 충동의 마르지 않는 원천인 것이다.

이러한 눈에 띄는 차이는 다음과 같은 사정에서 기인한다. 동료 인간에 의해 관찰, 판단된다는 것을 알고 있는 주체에게 루소는 어떤 욕구를 가정하는데, 이 욕구는 비슷하게 묘사된 상황에서 흄과 스미스가 거의 주목하지 않는, 기껏해야 아주 사소하게 취급하는 현상이다. 세 철학자가 모두 염두에 두고 있는 관찰과 판단의 대상이 되는 개인은, 루소에게서는 타자의 판단하는 시선을 느끼자마자 곧장 자신의 모든 동료 인간보다 더 잘나고 가치 있게 보이려고 애를 쓴다. 여기에서 사람들은 쉽게 생각하여, 세 철학자가 모두 염두에 두고 있는 처음의 구도에서 이렇게 현저한 이탈이 일어난 것은 당시 프랑스와 영국의 공적 삶을 주도한 문화의 차이와 관련이 있지 않을까 단순하게 추측할 수도 있을 것이다. 여기 장 자크 루소의 파리는 호화찬란하게 다스리는 왕의 호의를 얻기 위해 허영에 차서 부산스럽고, 저쪽 데이비드 흄과 애덤 스미스의 에든버러는 의회를 통해 그럭저럭 통제되는 덕분에 왕국이 비교적 차분하게 운영되고 있다. 그러나 이런 식의 설명은 역사적으로 지나치게 표피적일 뿐만 아니라, 일반화된 타자의 관점에서 수행되는 자기관찰의 영향에 대한 스스로의 해석을 뒷받침하기 위해 루소가 활용하는 숙고 역시 충분히 고려하지 못한다.

타자의 관점을 인수하는 것만으로도 곧장 자기과시욕구가 생긴다고 루소가 확신하는 한 가지 이유는, 흄과 스미스와는 다르게 여기서 검토되는 것이 개인의 방정한 품행이 아니라 각 개인의 능력과 공로라고 루소가 생각하기 때문일 것이다. 루소에 따르면 재판관으로 내면화된 동료 인간들 앞에서 개인이 증명해야 하는 것은, 자신이 공유된 규범과 규칙을 지키고 있다는 것이 아니라 자신이 무언가 할 수 있으며, 업적을 낼 수 있는 "능력"을 갖고 있다는 점이다.

처음에는 사소하게 보일지 모르지만 이 차이는 아주 결정적이다. 오직 업적과 능력이 문제되는 경우에만 더 많고 적음, 더 낫고 못함이란 판단이 일정한 역할을 한다. 만약 관찰하는 재판관에게 증명해야 하는 것이 타당한 규범을 적절하게 준수하고 있다는 사실뿐이라면 다른 모든 사람만큼만 "선하고" 유능한 것으로 충분할 것이다. 반대로 자기 자신의 능력과 업적을 증명하라고 요구받는다면 비교하는 기준이 도입되는 것은 불가피하다. 업적이 정말 성취되었는지, "능력"으로 인정받기에 실제로 충분할 정도로 행위를 수행했는지 하는 것은 성공의 기준에 비추어서만 판단할 수 있기 때문이다. 타자의 관점 인수와 자기과시욕구의 동근원성에 대해서 말할 때 루소가 염두에 두고 있는 것은 바로 이런 시나리오인 것 같다. 동료 인간들이 어떻게 판단할지를 미리 예상하며 행동하게 되자마자 개인은 자신을 모든 타자보다 우월한 존재로 증명해야 한다는 압박을 느낀다. 이렇게 해서만 매번 추정된 업적 기대와 관련하여 자신의 탁월함을 내면화된 재판관 앞에서 증명할 수 있기 때문이다. 아무르 프로프르의 태도에서 추구되는 이러한 사회적 인정은 그래서 프레더릭 노이하우저가 잘 보여준 것처럼 이중의 방식으로 관계적이다. 24) 한편으로 사람들은 관련된 모든 타자와 비교하여 더 나은 가치평가를 받기 원한다. 다른 한편 이런 가치평가가 이루어지는 대상은 능력인데, 능력 발휘에 얼마나 성공했는가 하는 것은 이미 사회적으로 확립된 기준과의 비교를 통해서만 측정될 수 있다.

이런 간략한 설명이 루소가 동시대 다른 사상가들과 달리, 행위할 때 동료 인간의 예상되는 판단에 신경 쓰는 것 자체 안에 이미

---

24) Frederick Neuhouser, *Rousseau's Theodicy of Self-Love*, 32~37. "격렬한 아무르 프로프르"(*inflamed amour propre*)가 추구하는 "지위 재화"(*positional goods*)에 대한 다음의 설명도 참조할 것. Nicholas J. H. Dent, *Rousseau: An Introduction to his Psychological, Social and Political Theory* (Oxford: Blackwell, 1988), 62쪽 이하. 추가적으로 아무르 프로프르의 "비교하는 성격"에 대한 다음의 매우 흥미로운 해석도 참조. Barbara Carnevali, *Romanticism et Reconnaissance: Figures de la conscience chez Rousseau* (Geneva: Droz, 2012), 28~37.

불행의 씨앗이 담겨 있다고 믿은 이유를 대략적으로 설명해 줄 것이다. 루소는 그러한 관점 인수를 통해 개인이 일종의 경쟁 상황으로 내몰리기 때문에 그렇게 된다고 생각한다. 개인은 통용되는 개별 가치기준에 비추어서 그리고 동시대인들의 능력과 비교하여 자신의 능력을 증명하도록 촉구받는다고 느끼게 된다. 그래서 개인은 상응하는 재능과 능력을 단순히 가장하는 성향을 발전시킬 수밖에 없다. 이러한 점에서 인정 욕구와 관련된 루소의 이런 부정적 방향설정은 아주 본질적으로 루소가 범주 설정을 그렇게 한 결과이다. 아무르 프로프르에 의해 추구되는 인정의 형태를 오로지 주체를 무리에서 돋보이게 하는 자질에 대한 가치평가로 이해하고자 하는 결정 말이다.

그런데 그렇다고 루소가 사회적 가치평가에 대한 추구가 동반하는, 스스로 생각해도 갖고 있지 않은 자질과 능력을 가장하려는 욕구가 주된 문제라고 본 것은 아니다. 물론 루소는 당시의 파리에서 허장성세와 거드름 피우기가 자기 주변에 만연하고 있는 것을 본다.[25] 그러나 이러한 모든 현상에서 루소에게 정말로 의심

---

25) 《고백》에서 루소는 "가엾은 장 자크"가 귀족과 상류 시민계급이 거만하게 구는 파리의 사교계에서 자신의 재능을 가지고 "빛을 발하여" 주목을 받기 위해 얼마나 노력했고 고생했는지를 반복해서 이야기하고 있다. 루소, 《고백》(김붕구 옮김, 박영률출판사, 2005), 특히 305~309쪽.

스러운 것은 아주 다른 것이다. 그것은 그에 따른 결과로서, 이 진단에서 루소는 놀랍게도 다시 라로슈푸코와 일치한다. 사회적 가치평가에 대한 욕구에 이끌려 개인이 자신을 공개적으로 가능한 한 많은 장점을 갖춘 존재로 내세우면 내세울수록, 그 사람은 루소가 보기에 자신의 고유한 본질을 스스로에게도 속이게 되는 소용돌이에 휘말리기 쉽다. 왜냐하면 아무르 프로프르의 만족을 추구하는 개인이 자신의 탁월함에 대해서 설득해야 하는 상대는 최종적으로는 단순히 동료 인간이 아니고, 바로 내면화된 재판관, 그러니까 자기 자신의 일부이기 때문이다. 이로부터 내적인 혼란이 생기는데, 결국 사람들은 자신의 인격적 핵심이 실제로 어디에 있는지를 더 이상 알지 못하게 된다. 이것이 루소가 둘째 논고를 마무리하기 직전에 논의 결과를 요약하는 유명한 구절의 요체이다. "미개인은 자기 자신 속에서 살고 있는데, 사회인은 언제나 자기 밖에 존재하며 타인의 의견 속에서만 살아간다. 말하자면 자기가 존재하고 있다는 느낌을 타인의 판단에 의거하고 있는 것이다."[26]

루소가 둘째 논고에서 당시의 사회적 병리현상에 대해 주장하는 모든 것은 그의 확신에 따르면 아무르 프로프르에서 자라난 자아

---

26) 루소, 《인간 불평등 기원론》(개정 1판), 153.

상실의 위험에 그 뿌리를 두고 있다. 시민사회에서 사람들은 내면화된 관찰자의 시각에서 볼 때 자신에게 동료 시민들의 지위보다 우월한 사회적 지위를 부여해 줄 자질을 얻기 위해 쉼 없이 몰두하고 있다. 한번 시동이 걸리면 "아무르 프로프르의 극성스런 활동"은27) 어떠한 한계도 모른다. 왜냐하면 한낱 상대적인 성격 때문에 이 욕망은 모든 구별 짓는 특성들을 빠르게 소비하고, 그렇게 계속해서 사람들이 자신의 우월함을 그럴듯하게 증명해 내도록 재차 몰아가기 때문이다. 어제까지 부와 권력 그리고 아름다움과 관련하여 개인적 뛰어남의 징표로 통하던 것이, 사회적 대중화 때문에 오늘은 다시 더 희소한 것으로 대체되어야 한다. 이렇게 지위 경쟁이 벌어지는 모든 영역에서 구별 짓는 행위양식에 대한 압박이 지속적으로 상승한다. 28) 이러한 문화적 과정 속에서 극장은 우리가 본 것처럼 세련됨의 공간으로서 그러한 경향을 강화할 뿐이다. 루소는 극장을 아주 싫어했다. 극장에서 시민들은 자질과 지위를 그럴듯하게 가장할 수 있는 행위방식을 배우고, 그 결과 결국 참된 본성에 따른 자신이 진정 누구인지 스스로도 알 수 없게 되는 지경에 이르기 때문이다.

---

27) 앞의 책, 115.
28) Neuhouser, *Rousseau's Theodicy of Self-Love*, 76~77.

그런데 루소가 만약 자신의 이러한 인정이론 버전에 또 하나의 전환을 주지 않았다면, 우리는 에른스트 카시러가 이미 80여 년 전에 **정관사**를 덧붙여 "루소의 문제"라고 부른 어려움 앞에 서 있을 것이다. [29] 어떻게 둘째 논고의 비관주의적인 시대진단에서, 당시의 시민들에게 다름 아닌 바로 개인적 자기결정의 능력을 인정하는 《사회계약론》의 낙관주의적 전제로 다리가 놓일 수 있는지 우리는 알 수 없을 것이다. 카시러 이후 많은 저자들이 루소 저작의 이 외견상의 분열과 씨름하였으나, 대부분 낙심하여 저 두 저작의 조화 불가능성만을 강조하는 데 그쳤다. 문화비판적인 초기 저작에서는 근대인에게 자아상실마저 초래하는 여론에 대한 의존성이 진단되는 반면, 사회계약에 대한 구상에서는 같은 사람들이 자신의 의지를 스스로 결정할 수 있는 존재로 규정된다. [30]

이런 결실 없는 연구 상황을 뛰어넘을 목적으로, 영국의 유명한 루소 전문가 니콜라스 덴트(Nicholas Dent)는 루소가 아무르 프로프르의 "격렬한"(*inflamed*) 형태와 "보통"(*ordinary*) 형태를 구분했을 가능성을 고려해 보자고 제안한다. 둘째 논고는 인정 욕

---

29) Ernst Cassirer, "Das Problem Jean-Jacques Rousseau", *Über Rousseau* (herausgegeben und mit einem Nachwort von Guido Kreis, Berlin: Suhrkamp, 2012〔1932〕).
30) 해석상의 이런 어려움에 대해서는 장 스타로뱅스키, 《장 자크 루소: 투명성과 장애물》(이충훈 옮김, 아카넷, 2012), 특히 2장 참조.

구가 매우 불리한 사회 여건 속에서 충족을 추구할 때 어떤 해로운 모습을 띠게 되는가만을 다룬다면, 반대로 《사회계약론》은 공화주의적으로 평등한 조건에서는 같은 욕구가 상호존중이라는 건강한 형태를 갖게 됨을 그리고 있다는 것이다. 31) 그 이후로 존 롤즈부터 조슈아 코헨을 거쳐 노이하우저에 이르는 일군의 학자들처럼32) 우리가 덴트의 이 생각을 따른다면, 지금까지 내가 제시한 설명과는 완전히 다른 해석이 나올 것이다. 루소의 아무르 프로프르는 그의 프랑스 선배들에게서와는 다르게 심리학적 변화가능성 혹은 조형가능성을 갖고 있어서 사회문화적 조건에 따라 그 형태가 달라질 수 있다. 우월하고 특별히 뛰어나다고 평가받고 싶어 하는 나쁜 욕망은 구성원들이 모두 같은 눈높이에서 만나도록 사회가 조직되면, 개인의 자율성에 대한 상호적 존중과 인정을 향한, 사회적으로 용납 가능한 욕구로 변화될 수 있다.

실제로 루소가 둘째 논고 출간 7년 후에 펴낸 《에밀》에는 이미

---

31) Dent, *Rousseau*.

32) John Rawls, "Lectures on Rousseau", *Lectures on the History of Political Philosophy*(Harvard University Press, 2008) ; Joshua Cohen, *Rousseau: A Free Community of Equals*(Oxford University Press, 2010) ; Frederick Neuhouser, *Rousseau's Theodicy of Self-Love*. 뒤의 두 저자의 루소에 대한 새로운 해석에 대해 나는 서평을 하나 썼다. Axel Honneth, "Die Entgiftung des Jean-Jacques Rousseau: Neuere Literatur zum Werk des Philosophen", *Deutsche Zeitschrift für Philosophie*, Heft 4(2012), 611~632.

아무르 프로프르의 저런 방향 전환을 가져올 수 있는 교육학적 조처들에 대한 조언이 들어 있다. 예를 들어 그 책에서 루소는 다른 아이들도 자신과 마찬가지로 인정을 얻기 위해 애쓰는 존재라는 인식을 성장기의 아이에게 가르칠 수 있으리라고, 그리고 이를 통해 더 높은 명예와 지위를 향한 갈망을 싹부터 자를 수 있을 것이라고 말하고 있다. 33) 《에밀》과 마찬가지로 1762년에 출간된 《사회계약론》은 당연히 아무르 프로프르가 주어진 사회질서를 통해 폭넓게 변화될 수 있으며, 상황에 따라서는 동등한 사람들 사이의 존중이란 형태까지 띨 수 있는 가능성을 루소가 열어 두고 있다는 더 본격적인 증거이다. 왜냐하면 이 책에서는 사회계약의 전체 구성만이 아니라 그에 이어지는 일반의지의 형성 과정 또한 서로의 자율성을 인정하는 주체들의 자세에 달려 있어서, 구별 짓기를 향한 모든 욕구는 적어도 일단 제거된 것처럼 보이기 때문이다. 34)

이 두 저작의 의도를 요약하면 대략 다음과 같은 복잡한 그림

---

33) Rousseau, *Emil oder über die Erziehung*〔1762〕(übers. von Ludwig Schmidts, Paderborn, 1998〔13〕), 261. 이에 대해 Neuhouser, *Rousseau's Theodicy of Self-Love*, 171~183쪽도 참조.
34) 루소, 《사회계약론》(김영욱 옮김, 후마니타스, 2018). 이에 대해서는 다음을 참고. Choen, *Rousseau*, 32~59; Neuhouser, *Rousseau's Theodicy of Self-Love*, 201~217.

이 그려진다. 루소의 아무르 프로프르는 사회화와 더불어 생기는 인간의 욕구를 의미한다. (내면화된) 다른 사회구성원들의 시선 속에서 근본적으로 존중받을 만하고 그런 점에서 사회적으로 존재할 권리를 갖는 사람으로 인정받고자 하는 욕구 말이다. 근원적인 만큼 순박한 이 욕구는, 사회 환경과 잘못된 교육에 의해 다른 사람들도 모두 사회적 존중을 갈구하는 같은 상황에 놓여 있다는 점을 놓치게 되면 인간 마음속에 독이 든 화살이 된다. 그러한 상황에서는 인정을 향한 저 온건한 바람은 돌연변이를 일으켜, 공동체 안에서 특별히 공이 많고 탁월한 존재로 여겨지고자 하는, 거친, 나아가 서슴없는 욕망이 된다. 짧게 말해서, 타자의 판단에 의존적이 됨으로써 자아를 상실하게 되는 위험에 대해 루소가 말한 모든 것은, 사회적 참여와 통합에 대한 기본적 욕구의 충족이 불가능한 사회에만 해당될 것이다. 35)

그러나 그렇지 않다는 것, 오히려 루소는 아무르 프로프르에 대한 의구심을 평생 동안 내려놓지 않았음을 나는 루소의 저작에 대한 나의 해석 마지막 부분에서 보이고자 한다. 이를 위해 우선 다시 한 번 《사회계약론》을 짧게 살펴볼 필요가 있다. 내가 보기에

---

35) 예를 들어 Joshua Cohen(in: *Rousseau*)과 Frederick Neuhouser(in: *Rousseau's Theodicy of Self-Love*)도 이러한 논증을 편다.

이 저작은, 둘째 논고에서 제시한, 그사이 "제2의 본성"이 되어 버린 인정 욕구에 대한 의심을 루소가 여전히 유지하고 있음을 간파하게 해주는 몇몇 사유 과정을 담고 있다. 우선 일반의지에 대한 합의 과정을, 모든 사회구성원 각자가 개인적 회심(回心)의 형식으로 혼자서 수행하는 행위로 생각하는 루소의 해괴한 성향이 있다.36) 본문에서 일반의지를 모든 개별 의지가 단순히 더해진 의지와 혼동하지 말 것을 강하게 경고하고 있긴 하지만, 루소는 어떠한 토의와 관점 인수 과정을 통해 개인들의 개별 의지 사이에 실질적 매개가 이루어져야 하는지에 대해서 거의 말하는 바가 없다. 그 대신 한 사람의 의견 형성이 다른 사람의 의견 형성에 의존적이게 되는 것을 방지하고자 하는 듯한 인상을 주는 암시나 언급을 계속해서 반복한다. 타인과의 의견 교환은 자신의 "진정한" 의도와 목적에 관한 오해를 가져올 수 있기 때문에 개별 주체는 가능한 한 조용한 골방에서 자신의 의견을 형성해야 한다.37) 이러한 독백적 표상은 주권자를 하나의 집단으로 간주하는 것이 불가피해지자 그러한 거대 집단을 구상하는 방식에 전이된다. 그러니까 그 집단의 성립 또한 하나의 동일한 의견만을 갖

---

36) 루소, 《사회계약론》, 1권 8장. 하버마스, 《사실성과 타당성》(박영도 옮김, 나남, 2018), 153~163쪽도 참조.

37) 사회계약을 체결하는 순간에 "각 개인은 말하자면 자기 자신과 계약을" 맺어야 한다는 루소의 생각도 이와 관련돼 있다(루소, 《사회계약론》, 1권 7장, 26).

는 통일적 자아라는 모델에 따라 구성된다.[38] 어긋나는 모든 목소리는 거기에 속하지 않는 것처럼 보인다. 루소가 의견 형성 과정에서 분파의 형성을 금지하는 것이 대표적이다. 분파의 형성에서 루소는 인민 의지의 통일성이 깨져 버릴 위험을 예감하기 때문이다.[39] 지금까지의 논의가 보여주는 바는 일단 기껏해야, 의견 교환이 인식의 풍요로움을 가져올 것이라고 루소가 생각했다고 믿을 근거가 거의 없다는 사실뿐이다. 오히려 여전히 루소는 (개인이든 집단이든) 개별 주체가 자신의 의지를 탐구할 때 타자에게 의존하지 않는 것이 더 낫다고 믿고 있는 듯한 인상을 준다.

루소가 《사회계약론》 출간 이후 특별히 관심을 기울인 주제를 고려해 보면 이러한 인상은 강화된다. 1762년 이후의 저작에서 인정 욕구와 자아상실의 결합이라는 옛 주제가 다시 분명하게 부각된다고 주장하는 것은 아마도 틀리지 않을 것이다.[40] 그사이 점점 더 괴짜가 되어 버린 저 사상가는 이제 자신의 인격에서 왜곡되지 않은 본래의 모습을 찾기 위해서 무엇이 필요한가 하는 물음에 사로잡힌 것처럼 보인다. 그리고 그가 이전과 마찬가지로 그

---

38) 루소 스스로 "공동의 자아"(moi commun) 라는 표현을 사용한다(루소, 《사회계약론》, 1권 6장, 25).

39) 루소, 《사회계약론》, 2권 3장, 40.

40) 장 스타로뱅스키, 《장 자크 루소: 투명성과 장애물》, 7장.

런 작업의 가장 큰 방해물로 여기는 것은, 우리가 자신의 자아를 기꺼이 내면화된 관찰자의 관점에서 보는 데 익숙하다는 사정이다. 우리의 장점과 가치 있는 자질에 대해서 우리는 먼저 이 관찰자를 설득하려고 노력한다. 어떻게 진실한 삶이 가능한가라는 물음과 함께 이렇게 이미 둘째 논고에서 다른 징후 아래 그를 사로잡았던 주제가 루소의 자전적으로 채색된 후기 저작에서 다시 등장한다. 그사이 아무르 프로프르가 제 2의 본성이 되었기 때문에 우리가 오늘날 끊임없이 "타인의 의견 속에서 살아갈 수밖에 없다면", 우리의 본래적 인격적 핵심으로 되돌아가 자신을 다시 찾는 것은 도대체 어떻게 가능할 것인가? 그런데 이제 루소가 자신의 옛 문제를 새롭게 표현할 때 달라진 점은 그사이 이 문제의 인식론적 함축이 훨씬 분명하게 부각된다는 점이다. 전에는 사회적 인정에 대한 욕망의 위험이 도덕적 종류인지, 인지적 종류인지 흔들렸다면, 이제 여기서 우선적으로 중요한 것은 인지적 어려움, 즉 우리 자신에 대한 적합한 인식의 문제임이 분명해진다.

1778년 사망한 저 철학자의 유고 중 1782년 처음으로 출간된 《루소, 장 자크를 심판하다》라는 대화편에서[41] 이미 루소는 자신에게 행해진 소위 인신공격적 명예훼손에 크게 분노하면서도, 타자

---

41) 루소, 《루소, 장 자크를 심판하다 — 대화》(진인혜 옮김, 책세상, 2012).

의 의견이라는 왜곡된 거울 속에서 그래도 어떻게 자신의 인격적 핵심을 찾을 수 있을까 하는 문제와 세심하게 씨름하고 있다. 자신의 행동을 항상 여론의 관점에서 판단하는 문화적으로 획득한 성향 때문에 내면화된 타자의 판단을 다시 벗겨 내고 본래의 자아에 대한 적절한 인식에 이르는 것은 우리에게 구성적으로 대단히 어렵다.

여기서 루소가 염두에 두고 있는 인지적 문제는 개인의 태도에 따라 두 가지 서로 다른 측면을 갖는다. 한편으로 우리는 실제로는 가지고 있지 않은 탁월함을 가장함으로써 타인을 속이려 하고, 그렇게 자신이 스스로에 대해서 가장한 이상적 모습을 통해 스스로의 자아탐구에서 쉽게 잘못된 길로 빠지고 만다. 다른 한편 여론이 우리 자신의 인격적 속성에 대해 먼저 잘못된 판단을 내리기도 한다. 이런 경우 우리는 그 오판에서 거의 벗어날 수 없는데, 그사이에 이미 그런 오판이 스스로의 판단이 되었기 때문에, 그리고 그런 오판 외에는 인지적으로 의존할 만한 다른 어떤 것도 없기 때문이다. 두 경우 모두 자아는 자기 존재의 핵심에 더 이상 다가가지 못할 정도로 타자가 내린 판단의 그물에 사로잡혀 있다. 그래서 저자의 감정이 듬뿍 묻은 앞의 책 거의 첫 부분에서 독자는 낙담한 루소의 한숨 소리를 듣는다. "스스로는 장점으로 의식하지만 어느 누구도 인정하지 않는 장점을 자랑해야 하는가?"42)

여기에서 자기인식이란 인식적 문제로 이렇게 분명히 드러나는 것을 고려하며 되돌아보면, 루소에게 아무르 프로프르의 불행이 처음부터 명백하게 주로 어떤 종류의 것이었는지 다시 한 번 알아챌 수 있다. 그사이 인간들이 지배적인 가치기준에 비추어 가능한 한 "좋은" 혹은 "뛰어난" 존재로 동료 인간들 앞에 서고 싶어 하는 정념에 사로잡히게 되었다는 사정에서, 우리는 원칙적으로 우리의 안녕을 위협하는 두 가지 서로 다른 위험을 확인할 수 있다. 그것은 개인이 사회적 위계질서에서 부당하게 잘못된 자리를 받게 되는 "정치적-도덕적" 폐해일 수도 있고, 아니면 명예를 위해 서로 경쟁하는 개인들 위에 드리워진 여론이란 장막을 더 이상 걷어 낼 수 없어서 자신의 "진정한" 본질을 지속적으로 시야에서 놓쳐 버리는 인지적 문제일 수도 있다. 물론 이것은 추상적 대안이다. 현실사회에서 이 두 가지는 일반적으로 서로 연관되어 있기 때문이다. 그러니까 부당한 지위 부여는 보통 개인의 실제 업적에 대한 공적으로 잘못된 평가에서 나올 것이기 때문이다. 그러나 인식적 관심과 시대진단적 관심에 따라 전자나 후자를 강조할 수 있을 것이다. 루소는 처음에는 저 두 위험 중에서 어느 것이 더 큰 위협인지 확신하지 못하다가, 지적으로 성숙할수록 인식적 문제에서 우리 인간에게 더 중요하고 진정으로 극적인 도전을 보

---

42) 앞의 책, 21.

게 된다. 사회적 인정에 대한 우리의 의존성에서 정말 해로운 것으로 최고의 철학적 주목을 받아야 마땅한 것은 그러한 의존의 결과로 생기는, 우리가 개인으로서 진정 누구인가에 관한 불확실성이다. 이로써 루소는 인정 욕구가 항상 자기 오해로 변질될 위험이 있다는 프랑스 모럴리스트들의 오래된 의심을 이론적으로 훨씬 발전된 새로운 수준에서 강화했다. 비록 루소가 라로슈푸코나 몽테뉴와 마찬가지로 "인정" 개념을 명시적으로 사용한 것은 아니지만, 그래도 루소에게는 인정에 해당하는 프랑스어 르-코네상스(re-connaissance)에 담긴, 인지적 활동과 도덕적 활동의 양가성 문제가 항상 암묵적으로 깔려 있다.

루소의 전 생애에 걸친 아무르 프로프르에 대한 탐구의 마지막은 짧게 설명될 수 있다. 《루소, 장 자크를 심판하다》가 사후에 출간된 해, 그러니까 1782년에 《고독한 산책자의 몽상》 역시 로잔에서 공개된다. 43) 인정 욕구에서 특별히 위험한 것을 요약적으로 다시 한 번 강조하려는 것처럼, 이 글에서 루소는 가능한 한 모든 인간 공동체로부터 고립된 채로 자기인식의 길을 가라고 독자들에게 열렬하게 권한다. 동료 인간이 우리를 어떻게 여기는

---

43) 루소, 〈고독한 산책자의 몽상〉, 《고독한 산책자의 몽상, 말제르브에게 보내는 편지 외》(진인혜 옮김, 책세상, 2013).

지, 우리에게 어떤 능력이 있다고 판단하는지에 대해 더 이상 신경 쓰지 않을 때에만, 우리는 타자의 판단에 현혹되지 않고 자신의 참된 속성과 진정한 염려를 인식할 수 있다. 당연한 귀결로서 《몽상》의 유명한 다섯 번째 산책에서 루소는, 자연의 변화에 대한 고요한 관찰이 왜곡되지 않은 자아를 적절히 인식하는 데 얼마나 이상적인 형식인지를 묘사한다. 자연은 말할 수 없고 우리를 판단할 수 없기 때문에 아무르 프로프르를 자극하는 어떤 양분도 공급하지 않는다. 그래서 우리는 사회적 명예에 대한 걱정 없이 우리 자신을 인식할 수 있다. 44)

루소 이후 시기 프랑스에서 인정 관념의 운명을 이론사적으로 더 추적하기 전에, 앞으로의 논의를 위한 준비로 지금까지 이루어진

---

44) 루소, 《고독한 산책자의 몽상》 중 "다섯 번째 산책". 이 부분이 이 책의 핵심이라 할 수 있는데, Meier는 이 장에 대해 빛나는 해석을 제공해 준다. Heinrich Meier, *Über das Glück des philosophischen Lebens: Reflexionen zu Rousseaus Rêveries in zwei Büchern* (München: Beck, 2011), 1권 4장. 아무르 프로프르의 투쟁이 일어나는 장소인 사회에서 루소가 "스토아적" 퇴각을 하게 되는 전체 맥락에 대해서는 추가적으로 장 스타로뱅스키의 《장 자크 루소: 투명성과 장애물》 3장의 "고독"절을 참조할 것. 다른 한편, 루소와 관련 없이 Tugendhat도 모든 사회적 인정 관계에서 벗어나는 것이 차분하고 평안한 자기관계에 이롭다는 루소와 비슷한 제안을 한다. Ernst Tugendhat, *Egozentrizität und Mystik: Eine anthropologische Studie* (München: Beck, 2003).

재구성의 첫 단계 결과를 다시 한 번 짧게 요약하고자 한다. 라로슈푸코에게서 이미, 그러나 루소에게서 훨씬 더 강하게 아무르 프로프르라는 정념에 수반하는 동료 인간의 가치평가에 대한 의존성이 인식론적 관점에서 매우 문제적인 것으로 여겨졌다. 프랑스 모럴리스트들은 이러한 의존성이 있지도 않은 덕을 가장하는 성향을 배양하여, 그 결과 우리가 곧 우리의 가장된 인격과 실제의 인격을 더 이상 충분히 구분할 수 없게 된다고 믿은 반면, 루소는 자신의 숙고를 더 깊은 차원에서 시작하여 동료 인간의 관점에서 스스로를 판단하기를 배운다는 것이 도대체 무엇을 의미하는지 묻는다. 평생 동안 그는 이 물음에 분명한 답을 주기 어려워했다. 한편으로는 그런 관점 인수에서 자신에게 옳은 것에 대한 확실한 감각(아무르 드 수아)을 상실할 위험을 보았고, 다른 한편으로는 언제나 상호의존과 책임이라는 평등 의식의 획득을 위한 기회를 보기도 했다. 《사회계약론》에서 루소는 적어도 일시적으로, 문화적으로 생성된 아무르 프로프르라는 욕구와 더불어 다른 모든 동료 주체에 대한 시야가 열리면서 적절한 교육과 사회 제도가 뒷받침된다면 인간이 서로를 평등한 존재로 존중하는 것이 가능할 수도 있다고 믿게 된 것처럼 보인다. 그러나 결국 루소에게서는, 내가 마지막에 제시한 것처럼, 아무르 프로프르의 영향에 대한 의구심이 승리한다. 나이가 들수록 루소는 이미 둘째 논고에 담겨 있던 견해를 점점 더 단호하게 피력한다. 다른 사람들의 판단이 발휘하는 피할 수 없는 영향력은, 우리가 우리 자신의 실제 인격의 핵심에 대한 참된 인식에 도달하는 것을 방해한다. 후기 저작에서 루소가 이러한 인식론적 의심의 근거로 제시하는 이유들은 복잡하고 매우 섬세하다. 그럼에도 이 이유들을 다시 한번 짧게 요약해야겠다. 다른 형태로, 그리고 완전히 다른 전제하에 이후 프랑스 사상에서 다시 등장하게 되는 몇몇 의구심이 그 안에 이미 표현되어 있기 때문이다.

우리가 살펴본 것처럼, 루소는 아무르 프로프르의 욕구를 우선 다음과 같이 묘사한다. 아무르 프로프르는 고독하지만 자기 확신에 찬 행위자의 내부 관점이 아니라, 우리를 둘러싸고 있는 동료 인간들의 관점에서 스스로를 판단하도록 우리를 압박하고 나아가 강제한다. 충분히 큰 공동체 안에서 동료 인간들과 살게 되면서 우리는 그들의 눈에 가능한 한 유능한 존재로 보이고 싶어 하고, 그래서 행위에서 드러나는 우리의 속성을 그들이 어떻게 평가하는지에 신경을 쓰지 않을 수 없다. 이 첫 단계에서 주장된 것만으로도 이미 루소를 한 명의 인정이론가로 간주하기에 충분하다. 여기서 사회화된 인간은 동료 인간들로부터 자신에게 고유한 특정한 속성을 갖춘 주체로 확인받고 인정받을 때에만 스스로를 그러한 주체로 이해할 수 있는 존재로 그려지기 때문이다. 그러나 이렇게 윤곽이 그려진 맥락에서는 "확인" 혹은 "인정"이라는 말이 무엇을 의미하는지가 아직 불분명하다. 보통 그런 확인하고 인정하는 반응은, 인정받는 주체에 대해서 그 주체의 이런저런 확인된 자질에 걸맞은 존경과 경의를 표시하도록 요구할 것이다. 그런데 바로 여기에서, 내가 제대로 보고 있다면, 루소는 흔들린다. 여기에서 말하고 있는 인정이 인지적 긍정 판단을 의미하는지 아니면 도덕적 존중을 의미하는지 결정할 수 없기 때문이다. 어쨌든 자신의 인정을 걱정하는 해당 주체의 관점에서 루소는 저 인정 과정을 단지 인지적 확인 과정으로 제시한다. 이 주체가 신경을 쓰는 것은 우선적으로 자신의 한낱 가장된 혹은 실제로 소유하고 있다고 믿는 속성이 충분히 인식되는 것이다. 이렇게 말할 수도 있을 것이다. 아무르 프로프르의 발생 이후 문명사적으로 확대되고 있는 항구적 인정투쟁은, 루소가 보기에 무엇보다 자신의 추정된 혹은 실제 속성의 사실적 존재를 타자에게 설득하려는 주체들의 서로를 향한 노력이다. 그러므로 개인이 싸워서 얻고자 하는 것은, 좀더 분명히 말하자면 도덕적으로 존중받기, 즉 "규범적 지위"를 부여받는 것이 아니라 그들이 공개적으로 제시하는 자질을 인지적으로 확인받고 증명하는 것이다.

타자의 판단을 고려하는 과정의 이런 인지주의적 일면화에 근거하여 루소는 이제 둘째 단계에서, 내가 그의 인정이론에 대한 설명에서 특별히 강조했던 결론을 정당하게 도출할 수 있다고 믿는다. 아무르 프로프르에 의해 동료 인간들 앞에서 자신의 자질을 실제로 소유하고 있음을 증명하도록 내몰리기 때문에, 주체는 조만간에 자기 스스로에 대해 더 이상 잘 알지 못하게 되는 곤경에 빠진다. 자신의 개성을 증명하려고 시도할수록, 자신에게 부여된 자질과 능력에 대해 실제로 판단할 수 있는 권위를 갖춘 자가 누구인지 점점 더 불확실해지기 때문이다. 여론인가 아니면 여론 앞에서 자신을 증명하도록 요구받는다고 느끼는 주체 자신인가. 루소는 이러한 인식적 혼란에서, 자전적 어조인 후기 저작의 중요한 주제가 되는 내적 드라마를 발전시킨다. 개인은 자신의 인격적 정체성에 대한 자신의 판단과 타자의 판단 사이에서 갈기갈기 찢어져 결국에는 자신이 **실제로** 누구인지 더 이상 모르게 된다.

이상(理想)임과 동시에 의심스럽고 덧없는 것으로서 개인적 진정성이라는 주제가 루소 후기 저작의 중심에 서 있지만, 이 주제는 처음에는 별로 주목받지 못했다. 45) 18세기 말에 아무르 프로프르 개념은 문화와 사회적 삶을 분석하는 열쇠 범주로서의 기능을 거의 상실한다. 예를 들어 스탕달(Stendhal)이 "허영"(*vanité*)과 "오만함"(*orgueil*)이라는 표현을 자주 사용하는 것에서 볼 수 있듯

---

45) 오늘날 이 주제의 중요성에 대해서는 Alessandro Ferrara, *Modernity and Authenticity: A Study of the Social and Ethical Thought of Jean-Jacques Rousseau* (New York: SUNY Press, 1992) 참조.

비록 저 개념의 부정적 의미가 한동안 남아 있기는 하지만, 아무르 프로프르 개념은 곧 사회와 시대를 분석하는 유용한 용어로서 프랑스에서 더 이상 거의 아무런 역할도 하지 못한다. 46) 무엇보다 프랑스 혁명을 앞둔 정치적 대립은 루소 저작의 아주 다른 요소를 부각시켰다. 이때부터 적어도 한 세기 동안 《사회계약론》이 정치적 · 학문적 공론장에서 이 철학자의 이미지를 결정한다. 이 시기 동안 인간 사이의 인정 관계에 대한 심리학적 관심이 프랑스 철학에서 전반적으로 썰물처럼 퇴조한다. 처음에는 민주주의의 도전, 다음에는 사회 문제가 이슈가 됨으로써 사회 정책의 주요 주제들이 — 오귀스트 콩트(Auguste Comte)의 질서이론에서든, 초기 사회주의에서든 혹은 에밀 뒤르켐(Emile Durkheim)

---

46) 이에 대해서는 다시 한 번 Fuchs, *Entfremdung und Narziβmus*, 293쪽 참조. 그런데 칸트의 역사철학적 저술에서 루소의 아무르 프로프르 개념은, 비록 이 용어가 직접 사용되지는 않지만 18세기 말에 다시 한 번 짧은 전성기를 누린다. 아무르 프로프르라는 착상이 칸트의 역사철학에서 갖는 중요성에 대해서는 Yirmiyahu Yovel, *Kant and the Philosophy of History*(Princeton University Press, 1989) 2부를 참조. 스탕달 외에 발자크(Honoré de Balzac)도 언급할 수 있을 것이다. 발자크는 〈황금 눈의 여인〉(《13인당 이야기》, 송기정 옮김, 문학동네, 2018) 1부에서 1830년대 파리의 모든 계층에서 벌어지고 있는, "이기심"에 의해 추동된 "돈과 명예와 쾌락"을 향한 투쟁에 대해 가히 천재적이라 할 만한 사회학적 분석을 전해주고 있다. 다른 한편 이 소설에서 라로슈푸코가 한 번, 루소가 두 번 직접 언급되는데, 이것은 발자크가 이들의 저작에 얼마나 친숙했는지를 보여준다.

에 의해 설립된 사회학에서든 — 관심의 대상이 된다. 47) 물론 이러한 종류의 이론적 문제 설정에 대해서도 누가 누구에게 사회에서 어떤 형태의 인정을 빚지고 있는가, 그리고 그것이 개인에게 의미하는 바가 무엇인가 하는 물음은 연관성을 갖고 있을 것이다. 그러나 단 한 명을 예외로 하고 이 시기의 선도적 프랑스 사상가들은 사회통합이란 주제를 국가주도적으로만 생각하거나 혹은 그것을 위해 집단의식이란 관념을 활용하였다. 이 두 경우 모두 일상의 삶에서 이루어지는 상호 인정과의 연관성은 보지 못했다. 오직 뒤르켐만이 사회통합을 위해서는 다양한 형태를 갖는 인정관계의 그물망이 필요하다는 것을 상당히 의식하고 있었다. 48)

---

47) 이러한 광범위한 발전에 대해서는 다음의 흥미로운 연구를 참조. 레몽 아롱(Raymond Aron), 〈사회학자들과 1848년의 혁명〉, 《사회사상의 흐름》(이종수 옮김, 기린원, 1988), 253~282.

48) Emile Durkheim, *Physik der Sitten und des Rechts*: *Vorlesungen zur Soziologie der Moral* (übers. von Michael Bischoff, Frankfurt/M.: Suhrkamp, 1999). 선물을 주고받음에서 드러나는 사회적 상호성에 대한 마르셀 모스(Marcel Mauss)의 획기적 연구(《증여론》, 이상률 옮김, 한길사, 2002)도 당연히 프랑스에서 상호 인정의 문제를 직접 주제로 삼는 지적 발전을 자극하였다. 이에 관하여는 마르셀 에나프(Marcel Hénaff)의 《진리의 가격》(김혁 옮김, 눌민, 2018) 특히 4장을 참조. 이 책에 대한 나의 논평은 호네트, 〈선물교환에서 사회적 인정으로: 마르셀 에나프의 사회이론에 나타난 불일치점〉, 《베스텐트 한국판 2012》(사월의 책).

장 폴 사르트르

이렇게 루소에 의해 던져진 인간 사이의 관계라는 문제는 오랜 시간 동안 프랑스 사유에서 큰 무게를 갖지 못하다가, 20세기에 실증주의와 정신주의적 흐름이 쇠퇴하고 현상학과 함께 새로운 철학 운동이 시작될 무렵 다시 힘차게 돌아온다. 유럽의 어느 곳에서보다 세차고 빠르게 르네 데카르트(René Descartes)의 나라 사람들은 에드문트 후설(Edmund Husserl)이 발전시킨, 세계를 구성하는 의식활동에 대한 묘사 방법을 그때까지 그 나라의 지배적 철학 흐름과 단절되어 있던 여러 영역을 위해 유익하게 활용한다. 49) 그래서 오래 걸리지 않아 루소가 연구했던, 주체가 동료 인간들과 맺는 관계가 프랑스에서 다시 철학 연구의 대상이 된다. 강하게 가톨릭주의에 경도되어 있던 가브리엘 마르셀(Gabriel Marcel) 외에 누구보다 모리스 메를로 퐁티와 장 폴 사르트르가 20세기 중반 자아의 현상학적 시각에서 그 자아가 다른 주체와 맺는 관계가 어떻게 이해될 수 있을까 하는 문제에 천착한다. 50) 그러

---

49) 20세기 프랑스 철학의 역사에 대해서는 Gary Gutting, *French Philosophy in the Twentieth Century* (Cambridge University Press, 2001) 참조.

50) 모리스 메를로 퐁티(Maurice Merleau-Ponty), 《지각의 현상학》(류의근 옮김, 문학과지성사, 2002), 2부 4장; Jean-Paul Sartre, *Das Sein und das Nichts: Versuch einer phänomenologischen Ontologie* (《존재와 무》, übers. von Hans Schöneberg und Traugott König, Reinbek, 1993), 특히 제 3부.

나 이 세 철학자 중 결국 한 시대의 시대정신을 각인하고, 실존주의를 통해 그 시대에 새로운 자기이해를 마련해 준 사람은 사르트르였다. 사르트르의 이론이 짧은 시간 안에 발휘한 엄청난 영향력을 설명하는 데 있어 그가 루소와 비슷하게 타인에 대한 인간의 의존성을 굉장히 어둡게 그렸다는 사실은 빠질 수 없다. 그러나 사르트르가 인정에 대한 이러한 부정적 시각을 발전시킨 이론적 전제는 저 제네바 철학자의 그것과 많이 다르기 때문에 이 둘 사이의 큰 간극을 메우기 위해서는 우선 간략한 설명이 필요하다.

부르주아 세계의 위험과 기회에 대한 전 생애에 걸친 탐구에서 루소는 인간의 근원적 본성과 나중에 부차적으로 추가되는 정념을 구분할 수 있다는 상당히 순진한 가정에서 출발한다. 일종의 철학적 인간학을 통해, 문화적으로 생성된 두 번째 욕구, 즉 우리를 다른 사람의 인정에 의존적이게 만드는 아무르 프로프르가 인간 공동의 삶과 개인에게 축복인지 저주인지를 연구하려 한다. 그러나 거의 200년 후에 태어난 사르트르에게는 인간 욕구의 본성을 그렇게 객관주의적인 방식으로 연구하는 것보다 낯선 것도 없다. 철학의 비판적 전회를 통해 배우고 후설의 현상학과 더불어 성장한 사르트르는, 주체에게 부가될 수 있는 모든 것은 오직 자신의 의식 행위에 대해 성찰하는 주체의 관점에서만 보고될 수 있다고 확신한다. 그래서 사르트르는 주저 《존재와 무》에서 타자와의 만남에 대해 말할 때, 루소와는 완전히 다른 방법적 전략을 따른다. 사르트르는 인간 욕구가 우리 삶에 어떠한 결과를 초래하는지가 아니라, 한 주체가 다른 주체를 자신의 경험세계 안에서 만나게 될 때 그 주체의 실존적 상황이 얼마나 변화하는지를 현상학적으로 연구한다. 이러한 모든 분명한 차이에도 불구하고 놀랍고 우리의 분석을 위해 결정적인 것은, 상호주관성에 대한 분석에서 사르트르가 루소와 동일하지는 않지만 그래도 상당히 유사한 결론에 도달한다는 점이다.

사르트르는 지금까지 자기 혼자와만 관계해 온 주체가 자신의 경험세계에서 동료 인간을 만나게 되는 상황에 대한 묘사를, 그가 그 앞에서 제시한 분석 결과를 짧게 상기시키면서 시작한다. 그에 따르면 주체는 타자를 만나기 전에 대자(對自)라는 존재론적 상황에 있다. 이것이 의미하는 바는 자신의 속성이 고정되어 있어 빈틈없는 "덩어리로서"(massif) 자신 안에서 완결되어 있는 즉자적(卽自的) 존재자51)와 달리, 대자적 주체는 언제나 자신의 현 상태를 넘어 가능성의 측면에서 개방되어 있는 미래와 연관되어 있으며, 선택을 통해 지속적으로 자신을 새롭게 규정해야 한다는 특성을 갖고 있다는 것이다. 52) 인간적 자유의 독특성과 주체의

---

51) Sartre, *Das Sein und das Nichts*(《존재와 무》), 〈서론〉 6절, 37~45.

대자존재에 대한 이러한 묘사는, 비록 사르트르가 사소한 수정을 통해 숨기려 하지만, 상당 부분 하이데거의 유명한 《존재와 시간》 현존재 분석에 빚지고 있다. [53] 여하튼 사르트르는 대자 주체로 하여금 새로운 가능성으로의 끊임없는 기투로서 자신의 실존을 여러 형식으로 경험하게 한 후에, 《존재와 무》 3부 도입부에서 지금까지의 논의상 마찬가지로 대자의 속성을 지녔음이 확실한 다른 주체를 만나게 한다. 사람들은 이미 저런 만남이 사르트르에게서 어떤 결말을 초래할지 흐릿하게나마 예감할 수 있다.

그러나 그전에 사르트르에 따르면 1초도 안 되는 찰나의 순간에, 사르트르가 헤겔에게서 빌려 와 인정이라고 부르는 어떤 일이 일어난다. 그의 실존적 상황에 대해서 우리가 이제 잘 알게 된 첫 주체는, 다른 주체에 의해 수동적으로 관찰된다고 느끼는 순간 갑자기 자신이 "타자와 함께하는 존재"라는 논박할 수 없는 확실성을 획득한다. 그런데 이러한 확실성 속에서 첫 주체는 자신이 타자를 통해, 이 타자가 자신에 의해 그렇게 된 것처럼, "대자적으로" 실존하는 개인적 존재로 인정되었음을 안다. [54] 내가 타자와 함께 존재하며 우리는 서로를 언제나 이미 자유를 향해 규정되어 있는 주체로 "인정"한다는 이러한 존재론적 인식은, 이 첫

52) 앞의 책, 2부 1장, 163~215.
53) 하이데거, 《존재와 시간》(소광희 옮김, 경문사, 1995).
54) Sartre, *Das Sein und das Nichts*, 3부 1장 4절("시선"), 특히 469~477쪽.

만남이 저 첫 주체에게 초래하는 결과가 발생하기 전 찰나의 순간에만 일어난다. 첫 주체는 어떤 행위 중—사르트르의 유명한 예는 열쇠 구멍을 통해 훔쳐보는 것이다—자신이 다른 주체를 통해 관찰되고 있다고 느끼자마자[55] 즉각적으로 자기의 모든 대자성이 박탈되는 체험을 할 수밖에 없는데, 이는 타자의 시선이 거부할 수 없이 자신을 특정한 속성에 고정시키고, 이로써 자신을 즉자적 존재로 만들기 때문이다. 그러니까 사르트르가 생각하는, 자신을 가능성 속에 열려진 자유로운 존재로 경험하는 주체의 드라마는 다음과 같은 것이다: 이 주체는 자신이 타자와 상호적으로 동시에 한갓 물건이 되어 버렸다고 느낄 때에만, 타자를 규정되지 않고 미래를 향해 열려 있는 자유로운 존재로 경험할 수 있다.

여기에서 우리의 흥미를 끄는 것은 사르트르가 이러한 첫 만남에서 타자를 특정한 속성에 고정시키면서 끊임없이 서로를 물화(物化)하는, 주체들 사이의 항구적 갈등이라는 결론을 도출한다는[56] 사실이 아니다. 물론 이렇게 암시된 사회상(像), 사르트르가 〈닫힌 방〉이란 희곡에서 사용한 유명한 비유에 따르자면 "타

---

55) 앞의 책, 467쪽 이하.
56) 앞의 책, 3부 3장, 633~752.

인"은 "지옥"이라는[57] 사회상이 《존재와 무》의 빠른 성공에 많은 기여를 하긴 했지만, 우리의 목적을 위해서는 두 주체의 첫 만남에 대한 묘사만으로 충분하다. 사르트르가 이 첫 만남에 대한 묘사를 통해 타자 영혼의 존재에 대한 회의라는 오래된 문제를 최종적으로 해결했다고 주장한다는 점 역시 여기서는 별로 중요하지 않다.[58] 사르트르의 주장은 철학사적으로 상당히 중요하고, 체계적 관점에서도 하나의 선구적 제안으로 평가될 수 있지만, 그가 사용하는 인정 개념의 특징을 밝히는 데에는 거의 기여하는 바가 없다. 우리에게 결정적인 것은 타자를 통한 인정 경험이 동시에 그리고 불가피하게, 자신의 선행하는 자유와 "대자성"이 부정당하는 경험을 함축한다는 사르트르의 가정이다.

《존재와 무》에서 이런 뜻밖의 주장을 위해 제시된 논증을 방금 살펴보았지만, 좀더 명확하게 하기 위해서 그 논거를 더 설명할 필요가 있다. 주체는 다른 주체가 자신을 쳐다보는 (혹은 뒤에 나오는 것처럼 자신에게 말을 거는)[59] 경험을 하는 순간, 자신이 다른 여러 "대자적" 존재 중 한 명이라는 것을 돌연히 의식하게 된다. 왜냐하면 만약 그 주체가 자신과 자신을 쳐다보는 (혹은 말을 거는) 주체를 동시에 각자 지향적으로 행위하는 그러므로 자유로운

---

57) 사르트르, 《닫힌 방·악마와 선한 신》(지영래 옮김, 민음사, 2013), 82.
58) Sartre, *Das Sein und das Nichts*, 3부 1장 2절, 408~424.
59) 앞의 책, 652쪽 이하.

주체성을 가진 주체로 파악하지 않는다면, 그 주체는 타자의 시선을 자신을 향한 시선으로 결코 이해하지 못할 것이기 때문이다. 그런데 이 모든 것이 일어나는 동일한 찰나에 저 관찰된 주체는 자신이 타자에게 한낱 "즉자적" 혹은 완결된 존재자일 뿐이라는 사실 또한 경험한다. 타자의 시선이 자신을 특정한 속성에 고정시키기 때문이다. 이 두 경험이 같은 찰나에 이루어지기 때문에, 모든 관찰됨과 말걸어짐은 언제나 동시에 두 가지 다라고, 인정임과 동시에 물화이고, 자신의 대자성에 대한 확인임과 동시에 이에 대한 부정이라고 사르트르는 결론 내린다.

이로써 우리는 인정에 대한 생각에서 사르트르와 루소 사이에 첫 유사성이 드러나는 지점에 도달했다. 비록 다른 이유에서지만 둘은 모두 인정됨이 부정적이고 바람직하지 않은 결과를 가져온다는 가정에서 출발하고 있다. 루소에게는 자신의 자아에 대한 불확실함이, 사르트르에게는 대자성과 자유의 상실이 그러한 결과이다. 제네바의 철학자에게는 우리의 몇몇 추정된 혹은 실제의 속성에 대한 여론의 확인이, 이러한 속성들 중 우리가 정말로 소유하고 있는 것이 무엇인지에 대해 우리 스스로를 불확실하게 만들기 때문에 이러한 부정적 결과가 생긴다. 사르트르에게는 타자의 시선 혹은 말걸기가 불가피하게 우리 인격의 어떤 측면으로 우리를 고정시키고 그로써 지속적으로 새롭게 기투할 기회를 박탈

하기 때문에 그러한 결과가 생긴다.

　이 두 사상가가 인정됨에서 생긴다고 보는 해로운 결과를 다음과 같이 표현해 보면 둘 사이에 보다 깊은 두 번째 유사성이 눈에 들어온다: 루소와 사르트르 모두 개인에게 부여되는 인정의 종류를 일종의 도덕적 배려나 존중의 표시가 아니라 명제적 확인이나 사실 주장의 유형으로 파악한다. 루소가 암묵적으로 인정이란 주제를 다룰 때 이런 인지주의적 축소가 일어나고 있음을 나는 이미 증명했다. 사르트르가 이 개념을 사용할 때도 같은 축소가 일어나고 있다는 것이 이제 제시되어야 한다. 그런데 이것은 사람들이 생각하는 것보다 쉽다. 그러한 축소가 "시선"에 대한 사르트르의 묘사에서 이미 드러나기 때문이다. 이 시선은 사람들이 기대하는 바와 달리, "나쁜", "격려하는", "무관심한" 혹은 "비난하는" 같이 어떤 식으로든 규범적 성질의 것이 아니라 단순히 다른 인격의 현존을 확인하는 것으로만 성격이 규정되고 있다. 그 시선을 통해 타자의 대자성이 상실되기는 하지만 말이다. 시선과 말걸기에서 사르트르에게 중요한 것은 지금까지 선(先) 반성적으로 자신과 관계하던 개인이 돌연히 자신을 다른 지향적 존재의 수신자로, 따라서 수많은 주체 중 하나로 이해할 수밖에 없다는 사실뿐이다. 이 개인이 그런 관찰됨 혹은 말걸어짐을 통해 존중 혹은 무시되었다고, 도덕적으로 배려 혹은 모욕 받았다고 느낄 수 있다는 점은 사르트르에게는 아무런 의미가 없다. 몇몇 논평자들이 이미 짐작한 것은 이 점을 단지 확인해 줄 뿐이다. 60) 즉, 사르트르가 상호주관적 만남을 순전히 존재론적 사건으로 축소하고 있다는 것이다. 존재론적 관점에서 주체는 타자에 대한 자신의 관계에 따라 오직 대자 아니면 즉자일 수밖에 없다. 따라서 이 두 주인공 사이에서 어떤 식으로든 일어나는 인정은 언제나 존재론적 속성의 부여나 확인의 형식을 띤다. 인정함은 사르트르에게는 — 루소에게도 마찬가지이긴 하지만, 루소는 그래도 변주를 위한 공간을 좀더 많이 제공한다 — 일차적으로 개인의 속성에 대한 인지적 확인이고 따라서 어떤 도덕적 성질도 갖지 않는다.

물론 이러한 놀랄 만한 공통점 때문에 이제 인정 현상에 대한 루소와 사르트르의 접근을 같은 것으로 여기는 오류를 범해서는 안 된다. 저 두 사상가 사이에는 200년의 시간이 놓여 있으며, 그 사이 일어난 철학적 토대를 뒤흔든 변화는 그들의 정반대되는 접근 방법에 표현되어 있다. 루소는 이미 말했듯이 인간학적 관찰자 시점에서 인정을 묘사하면서, 인정에서 어떤 심리학적 규칙성과 특징을 확인할 수 있다고 믿는다. 반대로 사르트르는 스스로를

60) 이런 종류의 첫 암시는 이미 메를로 퐁티의 《지각의 현상학》에서 발견된다. 651쪽 이하. 그러나 무엇보다 Michael Theunissen, *Der Andere: Studien zur Sozialontologie der Gegenwart* (Berlin & New York: de Gruyter, 1977), 1부 6장을 참조.

성찰하는 주체의 입장에 서서, 이 주체의 관점에서 이 주체가 자신의 경험지평 안에서 다른 주체를 만날 때 무슨 일이 벌어지는지를 탐구한다. 그러나 이러한 차이에도 불구하고 이 두 사상가가 다음의 주장에서 일치한다는 것은 대단히 주목할 만한 사실로 남는다: 상호주관적 만남과 더불어 인정되는 주체에게 불가피하게 일종의 자아상실이 일어난다.

루이 알튀세르와 자크 라캉

루소와 사르트르의 이러한 유사성에 내가 앞에서 라로슈푸코에 대해 말한 것을 추가한다 하더라도, 이러한 검토 결과로부터 프랑스 사상은 인정에 대해 부정적으로 이해하는 경향이 있다는 결론을 당연히 아직 내릴 수 없다. 지금까지 우리는 17세기 이후 프랑스에서는 계속해서 상호주관성 혹은 인간 사이 의사소통의 윤리적 가치를 의심하는 영향력 있는 철학 흐름이 있어 왔다는 몇몇 징표 이상을 갖고 있지 않다. 그러나 우리가 사르트르 이후의 이론적 발전을 따라가면서 인정이라는 주제가 어떻게 다루어지는가에 다시 주목하면, 이제 이런 중간 결과는 더 많은 지지를 얻는다. 즉, 1960년대 프랑스에서 사르트르의 현상학에 대항해 일어나 그것의 주도권을 빠르게 끝낸 철학 흐름, 이른바 포스트구조주의도 지속적으로 인정의 부정적 측면을 강조한다.

이 새로운 철학 운동과 관련해서 인정이란 주제에 대해 말한다는 것이 처음에는 분명 의아하게 들릴 것이다. 포스트구조주의의 대표자들은 세계를 구성하는 투명한 주체라는, 현대 철학에서 여전히 지배적인 관념을 해체하고, 그러한 구성적 의미형성적 작용을 하는 것은 바로 익명으로 작동하는 사회적 혹은 인지적 구조들이라는 생각으로 이를 대체하려는 명시적인 목표를 가지고 등장했기 때문이다. 61) 이렇게 급진적으로 변화한 패러다임의 틀 안에서 인간들의 만남에, 사회의 재생산을 위해 본질적이고 나아가 아마도 결정적인 역할을 부여하는 것이 어떻게 가능하겠는가? 이러한 의문은 인정을 꼭 주체들 사이의 구체적 상호작용으로만 이해할 필요가 없으며, 전체 시스템의 작동 메커니즘으로 생각할 수도 있다는 점을 분명히 하면 해소된다. 이런 의미에서 "인정"에 대해 말한다는 것은 주체들의 실행을 통해 개인이나 집단에게 특정한 속성을 부여하는, 체계적으로 조직된 실천들의 묶음에 주목하는 것을 의미한다. 이렇게 강하게 익명적인 혹은 구조주의적인 말하기 방식의 경향이 이미 사르트르에게서도 발견된다. 예를 들어 사르트르는 전체로서의 언어 혹은 "타자"의 완전히 익명적인 시선이 이미 주체를 특정한 속성이 부여된 개인으로 호명할 수 있

---

61) Gutting, *French Philosophy*, 3부와 Vincent Descombes, *Modern French Philosophy* (Cambridge University Press, 1980) 참조.

게 한다고 말한다. 62) 자신들의 저작 중심부에서 인정 관념을 활용하고 있는 루이 알튀세르(Louis Althusser)와 자크 라캉(Jacques Lacan) 같은 포스트구조주의 저자들이 수행하는 것은 다름 아닌 사르트르의 이러한 생각을 언제나 투명하지는 않은 방식으로 급진화하는 것이다. 이렇게 암시된, 프랑스 사상에서 인정이란 주제가 겪는 마지막 전환에 대해 나는 마지막으로 짧게나마 좀더 언급하고 싶다.

알튀세르와 라캉을 사르트르의 사유 세계와 분리시키는 급진화는 그들 각각의 사유 초반기에 벌써 일어나는데, 그것의 핵심은 포스트구조주의의 전제에 비춰 볼 때 당연하게도 자신에 대해 성찰적으로 관계하는 주체의 선행하는 실존을 근본적으로 부정하는 것이다. 다른 주체를 의식하게 된다는 것이 "대자적 존재"로 분석된 주체에게 의미하는 바를 사르트르가 현상학적으로 이해하려고 시도하는 곳에서, 사르트르의 두 후계자는 말하자면 정반대로 진행한다. 그들은 도대체 어떻게 개인 아무개가 타자의 "호명"에 의해 비로소 자신의 존재를 믿고 스스로의 성찰성을 확신하는 주체가 되는지를 묻는다. 이런 점에서 알튀세르와 라캉이 명

---

62) Sartre, *Das Sein und das Nichts*, 특히 652~654. "타자는 항상 현전해 있고, 언어에 의미를 주는 것으로 경험된다."(654)

시적으로 헤겔과의 연결 속에서 말하는 인정은, 지금까지 우리가 살펴본 프랑스의 다른 이론들에서와는 완전히 다른 기능을 떠맡을 수밖에 없다. 알튀세르와 라캉이 말하는 인정은 더 이상 루소에게서처럼 주체가 추구하는, 타자를 통한 가치평가도 아니고, 사르트르에게서처럼 동료 주체에 의해 인식되는 내적 경험도 아니다. 그것은 주체성, 즉 자기의식을 갖춘 주체를 사회적 과정에서 비로소 구성하는 속성 부여적 말걸기 메커니즘이다.

알튀세르에게서 이런 설명 기획은 잘 알려져 있다시피 이데올로기이론의 형식을 띤다. 이것은 일반적으로 사람들이 왜 지배적인 사회질서가 그 질서의 재생산을 위해서 요구하는 활동을 수행할 준비가 되어 있는지를 설명하고자 한다. 이러한 "자발적 노예상태"는 알튀세르의 진단에 따르면 일련의 국가장치들이 의례적 실천을 통해 사회구성원들을 사회의 지배질서에 맞춰 그들이 바로 되어야 하는 종류의 주체로 "인정"받도록 하기 때문에 가능하다. 63) 따라서 여기서 인정은 국가적으로 조직된 일련의 의례를 통해 그렇게 매개된 특정 속성을 주체가 어떤 식으로든 — 정확하

---

63) 루이 알튀세르, 《이데올로기와 이데올로기적 국가장치》. 이에 대한 좋은 해석으로 Kristina Leopold, *Ambivalente Anerkennung : Immanente Kritik und die Herausforderung ideologischer Anerkennungsverhältnisse* (박사학위 논문, Goethe Universität, Frankfurt, 2016), 4장을 참조. 나는 이 해석으로부터 많이 배웠지만 최종적으로 동의할 수는 없었다.

게 어떤 식인지는 불분명하다 ― 자기 것으로 만들 때까지, 그런 속성을 가진 주체로 말걸어지고 요구받고 촉구받는 것을 의미한다. 이런 속성을 비로소 내면화하면 알튀세르가 보기에 사람들은 사회에 순응하는 주체가 된다. 그들은 그들에게 요구된 과제를 자발적으로 수행한다고 스스로 믿는다. 이로써 인정 개념에서 도덕적 의미가 흐릿해지고 비워지는 오랜 과정을 거쳐 결국 도덕적 사건으로서의 마지막 가시까지 제거되는 것을 보는 것은 어렵지 않다. 알튀세르의 저 복잡하고 현란한 개념에 남아 있는 것은 더 이상 인격적 속성의 인지적 확인도, 등록도 아니고 단지 지배질서의 유지를 위해 요구되는 속성 부여뿐인 듯하다.

자크 라캉에게서도 사정은 다르지 않은 것 같다. 사르트르와 마찬가지로 라캉도 자신의 정신분석학이론의 몇 곳에서 알렉상드르 코제브의 유명한 헤겔 강의를 통해 익숙해진 "인정" 개념을 사용한다. 64) 그런데 라캉도 이 개념을 가지고 인격적 속성 부여 이상을 의미하지 않는다. 다만 이제는 각각의 지배적 언어질서가

---

64) 알렉상드르 코제브(Alexandre Kojève), 《역사와 현실 변증법》(설현영 옮김, 한벗, 1988〔6쇄〕). 헤겔의 인정 사유가 라캉의 정신분석학에 대해 갖는 중요성에 대해서는 Hermann Lang, *Die Sprache und das Unbewusste: Jacques Lacans Grundlegung der Psychoanalyse*(Frankfurt: Suhrkamp, 1973), 1장과 4장 3절을 참조.

그런 속성 부여의 원천으로 파악된다. 라캉은 이러한 생각을 유아가 지배적 사회질서로 통합되는 사회화 과정에 대한 설명과 관련하여 발전시킨다. 유아의 생체적 필요를 몸짓과 표정과 행위로 만족시키려고 하면서 어머니는 "타자로부터 인정받고자 하는"[65] 유아의 욕구에 부응한다. 어머니의 이러한 몸짓과 행위에는 그녀가 속한 문화적 환경의 상징적 질서가 불가피하게 반영된다. 그런데 이를 통해 아이의 충동 형성에 어떤 낯선 것이 들어간다. 그리고 이것은 이제부터 유아가 자신의 욕구를, 어머니가 아이의 (말로 표현하지 못하는) 요구를 상징화하는 바로 그 언어로 표현하도록 강제한다. 이렇게 유아의 영혼은 초기에 의사소통이 가능한 부분과 그렇지 못한 채 남는 부분으로 "분열"되는데, 그것의 결과는 같은 방식으로 모든 인간에게 해당되는 근원적 자기소외이다.[66] 여기에서, 물론 완전히 다른 철학적 징후 아래에서 인정과 자아상실의 동근원성(同根源性)이라는, 프랑스 사유에서 우리가 이미 루소를 통해 만났던 오래된 주제가 다시 울리고 있다. 타자

---

65) 자크 라캉, 〈정신분석에서의 말과 언어의 기능과 장〉, 《에크리》(홍준기 외 옮김, 새물결, 2019). 그런데 라캉에게 타자의 인정을 필요로 하는 주체의 이러한 "자기상실"의 전형적 모델이 되는 것은, 거울에 비친 모습에서 자신의 온전한 혹은 통합된 상상적 이미지를 보는 유아의 경험이다. 이 저작에 실려 있는 〈나 기능의 형성자로서의 거울 단계〉를 볼 것. 이러한 모티브에 대해서는 또한 알튀세르의 초기 논문 〈프로이트와 라캉〉도 참조.

66) Lang, *Die Sprache und das Unbewusste*, 5장 2절.

의 인정에 구성적으로 의존해 있는 인간 주체는 타자에 의해 속성을 부여받으며 자아를 상실하고, 따라서 인식될 수 있는 부분과 지속적으로 접근할 수 없는 부분으로 자아가 "분열"되는 운명을 감수하며 살 수밖에 없다.

그런데 유아의 사회화에 대한 라캉의 설명은 동시에 그의 사유에서 인정 개념이 의미하는 바가, 주체에게 다른 주체를 통해 특정 속성이 부여되는 과정일 뿐, 그 외에 어떤 것도 아니라는 점을 여실히 보여준다. 라캉의 묘사를 보면 아이의 욕구를 만족시키려는 어머니의 행위에는 사랑에 찬 보살핌이나 개별성에 대한 공감 같은 도덕적 요소가 전혀 없을 뿐만 아니라, 유아의 개인적 속성을 가능한 한 정확하게 인식하려는 어떤 인지적 노력조차 결여된 것처럼 보인다. 결국 여기에서 "인정"이란 지배적 상징질서 속에 미리 정해져 있는 속성을 그런 상황에 꼼짝없이 노출되어 있는 아이에게 본의 아니게 투사하는 것일 뿐이다. 이미 알튀세르에게서와 마찬가지로 라캉에게서도 "인정"은, 기존 질서의 유지에 봉사하는 사회적 속성, 성격 혹은 특성을 반복적 수행을 통해 부여하는 적극적 수행 양식에 다름 아니다.

포스트구조주의에 대한 이러한 마무리 언급이 지금까지 윤곽이 그려진 그림, 즉 프랑스 사유에서 인간 사이의 인정은 일반적으로 아주 부정적인 징후로 둘러싸여 있다는 주장을 증명하기에 충분한지에 대한 판단은 독자의 몫으로 남겨 두겠다. 어쨌든 나는 모럴리스트들의 시대 이후 프랑스 철학에서는 상호주관성을 개별 주체에게 기회라기보다는 문제로 보는 경향이 주도적이라는 보다 조심스러운 주장을 시도하기에 충분한 지표를 발견하였다. 물론 뒤돌아보면 프랑스 사유의 여기저기 주변부에서 완전히 다른 것을 본, 그래서 앞에서 말한 규칙의 예외가 되는 사상가들이 — 내가 이미 언급한 뒤르켐과 모스, 나아가 몽테스키외(Montesquieu)도 여기에 속할 것이다[67] — 계속해서 등장한다. 그러나 전체적으로 볼 때 어떤 문화적 편향을 주장할 수는 있을 것이다. 프랑스 사유가 이렇게 인정의 부정적 측면을 강조하게 된 이유를 찾으려는 시도에서 나는 두 가지 사실에 주목하게 되었다. 물론 이것은 매우 조심스럽게 다루어져야 한다. 하나는 인정에 해당하는 프랑

---

67) 둘째 논고에서 보이는 루소의 회의주의와는 정반대로 몽테스키외는 다음과 같이 쓰고 있다: "국민들이 더 많이 소통할수록 그들은 더 쉽게 자신들의 생활 양식을 바꾸게 된다. 왜냐하면 각자가 타자에게 더 좋은 구경거리가 되기 때문이다. 그리고 그렇게 되면 개인의 특이성이 더 잘 드러난다." 몽테스키외, 《법의 정신》(이재형 옮김, 문예출판사, 2015), 3부 19편 8장(〈사교적 기질의 효과〉). 복잡하지만 라로슈푸코의 시각과 아주 다르지는 않은 몽테스키외의 인정에 대한 견해에 관해서는 다음의 연구가 많은 도움이 된다. Oliver Guerrier, *Rencontre et reconnaissance: Les "Essais" ou le jeu du hasard et de la vérité* (Paris: Classiques Garnier, 2016), 특히 213~260쪽.

스어 "르코네상스"가 인지적 행위와 도덕적 행위를 분명하게 구분하지 않는다는 언어적 사실이다. 그러나 이 사실은 라로슈푸코와 루소와는 전혀 관련이 없다. 이 둘은 인정 개념을 전혀 체계적으로 사용하지 않았기 때문이다. 다른 하나는 프랑스가 중앙집권적으로 조직되어 있었기 때문에 상징적 구별 짓기를 위한 사회적 투쟁이 프랑스에서 일상생활 전반에 걸쳐 이례적으로 강한 무게를 가졌다는 사회사적 가설이다. 이 가설은 타자의 인정에 대한 의존성이 부정적 음색을 갖게 되는 것을 어느 정도 설명한다. 의복 양식, 행동 방식, 소비 양태 같은 공개적인 식별표시가 사회의 위계질서에서 사람들이 어떤 지위와 서열을 갖게 되는지에 대해 전반적으로 상당한 영향을 끼친다면, 그 결과로 그런 외적 표현수단의 지위 부여적 가치에 대해 또다시 지속적인 논쟁이 벌어지고 더불어 타자의 상징적 의도에 대한 불신이 사회적 상례(常例)가 되는 것은 충분히 가능한 일이기 때문이다. 다음 장에서 영국이라는 대조적인 사례를 다루며 프랑스 사유에서 상호주관성이 부정적 함축을 갖게 된 원인과 관련하여 보다 진전된 설명을 얻을 수 있기를 희망한다. 영국에서 인정 관념은 처음부터 아주 다른 관념들과 결합하여 프랑스에서와는 매우 다른 발전 경로를 취한다.

제 3 장

---◆---

흄에서 밀로

---◆---

인정과 자기통제

영국의 사유에서 인간 사이의 인정이라는 관념이 어떻게 생겨나고 발전해 나갔는가 하는 물음과 더불어 우리는 단지 완전히 새로운 사상사적 지형에 발을 내디딜 뿐만 아니라 또한 전혀 다른 정치·문화적 공간으로 들어선다. 17세기와 18세기 초반까지 프랑스의 사회철학이 주로 사회의 위계서열 문제와 거기에서 유래하는 갈등과 씨름했다면 같은 시기 영국의 사정은 확실히 달랐다. 영국의 사회철학이 마주한 하나의 중심적인 사회적 도전이 있었다고 한다면, 그것은 지금까지 전통적 도덕 원칙에 의해 지켜져 온 공적 삶의 공간 안으로 도구적·경제적 행동 방식이 점차 침입해 들어오는 현상이었다.

물밀듯이 밀려드는 사회의 상업화라는 경험이 근대 초기의 영어권 문화에서 어느 정도로 중요했는지는, 경제적 사익만을 고려하는 주체라는 새로운 인간형에 대해 300년 이상 그곳의 문학과 철학에서 광범위하게 이어져온 담론이 매우 잘 보여준다. 1) 이러한 담론은 엘리자베스 시대에 몇몇 조짐이 있은 후 자본 유입이 증가하면서 영국의 국내외 시장이 크게 성장하기 시작할 때, 그래서 자본주의적 사고방식이 전국으로 퍼져 나갈 때 시작된다. 사회가 상업화되는 징조는 많았다. 전통적 농업경제는 생산력 증대를 추구하는 시장지향적 경제 형태로 변화하였고, 토지는 점점 더 산업적 목적을 위해 이용되었으며, 수도 런던은 폭발적으로 증가하는 세계무역의 중심지가 되었다. 크리스토퍼 말로(Christopher Marlowe)와 윌리엄 셰익스피어(William Shakespeare) 그리고 벤 존슨(Ben Jonson)은 희곡의 중요 인물들을 상징적 수단으로 활용하여 처음으로 자본주의적 경제 방식의 급속한 확장이 그 나라와 사람들에게 몰고 올 극적인 결과들을 수심에 찬 관객들에게 보여주었다. 2)

---

1) Laurenz Volkmann, *Homo oeconomicus: Studien zur Modellierung eines neuen Menschenbildes in der englischen Literatur vom Mittelalter bis zum 18. Jahrhundert*(Heidelberg: Universitätsverlag Winter, 2003).

2) Robert Weimann, *Drama und Wirklichkeit in der Shakespearezeit: Ein Beitrag zur Entwicklungsgeschichte des elisabethanischen Theaters*(Halle: Niemeyer, 1958)

당시의 사람들은 노골적으로 이기심을 드러내며 사리사욕을 추구하는 인간 유형에 의해 지금까지 사회적 교류를 규제해 오던 도덕적 구속들이 조만간 모두 효력을 상실하고 한낱 계산하는 행동 방식에 의해 대체되는 것은 아닐까 염려했다. 오래지 않아 초기의 이러한 불안은 자기 이익만 추구하는 행동이 전체적으로 볼 때 사회의 안녕에 이로울지 아니면 해로울지에 관한 뜨거운 토론으로 분출되었다. 토머스 미들턴(Thomas Middleton)과 윌리엄 롤리(William Rowley)의 "도시 희극"은 이윤추구적인 새로운 사회적 인간형을 우습게 희화화한 반면, 100년이 채 지나지 않아 리처드 스틸(Richard Steele)과 조지프 애디슨(Joseph Addison)의 부르주아 도덕극은 조심스럽게 그러한 인물들의 변호를 시도한다. 3)

그런데 돌이켜 보면 이러한 논의로부터 가장 큰 영향을 받은 분야는 17세기와 18세기 영어권 철학이다. 이 시기의 영국 철학은 거의 한 문제와만 씨름했다고 할 수 있는데, 그것은 모든 인간 도덕의 뿌리가 자기 이익인지 아니면 동료 인간의 안녕에 대한 타고난 감정인지에 관한 것이었다. 격렬했던 이러한 논쟁의 한편에는 토머스 홉스(Thomas Hobbes)의 추종자들이라 할 수 있는 사람들이 진을 치고 있다. 이들은 자신들의 선구자와 마찬가지로, 인간은

---

3) Volkmann, *Homo oeconomicus*, 3장 6절과 5장 2절.

언제나 이기적인 동기에 의해서만 행동하기 때문에 사회적 선의를 위한 어떠한 소질도 가지고 있지 않다고 확신한다. 이 철학적 대결의 상대편은 휴고 그로티우스(Hugo Grotius)의 후계자들이다. 이들은 인간이 동료 인간의 관심사를 도덕적으로 고려할 수 있는 사회적 능력을 가지고 있다고 생각한다. 4) 이 논쟁은 1723년 버나드 맨더빌(Bernard Mandeville)이 새로운 글을 추가하여, "개인의 악덕"과 "사회의 이익"이라는 유명한 정식을 담고 있는 《꿀벌의 우화》제3판을 내놓았을 때 정점에 이른다. 5) 이 논쟁적 저작에 어떤 태도를 취하느냐에 따라 사람들의 입장이 결국 갈릴 수밖에 없었는데, 이 책에서 저자는 섀프츠베리 백작(Earl of Shaftesbury)에 반대하여, 일반 복지의 증진은 오직 개인들의 이기적인 효용 계산을 정치적으로 세련되게 조정함으로써만 달성될 수 있다는 주장을 편다. 바로 자기 이익 추구의 복된 결과에 대한 이러한 찬양이 18세기 영국에서 철학적 대항 운동의 형태로, 인간들의 상호주관성에 대한 프랑스적 불신과는 정반대되는 인정 관념을 등장시켰다. 이 영국적 인정 관념의 개척자는 데이비드 흄(David Hume)이고, 중심 사상가는 애덤 스미스(Adam

---

4) 이러한 논쟁에 관해서는 David Fate Norton, "Hume, Human Nature, and the Foundation of Morality", *The Cambridge Companion to Hume* (Cambridge, 1993), 148~181, 특히 149~155쪽 참조.

5) 버나드 맨더빌, 《꿀벌의 우화》(최윤재 옮김, 문예출판사, 2010).

Smith)이며, 후에 존 스튜어트 밀(John Stuart Mill)이 이 사상의 자유주의적 대변자가 될 것이다.

17·18세기 프랑스에서 아무르 프로프르 개념이 인간의 상호주 관성에 대한 성찰의 중심 개념이었다면, 같은 시기 영국에서는 우선 공감(*Sympathy*) 개념이 그와 비슷한 역할을 한다. 그런데 영 국에서 이 개념은 처음부터 어떤 양가성도 없이 확연하게 긍정적 으로 사용된다. 이 사실에서 이미 이 두 나라가 인정에 대해 취하 는 태도의 차이가 온전히 드러난다. 영국에서 상호주관적 관계의 위상에 대한 재평가는 앤서니 애슐리 쿠퍼(Anthony Ashley Cooper), 즉 제3대 섀프츠베리 백작의 저작에서 시작된다. 섀프 츠베리는 17세기 말 당시의 도덕적 회의주의에 맞서 인간은 본성 적으로 언제나 일반의 안녕에 관심을 갖는 사회적 성격을 지니고 있다고 주장했다. 이것이 바로 인간의 타고난 "공통감각"(*sensus communis*)인데, 섀프츠베리는 홉스를 비판하면서 공통감각으로 인해 인간은 동료 인간의 운명에 대해 도덕적으로 무관심하지 않 고, 따라서 사익 추구 성향을 지속적으로 제한한다고 확신했다. 6)

---

6) Anthony Ashley Cooper, Third Earl of Shaftesbury, "Sensus Communis, an essay on the freedom of wit and humour in a letter to a friend", *Characteristics of Men, Manners, Opinions, Times* (Lawrence Klein[ed.], Cambridge University Press, 2000), 29~68.

좀 과감한 비교를 하자면 프랑스에서 라로슈푸코가 회의적 인간학을 통해 인정에 대한 부정적 태도의 길을 열었다면, 영국에서는 반대로 섀프츠베리가 이러한 낙관주의적 인간학으로 인정에 대한 긍정적 태도의 길을 열었다고 할 수 있다. 맨더빌이 《꿀벌의 우화》에서 섀프츠베리 백작을 순진한 낙관주의자라고 조롱하자 스코틀랜드의 계몽주의자 프랜시스 허치슨(Francis Hutcheson)이 그를 옹호하기 위해 분연히 일어났으며, 그렇게 해서 훗날 스코틀랜드 도덕철학이라 불리게 되는 철학 운동을 창시했기 때문이다. 허치슨은 단지 인간학적 주장만 내세우는 대신에 당시 대두하고 있던 경험주의적 방식으로, 타인의 사회적 행동에 대한 우리의 반응이 대개 일반의 행복에 이로운 태도와 마음가짐을 선호하는 판단 기준을 따르고 있음을 보여주고자 했다. 일상 경험에서 그러한 사실들을 모아서 귀납적으로 허치슨은 우리가 동료 인간들의 안녕에 대한 타고난 감각을 소유하고 있고, 도덕의 모든 원칙은 이 감각에 기반한다는 결론을 내릴 수 있다고 생각한다.[7] 섀프츠베리에 의해 준비되고 허치슨이 발전시킨 "도덕 감각"

---

7) Francis Hutcheson, *An Inquiry into the Original of our Ideas of Beauty and Virtue*(Carmel, Liberty Fund, 2010). 이에 관해서는 Wolfgang H. Schrader, *Ethik und Anthropologie in der englischen Aufklärung: Der Wandel der moral-sense-Theorie von Shaftesbury bis Hume*(Hamburg: Meiner, 1984), 특히 3장을 참조.

(*moral sense*) 이라는 이러한 구상은 불과 몇십 년 안에 인정 관념의 영국적 버전이 분화하면서 번성할 수 있는 바탕이 되었다. 이 흐름은 맥퍼슨(C. B. Macpherson)이 어느 정도 정당하게 "소유개인주의"라고 특징지은 홉스적 전통의 정반대에 자리 잡는다. [8]

데이비드 흄

데이비드 흄은 1739년 《인간 본성에 관한 논고》의 "도덕"을 다루는 제3권을 쓰고 있을 때[9] 자신이 허치슨의 저작에 이론적으로 의존하고 있음을 온전히 의식하고 있었다. 흄은 허치슨과 마찬가지로 사람들이 다른 사람의 행동에 대해 어떻게 가치평가하며 반응하는지를 경험적으로 검토하여 도덕 현상을 규명하려 할 뿐만 아니라, 그러한 반응은 일차적으로 이성적 인식이 아니라 우리의 자연적 느낌에서 기원함이 틀림없다는 허치슨의 가정 또한 공유한다. 그런데 흄은 이러한 두 가지 가정에 기초한 구상을 경험주의적으로 실행하려 하자마자 허치슨의 가정을 수정할 수밖에 없다고 생각하게 되고, 이러한 수정은 결국 흄으로 하여금 허치슨의 도덕이론을 훨씬 뛰어넘게 만든다. [10] 이러한 많은 수정과 개

---

8) C. B. 맥퍼슨, 《홉스와 로크의 사회철학: 소유적 개인주의의 정치이론》(황경식·강유원 옮김, 박영사), 1990.

9) David Hume, *A Treatise of Human Nature* (L. A. Selby-Begge [ed.], 2nd edition, Oxford University Press, 1978 [1740]), Book 3: *Of Morals*.

선 중에서 두 가지가 우리에게 특별히 중요한데, 그것이 곧장 흄의 상호주관적 인정 구상의 핵심으로 우리를 인도하기 때문이다.

첫째 개선은, 우리가 다른 사람의 성품을 판단할 때 그것이 공동체 일반의 안녕에 이로운지 아니면 해로운지에 따라 판단한다는 허치슨의 주장과 관련된다. 흄은 이러한 일반적 주장에 동의하고, 그렇게 이루어지는 승인과 비난이라는 반응이 궁극적으로 쾌와 불쾌라는 자연적 감정에서 기원할 수밖에 없다는 점도 인정하지만, 허치슨이 그러한 반응적 감정과 도덕적 판단 사이의 관계를 충분히 해명하지 못했다고 생각한다. 다시 말해서 유쾌하게 혹은 불쾌하게 느껴진 다른 사람의 행위방식이 동시에 도덕적으로 칭찬 혹은 비난받을 만한 것으로 경험되는 이유가 분명하지 않다는 것이다. 쾌 혹은 불쾌의 느낌이 도덕적 가치평가와 어떻게 내적으로 연관되어 있는가 하는 이러한 문제의 해답을 흄은 결국 인간의 특별한 기질에서 찾게 되는데, 그 기질은 흄이 앞의 책 제3권 《도덕에 관하여》(Of Morals)의 제3부 앞부분에서 "공감"이라고 부르는 것이다. 공감이란 다른 사람의 마음 상태를 파악하고 그것을 동시에 자신 안에서 저절로 따라 느낄 수 있는 능력으로,

---

10) 이에 관한 상세한 설명은 David Fate Norton, "Hume, Human Nature and the Foundation of Morality", 155쪽 이하를 참조. 특히 Stephen Darwall, *The British Moralists and the Internal 'Ought': 1640~1740* (Cambridge University Press, 1995), 284~288쪽을 볼 것.

자연이 우리 모두에게 부여한 것이다. 11) 이 공감이 정념이나 특별한 욕구가 아니라 일종의 피할 수 없는 함께 느낌임을 설명하기 위해서 흄은 한 현(絃)의 떨림이 동시에 다른 현을 울리게 하는, 공명하는 두 현이라는 유명한 예를 든다. "현들이 똑같이 당겨져 있을 때 한 현의 진동이 나머지 현들에 전달되는 것처럼, 모든 감정은 한 사람에게서 다른 사람에게로 쉽게 전달되어 모든 인간 존재에게 상응하는 운동을 산출한다. 내가 어떤 사람의 목소리나 몸짓에서 정념의 결과를 지각하면, 내 정신은 즉각 이 결과에서 그것의 원인으로 움직여 그 정념에 대한 너무나 생생한 관념을 형성해서, 이 관념은 곧장 정념으로 전환된다."12)

타인과 정서적으로 함께 느낌을 통해 타인이 어떤 행동을 자신에게 이롭게 혹은 해롭게 느끼는지를 우리가 언제나 신속하게 알아챌 수 있다는 점에서, 이제 공감은 앞서 제기된 물음, 즉 특정한 성품과 긍정적 혹은 부정적 감정 반응과 도덕적 가치평가 사이의 내적 관계에 대한 대답이 된다. 흄에 따르면 어떤 행동이 다른 사람에게 낳는 유익한 결과를 우리가 공감을 통해 동시에 함께 느낄 수 있기 때문에, 우리는 일반적으로 그런 유익한 행동에서 드러

11) Hume, *Treatise*, 575~578.
12) 앞의 책, 576.

나는 성품을 승인하거나 칭찬하는 경향이 있다. 허치슨의 도덕이
론에 대한 흄의 첫 번째 수정을 우리는 다음과 같이 요약할 수 있
다: 상호적으로 함께 느낀다는 인간 사이의 보이지 않는 유대를
통해 우리는 어떤 성품이 그로부터 직접 영향받는 사람에게 미치
는 유익함을 느낄 수 있으며, 이를 통해 그러한 성품에 대해 직관
적으로 동의하는 긍정적 감정으로 반응하게 된다.

이로써 이미 흄이 인간 상호간의 인정에 대한 어떤 표상에로 길을
냈다고 주장한다면 그것은 당연히 과장일 것이다. 이러한 첫걸음
후에 우리가 주체들의 관계에 대해서 아는 것은 겨우 이 관계가
거의 비자의적(非自意的)인 능력, 모두가 서로의 행불행을 이해
하고 따라 느낄 수 있는 정서적으로 함께 느낌이란 능력에 의해
형성된다는 것뿐이다. 이것이 정당하게 인정 관계라고 할 수 있
는 관계가 되기에는 아직 부족한 것이 있다. 사람들이 어떤 식으
로든 구속감을 느끼는 모종의 권위(Autorität)를 타자에게 부여하
는 것이 추가적으로 반드시 필요하다. 루소를 예로 들자면 그가
아무르 프로프르의 태도에서 동료 주체를 자신의 탁월함에 대한
재판관으로 서술할 때 타자에게 부여하는 권위 말이다. 타자를
우리가 그의 감정 상태를 어렵지 않게 따라 느낄 수 있는 주체로
경험한다고 해서 그것을 아직 "인정"이라고 할 수는 없다. 물론
그러한 "감정적 흔들림"[13]이 상대방의 주체성을 비로소 드러내

주기 때문에14) 모든 인정 관계의 필수 조건이기는 하지만, 사람들 사이의 실질적 인정에 관해 말하기 위해서는 타자에 대해 규범적 의존성을 느끼는 것이 추가되어야 한다. 그러한 인정 관념으로의 걸음을 흄은 허치슨의 "도덕 감각" 개념을 수정하며 내딛는다. 적어도 이러한 두 번째 수정을 거친 후에야 비로소 우리는 흄의 도덕이론에서 영국 특유의 인정 관념이 시작된다고 말할 수 있을 것이다.

사람들의 성품에 대한 도덕적 판단의 일치를 가능하게 하는 심리적 토대를 공감에서 확인한 후에 흄은 지금까지의 설명을 의심스럽게 만들 수도 있는 어려운 문제에 직면한다. 15) 칭찬과 비난의 근거가 되는 공감이 어떤 행동으로부터 영향받는 사람에 대해 우리가 갖는 사회적 거리의 정도에 따라 다양하게 변형된다는 것은 명백하다. 어떤 사람이 우리와 가깝고 친할수록 우리는 다른 사람의 행동이 그 사람의 안녕에 미치는 긍정적이거나 부정적 결과를 더 강하게 따라 느낄 수 있다. 따라서 본래 우리는 우리와 가

---

13) Ernst Tugendhat, *Vorlesungen über Ethik*(Frankfurt/M.： Suhrkamp, 1993), 308.

14) 이에 대한 나의 고찰을 참고. 호네트, 《물화: 인정이론적 탐구》(강병호 옮김, 나남, 2015〔2쇄〕), 3장 〈인정의 우선성〉.

15) Hume, *Treatise*, 581쪽 이하.

까운 사람에게 영향을 미치는 행위를 한 사람의 성품을 더욱 까다롭게 판단하는 성향을 갖고 있음이 틀림없다. 이러한 관찰에 근거하여 흄은 스스로 반대 논거를 생각해 본다. "우리는 우리와 떨어져 있는 사람보다 가까이 있는 사람과, 낯선 사람보다 친숙한 사람과, 다른 나라 사람보다는 같은 나라 사람과 더 많이 공감한다. 그러나 이러한 공감의 변형에도 불구하고 영국에서도 중국에서도 우리는 동일한 도덕적 성품에 대해 같은 승인을 보낸다. 같은 도덕적 성품이 같은 정도로 덕스럽게 보이고 같은 정도로 사려 깊은 관찰자의 존경(*esteem*)을 받는다. 공감의 정도는 변형을 겪지만 존경은 변하지 않는다. 그러므로 우리의 존경은 공감에서 나오지 않는다."16)

지금까지의 논증에 대한 이러한 이의제기를 해소하기 위해서 흄은 이제 하나의 생각을 해내는데, 이 생각이 전개되면서 인간 상호간의 인정에 대한 흄의 고유한 사상이 윤곽을 드러낸다. 우선 흄은 사람들이 성품에 대해 도덕적 판단을 할 때 보통 앞서와 같은 부조리를 상쇄할 수 있는 능력과 의지를 갖고 있다고 상정한다. 우리의 평가가 편파적인 고려에 이끌릴 수 있겠다고 직감하자마자 우리는 즉시 우리의 판단을 객관화하기 위해서 애를 쓴다고 흄은 확신한다. 이러한 생각에서 이제 흄은 있을 수 있는 편파

---

16) 앞의 책, 581.

성을 중립화하기 위해 애쓸 때 우리가 보통 사용하는 수단을 찾아보려고 한다. 흄에 따르면 중립화하려는 인지적 작업의 핵심은 스스로 이상적인 혹은 "사려 깊은"(judicious) 관찰자에게, 시간과 장소에 구애받지 않는 적절한 판단은 어떤 것일지 의견을 구하는 것이다. "우리 각자가 성격과 인물을 각자에게 보이는 대로만 고려한다면, 우리는 결코 적절한 용어로 대화할 수 없을 것이다. 그러므로 이러한 지속적인 **모순**을 방지하고 사물에 대해 좀더 **안정적으로** 판단하기 위해서 우리는 어떤 **일관되고 일반적인** 관점을 고수한다."17)

비록 여기서 "이상적" 관찰자라는 생각이 언급되지는 않지만, 도덕 판단을 객관화하려고 노력할 때면 우리가 언제나 거의 자동적으로 사용하는 것처럼 보이는 절차를 확인하려는 흄의 노력의 배경에 그러한 착상이 자리 잡고 있는 것은 분명하다. 중립적 관찰자라는 생각은 《도덕에 관하여》에서 보다, 흄이 12년 뒤에 출판했고 평생 스스로 자신의 모든 저작 중에서 "비교할 수 없을 정도로 최고"라고 여긴 《도덕원리에 관한 탐구》18)에서 훨씬 두각을 나타낸다. 19) 도덕이론에 관한 이 두 번째 책의 곳곳에서 흄은 현

---

17) 앞의 책, 581.
18) David Hume, *Enquiry Concerning the Principles of Morals*(Tom L. Beauchamp〔Ed.〕, Oxford University Press, 1998〔1772〕).

실의 인물이거나 아니면 내면화된 가상의 존재로 묘사되는 "관찰자"의 교정하는 역할에 대해 말하고 있다. 20) 기본적인 생각은 한결같다. 검토하는 시선으로 우리를 바라보는 관찰자에 대한 표상이 모든 개인들로 하여금 자신의 가치 판단을 순수하지 못한 선호로부터 정화해서 공정하고 일관성 있는 판단을 내리도록 압박한다는 것이다. 여기에서 그러니까 영국 경험주의의 한복판에서 우리는 외부에서 자신의 행동을 관찰하는 재판관이라는, 장 자크 루소가 아무르 프로프르와 아무르 드 수아를 구분할 때 만났던 바로 그 인물을 만난다. 단지 차이라면 이제 데이비드 흄에게서는 이 재판관이 우리의 판단을 일관성 부족과 편파적인 선호로부터 해방하는, 도덕적으로 유익한 기능을 맡게 된다는 것뿐이다.

흄은 개인들의 판단 형성과 관련하여 이 "관찰자"의 위상을 정확하게 규정하는 문제와 평생 씨름하였다. 물론 흄은 우리가 우리의 도덕적 평가를 거의 반사적으로, 중립적 관찰자의 동의를 받을 수 있을까 하는 관점에서 검토한다고 확신한다. 그러나 이때 이 관찰자가 어떤 방식으로 나타나는지는 분명하지 않다. 저 관찰자가 검토하는 동료 인간들로 이루어진 현실의 공동체인지 아

19) David Hume, "My Own Life", *The Letters of David Hume* (John Y. T. Greig[Ed.], 2 vols., Oxford University Press, 1932), vol. 1, 3.
20) Hume, *Enquiry.*

니면 우리의 내면에서 작동하는 상상된 재판관인지에 대해 흄의 저작 어디에서도 분명한 답을 찾을 수 없다. 어느 곳에서는 우리가 우리의 한갓 특수한 관점에 대해 구체적 타자의 관점을 고려하여 지속적으로 교정을 시도한다고 말하는 것 같고, 다른 곳에서는 이러한 교정하는 관점으로서 일반화된 타자의 내면화된 시각을 염두에 두는 것 같기도 하고, 때로는 "이성이 그러한 공정한 행위를 요구한다"고 쓰고 있기도 하다.21) 그런데 마지막 경우라면 흄은 내적인 욕구와 바람만이 행위자로 하여금 도덕적 행위를 하도록 동기부여할 수 있다는 자신의 고유한 내재주의(*internalism*)를 부정하게 될 것이고,22) 나아가 칸트의 이성주의적인 입장에 믿을 수 없을 정도로 가까워질 것이다. 따라서 이 마지막 가능성을 제외하면 앞의 두 대안이 남게 된다.

이 두 해석은 어느 쪽이 선호되든 버전이 다르긴 하지만 공통적으로 타자에 대한 인정의 필요성을 지시하고 있다. "사려 깊은 관찰자"가 실제로 현존하는 관찰자의 관점을 의미하든 아니면 사유 속에서 이상화된 관찰자의 관점을 의미하든 상관없이 어느 경

---

21) Hume, *Treatise*, 583.
22) 흄의 도덕이론 안의 이런 긴장에 대해서는 Herlinde Pauer-Studer, "Kommentar", in: David Hume, *Über Moral*, übers. von Theodor Lipps, durchgesehen und überarbeitet von Herlinde Pauer-Studer, Frankfurt /M.: Suhrkamp, 2007, 213~373, 여기서는 281쪽 이하를 참조.

우이든 타자의 이러한 대리인에게 자신의 행위와 판단을 상당 정도로 제한하는 규범적 권위가 부여되어야만 하기 때문이다. 개인의 판단 형성을 위해 공평무사한 관찰자가 필수불가결하다고 주장할 때 흄은 동시에 모든 주체는 다른 주체에게 자신의 의도와 선호에 대한 재판관의 역할을 부여한다고 시인하고 있는 것이다. 어느 누구도 이제 더 이상 무엇을 해야 하는지, 하지 말아야 하는지를 혼자서 결정하지 않는다. 오히려 모든 사람은 자신의 의견과 욕구를 항상 다른 사람이 (얼마나 현실적이든지 간에) 구성적으로 함께 포함되어 있는 관점에서만 형성한다. 그런데 자아가 타자에게 자신의 행동을 판단할 규범적 권위를 시인함을 특징으로 하는 이러한 인간관계를 간단히 일면적인 인정 관계로 이해해서는 안 된다. 오히려 흄은 우리 모두가 모두를 이러한 태도에서 만난다고 상정하기 때문에, 우리는 이 관계를 비록 반사적이긴 하지만 상호 인정 관계라고 말할 수 있다.

흄의 도덕이론 안에는, 공정한 판단의 형성 과정에 대한 흄의 심사숙고를 사람들 사이의 인정 관계에 대한 조심스러운 탐색으로 해석하는 것을 지지해 주는 요소들이 이외에도 여럿 있다. 예를 들어 《도덕원리에 관한 탐구》에서 흄은 "세상의 명성"에 대한 추구가 우리로 하여금 "주변의 다른 사람들 눈에 우리가 어떻게 보이는지를" 지속적으로 점검하게 만든다고 쓰고 있다. [23] 더 읽어

가면 흄이 사회적 명예욕에 대한 이러한 지적을 통해 사회적 동의 가능성이란 기준에 맞추어 우리의 판단과 행위를 지속적으로 통제하도록 하는 또 하나의 동기를 제시하고 싶어 한다는 것이 분명해진다. 도덕 판단이 편파적으로 기울어질 때 느끼게 되는 불편함만이 아니라 사회적 명예에 대한 추구 역시 예상되는 다른 사람들의 의견과 평가를 고려하도록 동기부여한다. 비슷한 생각이 《논고》에서 "정념"을 다루는 제 2권에서도 발견된다. "명예에 대한 사랑"은 주로 자신의 행동을 항상 동료 인간의 기대에 맞춰 점검함으로써 충족될 수 있다는 것이다. 24) 두 책에서 방금 언급된 두 구절은 그러므로 지금까지 설명한 것을 조금 다르게 보이게 하는 하나의 주장을 향하고 있다. 이제 흄은 우리가 공정한 관찰자의 판결에 따라 우리의 생각과 행동을 교정하는 습관을 갖게 되는 것은 무엇보다 그렇게 해서 사회적 명예를 얻을 수 있기 때문이라고 주장하고 싶어 하는 것 같다. 이러한 추정은 우리의 의도를 중립적 관찰자의 입장에서 검토하는 동기가 우리의 가장 깊은 내면

---

23) Hume, *Enquiry*, 150.

24) Hume, *Treatise*, 316~324. "명예에 대한 사랑"을 다루는 이 절을 보면 흄은 루소와는 다르게 우리가 동료 인간들로부터 높은 평가를 받는 경우에도 어떤 자질을 "실제" 소유하고 있는지에 관해 언제나 정신적 통제력을 유지한다고 믿는다: "다른 사람의 칭찬은 그것이 우리 자신의 의견과 일치하지 않는다면, 그리고 우리의 실제로 뛰어난 자질을 찬양하지 않는다면 우리에게 결코 큰 기쁨을 주지 못한다"(322).

의 욕구와 바람에서 나온다고 보기 때문에 흄의 내재주의와 아주 잘 어울린다. 이성은 당연히 아니고, 다른 곳에서 이미 확립되어 우리에게 떠밀 듯이 부과된 규칙도 아니고, 오직 실제로 우리가 가지고 있는 "명성에 대한 관심"[25] 이 우리의 의견과 의도를 불편 부당한 동의가능성에 맞추어 통제하도록 고무한다.

이렇게 마무리되는 흄의 논지를 아무르 프로프르에 대한 루소의 주장과 비교해 본다면, 인간 사이에서 인정의 기능과 작동방식에 대해 거의 상반되는 두 견해가 마주 서게 된다. 루소에 따르면 사람들이 사회적 평판을 추구함으로써 자기 자신의 자아에 대한 인식적 회의라는 파멸적인 소용돌이에 빠져들게 되는 반면, 흄이 보기에는 동일한 추구가 사람들에게 이제부터 일반의 안녕을 위하여 자신의 의도를 공평무사한 관찰자의 판결에 맞추게 하는 치유적 영향을 미친다. 루소에게는 "인정"에 대한 의존성이 여론의 독재적 판결에 복종할 수밖에 없음을 의미한다면, 흄에게 인정이란 타자에게 자신의 행동 방향을 함께 정할 규범적 권위를 부여하는 것이다.

인정이라는 주제를 다루는 데 있어서 이러한 커다란 차이를 설명하기 위해 우선 이 두 사상가를 배출한 개별 문화의 철학적 전

---

25) 앞의 책, 501.

통을 살펴봐야 한다. 우리가 보았듯이 루소는 16세기에 모럴리스트들에 의해 프랑스에 성행하던 회의주의적 인간상의 그늘 아래서 지적으로 성장하였다. 그와 반대로 흄은 17세기 영국에서 섀프츠베리와 허치슨이 발전시킨 낙관적 인간관을 계승할 수 있었다. 그런데 루소와 흄이 각자의 선배들의 이론적 자극을 그렇게 적극적으로 수용할 태세가 되어 있었고, 그것도 선배들이 제시한 그 방향으로 계속 발전시키려 했다는 사실은 아마도 다른 이유, 즉 프랑스와 영국의 사회문화적 풍토에 좀더 깊숙이 자리 잡은 연속성을 통해 설명될 수밖에 없을 것이다. 루소와 관련해서는 그가 사회적 인정에 대해 회의적 견해를 갖게 된 것은 아마도 앙시앵레짐이라는 역사적 경험 때문일 것이라고 시사했다. 이 시기에 귀족과 초기 부르주아지는 생각해 낼 수 있는 모든 상징적 구별 수단을 사용하여 왕의 특혜를 누리고자 경쟁했다. 프랑스 역사의 이 시기에 대해 사람들은 오늘날까지도 지배계급의 명성과 지위를 위한 싸움이 나라의 정치적 사건 전반을 좌우한 시대였다고 말한다.[26] 그리고 흄과 관련해서도 비슷한 암시를 했다. 인정을 통해 형성되는 인간관계에 대한 흄의 긍정적 상은 아마도 17세기 이후 영국에서 특별히 중요한 도전으로 여겨진 사회적 삶의 상업

---

26) Fanny Cosandey, *Le Rang : Préseances et hierarchies dans la France d'Ancien Régime* (Paris : Gallimard, 2016).

화에 대해 철학적 수단을 통해 대응하려는 시도로 이해될 수 있다. 영국에서 르네상스 이래 여러 갈래로 진행된 "경제적 인간" (*homo oeconomicus*)의 사회적 역할에 대한 논쟁은 상업화가 가져온 위험에 대한 지각이 그곳의 지적 문화에서 얼마나 비상한 중요성을 갖고 있었는지를 시사해 준다. 27)

애덤 스미스

인정에 대한 영국 특유의 관점의 사회문화적 뿌리에 대한 이러한 논지를 뒷받침해 줄 전거들이 흄의 저작 안에 얼마나 있든지 간에 그 모든 것은 흄의 계승자 애덤 스미스의 도덕이론의 그림자에 덮이고 만다. 18세기 영국에서 인간 사이의 인정이 매우 긍정적인 함의를 갖게 된 것을, 일반적으로 위협으로 받아들여진 사회의 점진적 상업화 과정에 대한 철학적 반응으로 이해해야 한다는 사실은 마침내 스미스의 저작에서 온전하게 드러난다.

그러나 스미스의 사유에서 윤리학과 경제학이 이렇게 긴밀한 관계를 갖는다는 인식은 사람들이 그의 저작을 통합 불가능한 두 부분으로 분리하는 것에 익숙했기 때문에 오랜 시간 동안 막혀 있었다. 17년의 시간적 간격을 두고 출간된 두 연구, 선의(*benev-olence*)의 중요성에 관한 도덕철학적 연구인《도덕감정론》과 자기

---

27) 다시금 Volkmann, *Homo Oeconomicus*.

이익 추구가 가져오는 유익함에 대해서만 다루는 경제이론적 연구
인 《국부론》 사이에는 아무런 내적 관계가 없는 것처럼 보였다.
이러한 불행한 영향사가 드디어 바뀌기 시작한 것은 19세기 말 스
미스의 저작에 대한 독일의 논의에서이다. 이 논의에서 "애덤 스
미스 문제"라는 말이 생겼는데, 이 말은 저 국민경제학자와 도덕
철학자를 대립시키는 지금까지도 지배적인 해석의 기이함을 지적
하는 표현이다. 28) 당시 국민경제학자 아우구스트 옹켄(August
Oncken)은 한 주목할 만한 논문에서 스미스의 두 대표작 사이의
연결고리를 인간 상호간의 "선의"라는 개념에서 찾을 것을 제안하
는데, 시장 영역에서 사적 이윤추구 행위를 제한하자는 제안 역시
스미스가 궁극적으로는 이 개념을 통해 정당화했다는 것이다. 29)
그 이후 전 세계적으로 저 스코틀랜드 철학자에 대한 시각이 근본
적으로 달라졌다. 스미스의 저작이 하나의 거푸집에서 나왔으며,
따라서 먼저 발전된 《도덕감정론》의 관점에서 《국부론》을 해석
해야 한다는 것을 의심하는 주요한 연구자는 오늘날 거의 없다. 30)

---

28) 이러한 논의에 대해서는 Keith Tribe, " 'Das Adam Smith Problem' and the
Origins of Modern Smith Scholarship", *History of European Ideas*,
no. 4(2008), 514~525.

29) August Oncken, "Das Adam Smith Problem", *Zeitschrift für Sozial-
wissenschaft*, Heft 1(1898), 25~33, Heft 2(1898), 101~108, Heft 4
(1898), 276~287.

30) 예를 들어 다음의 연구를 보라. Samuel Fleischacker, *On Adam Smith's*

이러한 새로운 수용 상황을 활용하여 우리의 주제를 계속 쫓아 가면서 나는 이제 애덤 스미스의 도덕이론을, 데이비드 흄에서 이미 그 개요를 살펴본 인정이론의 훨씬 일관되고 현저하게 개선 된 버전으로 해석하는 시도에 착수하고자 한다. 그렇게 함으로써 나는 근대 이후 유럽 전역에서 전개된 인간의 상호주관성에 관한 담론에서 영국 특유의 목소리가 어디에 있는지를 제시할 수 있으 리라고 희망한다.

인간이 사회적 인정에 의존적이라는 사실이 어떤 결과를 낳는지 에 대한 토론이 실제로 개별 국가의 국경을 넘어 유럽 전체에서 전개된 상황은 스미스의 저작과 관련된 사소한 그러나 흥미로운 한 가지 일화에서 확연하게 드러난다. 앞에서 언급한 "애덤 스미 스 문제"라는 논문 2부의 앞부분에서 옹켄은, 스미스가 《도덕감 정론》의 초기 판본들에서 항상 맨더빌의 《꿀벌의 우화》 외에 라 로슈푸코의 《잠언과 성찰》을 자기 이론의 주된 과녁이 되는 도덕 철학 저작으로 꼽고 있다고 슬쩍 언급한다. 그러나 후에, 그러니 까 라로슈푸코의 후손과의 서신 왕래 후에 스미스는 자신에게 호 의적인 그 가족에 대한 배려에서 《잠언과 성찰》에 대한 부정적

"Wealth of Nations": *A Philosophical Companion* (Princeton University Press, 2004) ; Charles Griswold, *Adam Smith and the Virtues of Enlightenment* (Cambridge University Press, 1999).

언급을 삭제했고, 그래서 오늘날 통용되는 판본에서는 더 이상 그러한 언급을 찾을 수 없게 되었다는 것이다. 개인적 관계로 인해 그렇게 삭제하는 것을 사람들이 어떻게 판단하든지 간에, 이 일화는 애덤 스미스가 유럽 전역에서 전개되고 있던 인간의 자기중심성과 상호주관성의 관계에 대한 논쟁에서 자신의 위치에 대해 확실히 인식하고 있었음을 매우 잘 보여준다.

이 논쟁의 한편에는 인간의 이기심에 대한 강조 때문에 스미스가 "유물론자"라고 부르는 사상가들이 있는데, 스미스는 프랑스의 아무르 프로프르 계열의 사상가들도 거기에 포함시킨다. 반대편에는 스미스 자신처럼 (미리 주어진 공감 능력에 기반한) 인간의 상호주관성이란 사실에 입각해서 사유하는, 주로 스코틀랜드 출신의 저자들이 자리 잡고 있다. 전적으로 이러한 의미에서 스미스는 《도덕감정론》의 한 중요한 구절에서 "유물론적" 상대방들에 대해, 그들은 인간 사이의 진정한 관계를 근본적으로 완전히 잘못 이해하고 있다고 총평하고 있다. "모든 감정과 정념을 자기애에 근거하여 추론하는 인간 본성에 관한 그 모든 설명은 세상을 그토록 소란스럽게 만들었지만, 내가 아는 한 아직까지 완전하고 명확하게 설명된 적은 결코 없었다. 그것은 내 생각으로는 공감의 체계에 관한 일부 혼란스러운 오해에서 비롯된 듯하다."[31] 스

---

31) 애덤 스미스, 《도덕감정론》(김광수 옮김, 한길사, 2020〔5쇄〕), 679(VII. iii.

미스가 인간 상호간의 인정에 관하여 얼마나 뛰어나고 독창적인 생각을 발전시키는지를 이해하기 위해서 결정적으로 중요한 것은, 그가 생각하는 "공감의 체계"에 대한 오해 없는 통찰이 무엇인지를 이해하는 것이다.

앞에서 나는 데이비드 흄의 도덕이론에서 17세기 말 이래로 영국에서 인간 간의 인정이라는 관념이 점차적으로 자리 잡아 가는 전형적인 방식을 잘 보여준다고 생각되는 부분들을 특히 부각시키려고 했다. 그런 이유에서 우리가 공감에 기반한 가치 판단의 비일관성과 편파성을, 보통 공정한 관찰자의 관점에 입각하여 얻어진 좀더 적절하고 가능한 한 객관적인 판단 지침을 통해 교정하려고 노력한다는 흄의 생각을 전면에 내세웠다. 나는 흄의 이러한 발상에 인간 사이의 인정에 대한 독창적 사상이 시사되어 있다고 보았다. 왜냐하면 그러한 교정 노력을 통해 우리는 사실상 우리에 의해 도덕적 권위를 부여받은 불편부당한 관찰자의 대변인이 적당하다고 여기는 정도로 우리의 믿음과 의도를 제한하겠다고 시인하기 때문이다. 여기서 인정이란 다른 주체에게, 우리 행동방식의 도덕적 적정성에 대한 승인과 비난을 통해 우리를 가르칠

---

1. 4). (* 《도덕감정론》에서 출처를 표시할 때는 연구자들의 관례에 따라 쪽수와 더불어 부, 편, 장, 나아가 문단 수도 밝힌다. "Ⅶ. iii. 1. 4"는 7부 3편 1장의 4번째 문단이란 뜻이다 —옮긴이)

수 있는 규범적 지위를 부여하는 것이라고 할 수 있다.

그런데 우리가 이미 본 것처럼 흄은 그러한 공명정대한 심판관이 어떤 방식으로 개인의 정신 혹은 영혼 안에 자리 잡을 수 있는지에 대해서 매우 모호하게 말한다. 명예와 명성에 대한 욕구가 동시대인들의 규범적 기대를 만족시키도록 우리를 독려한다고 흄이 생각하기는 하지만, 그것은 그렇다고 우리가 왜 우리 자신의 행위에 대해서 공정하고 가능한 한 객관적인 판단을 내리는 데 관심을 가져야 하는지를 전혀 설명하지 못한다. 자신이 속한 도덕적 준거집단의 관점에서 행동을 조정한다는 것은 일반적으로 곧장 "정의롭고"* 공정한 재판관의 관점을 취하는 것을 의미하지 않는다. 그래서 흄이 염두에 두고 있음직한 "이상적" 관찰자는, 그가 도덕적 권위를 획득하는 과정에 대한 경험적 설명이 없기 때문에, "뜻밖의 구원자"(deus ex machina) 처럼 등장한다. 흄의 착상이 갖는 이러한 민감한 약점은 당시 지배적인 개인주의를 상호주관주의적으로 극복하려는 흄의 시도가 절반의 성공에 그치고 말

---

* 〔옮긴이〕호네트는 흄의 《인간 본성에 관한 논고》를 독일어판(Ein Traktat über die menschliche Natur in zwei Bänden, Band II, Drittes Buch: Über Moral, übers. von Theodor Lipps, Hamburg, 1978)에서 인용하고 있는데, 이 번역은 "사려 깊은"(judicious)을 "정의로운"(gerecht)으로 옮기고 있다. 옮긴이는 일차적으로 영어 원문의 표현을 따랐지만 호네트가 특별히 독일어 번역의 의미를 살리려는 듯이 보이는 이곳에서는 호네트, 즉 독일어 번역을 따랐다.

았음을 여실히 보여준다. 마침내 애덤 스미스가 섀프츠베리와 허치슨을 계승하여 흄이 추구하던 기획을, 사람들이 행위를 단계적으로 점점 더 포괄적인 인정 형식에 맞추어 가는 학습 과정을 제시함으로써 완결시킨다.

스미스가 도덕 현상을 규명하는 출발점은 허치슨과 흄의 그것과 동일하다. 스미스도 전형적인 경험주의적 방식으로 사람들이 일상적으로 다른 사람의 성품과 사회적 행위에 대해서 도덕 판단을 내릴 때 그러한 판단을 위해 어떤 기준을 적용하는지 묻는다. 이때 스미스는 흄을 따라 어떤 행위로부터 영향받는 당사자들과 우리가 공감이라는 유대에 의해 정서적으로 연결되어 있어서, 우리가 그들의 감정적 반응을 우리 안에서 따라 느낄 수 있다고 가정한다. 그런데 스미스는 흄을 넘어서서, 타고난 공감 능력이 우리로 하여금 그 당사자들의 느낌을 그들이 느꼈던 그 방식 그대로 정확히 따라 느낄 수 있게 해주는 것은 아니라고 경고한다. 우리는 그러한 직접적 감정이입의 재능을 갖고 있지 않아서 자신의 경험이란 에움길을 거쳐야 한다. 자신의 경험에 기초하여 그리고 "상상력"32) 을 활용하여 우리는 그 당사자가 자신에게 닥친 사건과 관련하여 어떻게 느꼈을지 마음속에 그려 본다. "사람의 마음이 느낄

---

32) 스미스, 《도덕감정론》, 88(I. i. 1. 2).

수 있는 모든 정념들 중에서 관찰자의 정서는 언제나, 고통을 당하는 사람의 상황을 자신의 상황처럼 여길 때 그 고통받는 이가 느끼는 감정일 것이라고 그가 상상하는 것에 상응한다."[33] 이러한 점에서 이미 스미스가 공감 능력에 부여하는 의미는 그의 친구 흄이 부여한 의미와 완전히 다르다. 흄은 공감을 다른 사람의 감정에 의해 전염될 수 있는 한낱 수동적 능력으로 생각한 반면, 스미스는 우리가 상상력을 활용하고 "투사하여"(projektiv) 다른 사람의 마음 상태를 자기 것으로 만들어야 한다고 생각한다.[34] 나아가 스미스는 공감이 예를 들어 당사자의 "슬픔"이나 고통만 따라 느끼는 것이 아님을 분명히 한다. 만약 그렇다면 우리가 공감하는 감정은 "연민"과 "동정심" 같은 것이 전부일 것이다. 그러나 지금 우리가 다루고 있는 인간의 기질은 훨씬 더 넓은 의미로, "어떤 정념도" 함께 느낄 수 있는 능력으로 이해되어야 한다.[35]

---

33) 앞의 책, 90(I. i. 1. 4).

34) 공감에 대해 흄은 "전염론적" 설명을, 스미스는 "투사론적" 설명을 한다는 것이 오늘날 일반적인 견해이다. 데니스 C. 라스무센, 《무신론자와 교수: 데이비드 흄과 애덤 스미스, 상반된 두 거장의 남다른 우정》(조미현 옮김, 에코리브르, 2018), 5장, 특히 132쪽; Samuel Fleischacker, "Sympathy in Hume and Smith: A Contrast, Critique, and Reconstruction", in: C. Fricke & D. Føllesdal, *Intersubjectivity and Objectivity in Adam Smith and Edmund Husserl: A Collection of Essays*(Frankfurt: Ontos, 2012), 273~311.

35) 스미스, 《도덕감정론》, 90~91(I. i. 1. 5).

이러한 개념 설명 후에 스미스는 도덕이론의 토대를 놓으려는 자신의 작업에서 중심적인 주제로 화제를 돌린다. 이제 스미스는 공감이란 자연적 능력에 기반할 때, 모두의 관점에서 모두가 원한다는 의미에서 보편주의적으로 바람직한 것으로 여겨질 수 있는 도덕적 태도와 덕성이 어떤 것인지를 묻는다.[36] 《도덕감정론》에서 스미스가 이를 위해 발전시키는 논증은 여기에서 온전히 제시하기에는 너무 복잡하다. 그러는 대신 나는, 이미 흄의 도덕이론에 대한 설명에서도 그러했듯이, 오직 그의 이론에 담긴 인간 상호간의 인정에 대한 관념의 핵심을 알려주는 요소들로만 나의 논의를 제한하겠다.

스미스가 이러한 방향으로 내딛는 첫걸음은, 다른 사람과 함께 느끼는 우리의 자연적 성향이 우리가 함께 느껴주기를 바라는 상대방의 욕구와 상호적으로 상응한다는 경험적 관찰이다. 1부 2장을 시작하자마자 스미스는 다음과 같이 주장한다: "다른 사람도 우리의 모든 감정을 함께 느끼고 있음을 보는 것보다 즐거운 것은 없다. 그 반대의 모습을 보는 것만큼 충격적인 일도 없다."[37] 이어서 스미스는 우리가 일상생활에서 친소 관계와 상관없이 어떤 사건과 관련하여 다른 사람과 공감할 때면 언제나 큰 즐거움을 느

---

36) 스미스의 이러한 기획에 대한 Tugendhat의 재구성을 참조. Tugendhat, *Vorlesungen über Ethik*, 282~309.

37) 스미스, 《도덕감정론》, 97(I. i. 2. 1).

낀다는 것을 증명해 줄 여러 예를 묘사한다. 반대로 어떤 일에 대해서 기뻐할 때 함께 웃지 않는 친구는, 불행을 겪어서 슬픔에 빠져 있을 때 함께 슬퍼하지 않는 사람만큼이나 낯설고, 불편한 마음을 일으킨다. 38) 이 모든 것은 일단 정서적 일치라는 유대를 통해 다른 동료 인간과 결합되어 있고자 하는 바람이 인간의 본성 안에 얼마나 깊이 닻을 내리고 있는지를 증명해 주는 사례일 뿐이다.

그러나 정서적 체험에서 그러한 상호성에 대한 기대만으로 인간이 상호 교류할 때 고려해야 할 규범이 어떤 것일지를 규정할 수 없다는 점을 스미스는 분명하게 의식하고 있다. 도덕의 이러한 핵심에 좀더 다가가기 위해 스미스는 두 번째 단계로, 정서적 교감이 이루어지는 과정을 좀더 정확히 알고자 그 과정의 몇몇 복잡한 현상에 주목한다. 이러한 접근도 사람들이 내리는 도덕적 평가의 실제 특성을 탐구하기 위해서 그러한 평가의 비일관성이라는 에움길을 택했던 흄의 논증과 비슷하다. 다른 것이 있다면 스미스의 탐구가 훨씬 더 포괄적이고 그만큼 세분화된 결과에 도달한다는 것이다.

우선 스미스는 첫눈에 보기에는 이상한 현상을 예로 든다. 우리는 불행을 당한 사람이 어떤 고통도 표시하지 않더라도 그 사람

과 공감한다. 반대로 어떤 사람이 고통의 표시를 하더라도 그것의 계기가 지나치게 사소하거나 중요하지 않아 보이면 그 사람의 고통을 따라 느끼지 않는다. 39) 이와 유사한 예들의 관찰을 통해 스미스는 우리가 보통 얼굴 표정이나 몸짓에서 드러나는 타자의 현재 감정 상태를 단순히 그냥 따라 느끼는 것이 아니라고 추론한다. 오히려 우리는 상상력을 활용하여 그렇게 지각된 감정이 그 상황에 적합한지 적합하지 않은지를 항상 자동적으로 판단하고 있다. 이러한 사정을 설명하기 위해 스미스가 우선 도입하는 개념은 "적절성"(propriety)이다. 40) 이 개념은 다른 사람의 감정을 함께 느낄 때 우리가 당연하게 그 사람의 감정이 그 감정을 초래한 상황에 "적절한" 혹은 적당한 관계에 있는가 하는 규범적 관점에 의해 인도되고 있음을 시사한다. 그러나 감정을 함께 느끼는 현상에 대한 이러한 심화된 분석만으로 충분하지 않다는 것을 스미스는 잘 알고 있다. 타자의 감정을 함께 느낄 때 우리가 불가피하게 이미 암묵적으로 그러한 행위 반응의 상황적 적절성에 관한 규범적 기준을 적용하고 있음이 이제 분명해지기는 했다. 그러나 그러한 기준의 연원이 어디인지, 그 기준이 어떻게 설명될 수 있는지에 대해서는 여전히 완전히 불투명하다.

---

39) 앞의 책, 93 (I. i. 1. 10).
40) 앞의 책, 106 (I. i. 3. 6).

스미스의 논증에서 세 번째 단계는 이러한 설명상의 빈틈을 채우기 위한 시도이다. 이 시도는 그 자체로 여러 단계로 이루어져 있고 근본적으로 책 전체에 걸쳐 있다고 할 수 있다. 우리는 일반적으로 같은 상황을 보고 있는 관찰자가 우리 반응에 동의할 수 있을까 하는 기준에 따라서 우리의 감정적 반응의 적합성 혹은 "적절성"을 판단한다는 사실에서 스미스는 출발한다. 이것이 의미하는 바는 일단 다른 사람에게 닥친 사건에 감정적으로 어떻게 반응해야 할지를, 우리는 관여되지 않은 관찰자의 입장에서 생각해 봄으로써 판단한다는 것이다. 그런데 스미스에 따르면 이것은 그 사건의 당사자에게도 마찬가지다. 당사자도 그러한 관여되지 않은 관찰자의 관점에서 자신에게 닥친 사건에 어떤 감정적 반응이 적절할지 물어야 한다. 41) 이러한 점에서 방금 묘사된 시나리오에 따르면 우리는 감정적 일치에 대한 바람뿐만 아니라 관여되지 않은 관찰자의 관점에서 승인을 얻으려는 바람에서도 상호적이다. 다시 말해서 어떤 상황을 정서적으로 평가하는 주체와 그 상황을 감정적으로 겪고 있는 당사자 주체 모두 상호적으로 그들 각각의 반응이 단순히 상대방의 동의를 얻을 수 있기를 바랄 뿐만 아니라, 동시에 관여하고 있지 않은 관찰자의 동의 또한 얻을 수 있기를 바란다는 것이다. 이 두 주체가 각각 그들의 감정적 교감

---

41) 앞의 책, 287~288(I. iii. 1. 5).

을 추가적으로 다시 한 번 중립적 관찰자의 관점을 통해 규제하려 한다고 말할 수도 있을 것이다.

자연주의적 윤리학의 틀 안에서 보편주의적으로 정당화될 수 있는 윤리적 덕들을 도출해 내기 위해서는 이러한 정서적 상호성 모델에 다른 두 요소를 추가해야 한다. 첫째로 저 두 참여자가 서로를 향한 감정 반응에 대해 관찰자로부터 각자 승인을 얻길 바란다고 하는데, 그 관여되지 않은 관찰자의 특성이 여전히 충분히 분명하지 않다. 스미스의 설명에 따르면 관여되지 않은 관찰자는 상호 교감의 과정에서 점점 더 추상적인 형태를 띨 수밖에 없다. 두 참여자는 자신들의 정서적 태도의 적절함을 규범적으로 스스로 판단하기 위해 관여되지 않은 관찰자의 범위를 점차적으로 확대하도록 압박을 받기 때문이다. 42) 승인하고 비난하는 타자의 이러한 일반화 과정은 스미스의 설명의 여러 단계를 따라가 보면, 이러한 "모든 것을 보는"43) "위대한 재판관이자 심판자"44) 가 심지어 "이성"과 합치하는45) 것처럼 보이는 지점까지 확장된다.

---

42) "공감 범위"의 이러한 점진적 확장에 대해서는 Fonna Forman-Barzilai, *Adam Smith and the Circles of Sympathy: Cosmopolitanism and Moral Theory*(Cambridge University Press, 2010), 5장을 참조.

43) 스미스, 《도덕감정론》, 302(III. 2. 12).

44) 앞의 책, 503(VI. ii. 1. 22).

45) 앞의 책, 682(VII. iii. 2. 6).

이것은 스미스의 경험주의 맥락에서는 문제적인 언급이지만, 스미스가 칸트에게 갖는 중요성을 멋지게 예감할 수 있게 해준다.[46] 물론 스미스는 이러한 일반화된 관찰자를 외재적 재판관의 모습보다는 양심의 내부 목소리로 표상해야 한다는 점에 어떤 의심도 남겨 두지 않는다. 다시금 놀랄 정도로 칸트의 생각을 선취하는 한 구절에서 스미스는 모든 사람은 "공정한 관찰자의 대변인"을 "자신의 가슴 안에 내적 인간"의 형태로 품고 있다고 쓰고 있다.[47]

물론 스미스의 이러한 설명이 참여자들의 정서적 자기통제를 점진적으로 일반화된 타자, 그러니까 결국에는 모든 동료 인간의 목소리를 포괄하는 타자의 내면화로 표상해야 한다는 것을 오해의 소지 없이 알려주기는 하지만, 아직 두 번째 문제가 남아 있다. 자신의 정서적 태도를 통제하는 저러한 과정을 스스로에게 적용할 동기를 개인이 도대체 어디서 가져올 수 있는지가 지금까지 전혀 해명되지 않았다. 스미스가 이 문제를 스쳐 지나가는 곳

---

46) Christel Fricke & Hans-Peter Schütt (Hg.), *Adam Smith als Moralphilosoph* (Berlin/New York: De Gruyter, 2005); Samuel Fleischacker, "Philosophy in Moral Practice: Kant and Adam Smith", *Kant-Studien*, Heft 3 (1991), 249~269.

47) 스미스, 《도덕감정론》, 479 (VI. i. 11).

에서 이따금 그는 흄의 해결책을 그저 반복하는 것처럼 보인다. 그렇다면 우리가 정서적 반응을 지속적으로 일반화된 관찰자의 판결에 비추어 검토하는 것이 필요하다고 느끼는 것은, 그렇게 해서 공적인 명성과 사회적인 명예를 얻을 수 있으리라는 희망 때문일 것이다. 48)

그러나 스미스가 이 주제를 명시적으로 다루기 시작하자, 그가 인간의 동기 구조에 대해서 한층 복잡한 그림을 갖고 있음이 드러난다. 그러니까 예를 들어 3부 2장49) 같은 곳에서 스미스는 우리가 정서적 태도의 규범적 자기통제를 통해 추구하는 것은 일차적으로 칭찬과 사랑이 아니라 "칭찬받을 자격이 있음"과 "사랑받을 자격이 있음"이라고 분명하게 말한다. 사람들은 보통 칭찬이나 애정에 단순히 만족하지 않고, 그 이상으로 그러한 칭찬과 애정을 받을 만한 자격이 되는지도 항상 알고 싶어 한다는 것이다. 스미스가 이러한 표현을 자주 반복한다는 사실에 입각하여 우리는 행동을 스스로 규범적으로 통제하게끔 하는 동기 자체를 "도덕적인 것"으로 생각해야 한다. "내면의 인간(즉, 내면화된 공평무사한 관찰자 ─호네트)의 재판권은 전적으로 칭찬받을 자격이 있는 사람이 되고자 하는 욕구와 비난받아 마땅한 사람이 되는 것에 대한

---

48) 앞의 책, 170~171 (I. iii. 2. 1).
49) 앞의 책, 289~323 (III. 2).

혐오에 근거하고 있다. 그러니까 다른 사람에게서 관찰되는 사랑스럽고 감탄할 만한 자질과 행동을 스스로도 소유하고 행하고자 하는 욕구와, 다른 사람에게서 관찰되는 불쾌하고 경멸스러운 성질을 나 스스로도 갖게 되고 그러한 행동을 하게 되지 않을까 하는 두려움에 근거하고 있다."50)

스미스의 이러한 새로운 설명이 담고 있는 광범위한 함축을 모두 해명하는 것은 지금 우리에게는 너무 멀리 가는 것이 될 것이다. 그러나 분명한 점은, 사람은 본성상 "정당하게 승인됨"51)에 관심을 갖고 있기 때문에 서로 간의 감정을 일반화된 타자의 내면화된 판결에 맞춰 조정하려 한다고 스미스가 주장한다는 것이다. 철학적 태도에 따라 사람들은 여기서 대담하게 칸트의 생각을 선취하는 주장을 보거나 아니면 경험주의라는 방법적 전제에서 퇴락하는 모습을 볼 것이다. 또한, 스미스가 사회적 칭찬에 대한 욕구와 정당한 승인에 대한 관심 사이에 이 둘을 더 이상 그럴듯하게 매개할 수 없을 정도로 너무 깊은 도랑을 파지는 않았는지 의문을 제기할 수도 있다. 실제로 스미스는 때때로 인간의 두 가지 "본성", 즉 "경험적" 본성과 "예지적"(*intelligibel*) 본성에 대해 말하는

---

50) 앞의 책, 317(III. 2. 32).
51) Tugendhat, *Vorlesungen über Ethik*, 311.

것 같기도 하다. 52) 그러나 이러한 의문 및 우려와 상관없이 앞서 인용한 구절은 개괄적 회고의 형식으로 스미스의 도덕이론이 사회적 인정에 대해 어떤 관념을 갖고 있는가 하는 물음에 답할 수 있게 해준다.

스미스의 인정이 흄의 인정보다 더 많은 규범적 배려, 더 많은 도덕적 자질을 포함할 수밖에 없다는 것이 확실해졌다. 흄의 도덕이론이 인간은 사회적 명예와 지위에 대한 자기중심적 이해관심 때문에 편견 없는 관찰자에게 자신의 행위를 규범적으로 규제할 권위를 부여한다는 전제에서 출발한다면, 스미스는 그렇게 우선적으로 자신의 이해관심에 주목하는 주체라는 전제를 결코 받아들이지 않을 것이다. 스미스는 그것을 받아들일 수도 없다. 인간이란 일차적으로 고립된 존재이고, 이차적으로 공평무사한 재판관의 판결에 서로를 맞춤으로써 비로소 통합된다고 하기에는 인간을 정서적으로 통합시켜 주는 공감이라는 유대가 너무나 깊이 개인의 인격 안에 자리 잡고 있기 때문이다. 스미스에게 인간 사이의 인정은 애초부터 그리고 아주 근본적으로 일단 모든 타자를 느낌과 체험에서 결합되어 있고 싶은 존재로 인정하는 것이다.

---

52) 동일한 한 사람 안의 "두 인간"에 대해서 말하는, 앞서 인용한 구절 앞의 문장들을 참조(스미스, 《도덕감정론》, 317[III. 2. 32]).

그러나 스미스는 이러한 기본적인, 흡사 자연에 의해 주어진 것 같은 인정은 앞에서 설명한 인간들 사이의 "정서적 의사소통"[53]을 실제로 보장하기에는 충분하지 않다고 생각한다. 사람은 개인적 취향, 문화적 관습, 개인적 편파성 때문에 자동적으로 해당 상황에 적절한 방식으로 다른 사람과 공감할 수 없기 때문이다. 그래서 스미스는 분리되어 있는 주체들의 감정과 느낌을 서로 훨씬 비슷하게 해주는 기능을 하는, 말하자면 2단계의 인정이 필요하다고 생각한다. 인정의 이러한 새로운 형식은 가능한 한 많은 타자의 시각을 내면화하여 스스로의 내면에서 불편부당하고 사려 깊은 재판관의 목소리를 듣는 것이다. 우리의 감정 반응이 점차적으로 모든 사람의 그것과 조화롭게 되도록 승인과 비난을 통해 우리를 이끌 권위를 부여받은 그 재판관의 목소리 말이다. 인정의 첫째 형식인 정서적 형식이 의사소통적 공감에 대해 동일한 욕구를 갖고 있는 타자를 직접 향하고 있다면, 인정의 둘째 형식은 일반화된 타자를 통해서만, 그러니까 간접적으로 동료 인간과 관련된다. 여기서 인정은 일차적으로 모든 사회구성원을 포함하는 이상화된 공동체를 향하고 있다. 이 공동체는 내부로 이전된 재판관으로서, 개인의 감정의 적절성을 판단하고 이를 통

---

53) 이 표현을 나는 Tugendhat에게서 빌려 왔다. Tugendhat, *Vorlesungen über die Ethik*, 295.

해 개인의 성품을 형성하는 도덕적 권위를 부여받는다. 스미스가 인정의 이러한 둘째 형식을 우리의 첫째 본성이 가지고 온 지참금으로 여긴 것이 잘한 것인가 하는 문제는 여기서는 일단 열어 두겠다. 54)

그런데 지금까지 내가 스미스의 인정 관념에 대해 말한 것 중 어느 것도 앞에서의 주장, 즉 흄과 마찬가지로 스미스도 그렇게 해서 자본주의 시장과 함께 확장되는 당시 영국 사람들의 자기중심주의를 방지하려고 했다는 주장을 정당화하지 않는다. 데이비드 흄과 관련해서는 이 논지가 어느 정도 그럴듯하다고 할 수 있다. 그의 저작에는 공공선이 자기중심적 이해관심의 능란한 조정만으로도 증진될 수 있다는 생각에 그가 상당한 의심을 품고 있음을 보여주는 충분한 증거가 있기 때문이다. 흄은 당시 새로운 학문 분야인 정치경제학에 큰 관심이 있었고 이 분야에서 스스로 업적을 내기도 했지만, 55) 도덕적 배려가 자기 이익을 더 적게 제한할수록 시장이 더 잘 기능한다는 메시지에는 평생 동안 매우 회의적이었다. 최근에 미코 톨로넨(Mikko Tolonen)이 아주 잘 밝혀낸 것처럼 흄은 맨더빌에 반대해서 시장이 자신의 임무를 제대로 수

---

54) 스미스, 《도덕감정론》, 제6부 2편 참조.

55) David Hume, "Of Commerce", in: *David Hume's Writings on Economics* (New York: Transaction, 2007), 3~18.

행하기 위해서는 고유한 "정치적 사회성"(*political sociability*), 즉 정치적으로 장려된 공중도덕이 필요하다는 생각을 옹호했다. 56)

그런데 애덤 스미스와 관련해서는 사정이 한층 복잡하다. 그의 철학 저작이 사적이익 추구를 강제하는 자본주의 시장을 제한하는 쪽으로 확실히 방향을 잡고 있다는 주장은 분명 추가적인 설명 없이는 그럴듯하지 않을 것이다. 오늘날까지 널리 퍼져 있는 유서 깊은 애덤 스미스의 이미지가 그러한 가설에 장애가 된다. 저 스코틀랜드 철학자는 개인들의 이익 추구가 사회적으로 유익함을 낳는다고 확신해서 가능한 한 시장에 대한 제한을 풀 것을 역설했다고, 즉 그의 지적 작업은 주로 자유시장의 정당화를 위한 것이었다고 알려져 있다. 그러나 그런 생각은 일면적으로 《국부론》에만 기반한 것이고, 그의 모든 도덕철학적 작업을 배제한 것이다. 57) 애덤 스미스에 대한 이러한 통설의 부조리함에 대해서 나는 이미 앞에서 "애덤 스미스 문제"와 관련하여 지적하였다. 오늘날의 연구 상황을 보면 어느 정도 확실하게 다음과 같이 말할

---

56) Mikko Tolonen, *Mandeville and Hume : Anatomists of Civil Society* (Oxford University Press, 2013), 특히 4장.

57) 이에 대한 개관을 위해서는 Emma Rotschild & Amartya Sen, "Adam Smith's Economics", in : Knud Haakonssen(ed.) *The Cambridge Companion to Adam Smith*(Cambridge University Press, 2006), 319~365.

수 있다: 스미스의 저작에 대한 해석 작업이 진전될수록 오히려 지금까지와는 반대되는 스미스에 대한 이해가 관철되고 있는 것 같다. 이에 따르면 스미스의 경제이론은 그의 도덕철학에 기반하여 해석되어야 하고, 따라서 자유시장에 대한 단순한 방어로 여겨져서는 안 된다.

이러한 관점 전환의 결과로 이제 《국부론》의 의도는 다수에 의해 아주 다르게, 지배적인 자유방임주의 이데올로기에 더 이상 우호적이지 않게 이해되고 있다. 예를 들어 새뮤얼 플라이새커(Samuel Fleischacker)의 해석에 따르면, 《국부론》에서 스미스는 자본주의 시장의 여러 특성 중에서 공평무사하고 사려 깊은 재판관의 이상적 관점에서 승인될 수 있는 특성들만이 도덕적으로 정당화될 수 있음을 보여주려고 하였다. 이런 해석에 상응하여 플라이새커는 또한 스미스가 자본주의에서 그러한 기준에 반하는 모든 것을 비난받아 마땅한 것으로, 나아가 어쩌면 폐지되어야 할 것으로 여겼다고 주장한다. 58) 이러한 해석에 비추어 《국부론》을 읽어 보면 시장에서 경제적 사익 추구가 부상하는 것에 대해서 빗장을 거

---

58) Samuel Fleischacker, *On Adam Smith's "Wealth of Nations"*, 특히 48~57 쪽. 추가적으로 비슷한 해석은 Spencer J. Pack, *Capitalism as a Moral System: Adam Smith's Critique of the Free Market Economy* (Aldershot: Elgar, 1991); Griswold, *Adam Smith and the Virtues of Enlightenment*.

는 것 외에는 다른 기능이 전혀 없는 것처럼 보이는 많은 요소들이 곧장 눈에 들어온다. 예를 들어 스미스는 노동력에 대한 서슴없는 착취가 공장 노동자의 정신과 영혼에 미칠 수 있는 파괴적인 결과에 대해서 단호하게 경고한다. 59) 나아가 임금노동자를 노예 상태와 인격적 예속에서 해방시키는 것을 항상 목표로 염두에 둘 것을 권장한다. 60) 그리고 계속해서 기존의 경제 규칙을 그로부터 영향받는 모든 당사자의 관점에서 평가하려고 노력한다. 61)

물론 이러한 모든 규범적 제한과 권유들은 이미 당시에도 자본주의 시장을 효과적으로 제한하는 최선의 수단은 아니었을 것이다. 그러나 이것들은 스미스가 경제적 자기 이익 추구가 가져오는 이점에 대한 불타는 믿음을 가진 옹호자가 결코 아니었음을 분명히 드러내 준다. 스미스는 우리가 내적 재판관의 목소리에 귀기울이며 실행하는 타자에 대한 인정이 새로운 경제체제의 문 앞에서 멈추기를 바라지 않았다. 오히려 완전히 반대로 그러한 인정이 절차적 조건과 도덕적 배려의 형태로 경제체제 안에 닻을 내릴 수 있기를 바랐다. 62) 이와 관련하여 그가 비록 충분히 나아가

59) 애덤 스미스, 《국부론》(개역판, 김수행 옮김, 비봉출판사, 2017〔12쇄〕), 957~962.
60) 앞의 책, 84~114; 966~974.
61) 다시 한 번 누구보다 Fleischacker, *On Adam Smith's "Wealth of Nations"*, 49쪽 이하를 참조.
62) Pack, *Capitalism as a Moral System: Adam Smith's Critique of the Free*

지 못했고 시장의 작동에 국가가 개입하는 것을 확실히 꺼려했지만, 그럼에도 《국부론》에서 그의 중점 관심사는 경제 영역에서 자기중심적 행동 방식이 확산되는 것을 억제할 수 있는 적절한 수단을 찾는 것이었다. 이런 점에서 스미스가 일관된 철학적 의도, 즉 사람들을 항상 연결해 주는 인정 관계의 형성을 통해 자본주의적 심성의 확대에 대처하려는 의도를 갖고 있었다고 이해하는 것은 정당할 것이다. 그런데 스미스는 흄보다 훨씬 더 상호주관주의적으로 사유하기는 하지만, 여전히 흄처럼 인간이 모든 인간의 공동체라는 일반화된 타자의 칭찬과 비난을 통해 공공선을 촉진하는 행동으로 인도되는 것은 본성적 기질 덕분이라고 확신하고 있다.

존 스튜어트 밀

사람 간의 인정의 가치에 대한 앞서와 같은 생각이 영국에서 고립된 현상, 그러니까 오직 스코틀랜드 도덕철학의 사상적 후예로만 머물지 않았음은 80년 후에 나타난 존 스튜어트 밀의 저작을 주의 깊게 읽어 보면 너무도 분명해진다. 개개인이 자신의 행복에 책임이 있다고 깊이 확신하는 밀은 첫눈에 보기에는 확실히 상호주관주의적 사상가가 아니지만, 그러한 밀도 "칭찬"(praise) 과 "비

Market Economy.

난"(blame)의 도덕적 힘에 대해 믿고 있으며, 그 힘을 흄이나 스미스와 마찬가지로 인간의 사회적 인정에 대한 욕구로 설명한다. 이러한 생각은 밀의 자유주의에서도 중요한 사안이긴 하지만, 밀의 이론적 논증에서는 저 두 스코틀랜드 철학자의 논증에서 그런 것보다 훨씬 뒷부분에서 등장한다. 살펴본 것처럼 흄에게 사회적 명예 추구란, 자기통제를 통해 사회적 편견 없이 가치 판단을 내리고 그렇게 해서 인지적 정합성을 확보하도록 사람들을 동기적으로 압박하는 수단이었다. 스미스가 보기에 공정한 재판관의 눈에 칭찬받을 만하게 행위하도록 사람들을 독려하는 것은 모든 동료 인간과 정서적 조화 속에서 살고자 하는 사람들의 욕구였다. 그러나 밀에게는 사람들의 동기 체계에서 "일반화된 타자"의 위상과 역할에 대한 고려가 그렇게 중요하지 않다. 《공리주의》3장에서 밀이 완전히 스미스처럼 인간이 어느 정도로 "사회적 감정"을 가지고 있는가 하는 물음을 다루기는 하지만,[63] 인정 관계가 그의 흥미를 끄는 지점은 무엇보다 그것의 사회정치적 기능이다.

------

63) 존 스튜어트 밀, 《공리주의》(주동률 옮김, 근간). 이와 관련하여 강하게 애덤 스미스를 상기시키는 다음의 문장을 보라: "각 개인은 자신을 사회적 존재로 여기는 뿌리 깊은 관념(conception)을 갖고 있으며, 이 관념은 자신과 동료 인간들의 감정이나 목적들 사이에 조화가 있어야 한다는 것을 자신이 가진 자연적 욕구 중 하나로 느끼게 하는 경향이 있다"(3장, 11번째 문단).

밀이 인정 관계에 대한 자신의 사유를 주로 발전시키는 곳은 그의 논쟁적 저작인 《자유론》이다. 잘 알려져 있다시피 이 책의 중심 생각은 모든 개인이 가능한 한 방해와 강제 없이 자연이 각자에게 개성으로 준 것을 실현하도록 하라는 사회정치적 요구이다. 64) 밀이 자신의 자유주의의 이러한 윤리적 주춧돌을 발견한 것은 영국과 독일의 낭만주의 저작들을 접한 이후이다. 이 저작들은 인간의 독특한 개인성에 대해 완전히 새로운 생각을 전달해 주었다. 그 이후로 밀은 모든 사람은 고유한 능력과 욕구의 싹을 가지고 태어나며, 유기적 과정처럼 살아가면서 그 싹을 점차 키워 나가야 한다고 믿게 되었다. 65) 이러한 이상에 기초하여 이제 밀은 점점 더 개인들이 자신이 가진 자질을 각자 고유한 방식으로 가능한 한 자유롭게 실현할 수 있는 법적, 경제적, 문화적 조건을 모두에게 보장하는 것을 자유주의 사회의 우선 과제로 여기게 되었다. 이것이 사회 제도와 관련하여 구체적으로 의미하는 바는 1859년 출간된 《자유론》에 처음으로 개괄되어 있다. 여기서 밀은 아주 적은 예외적 상황에서만 제한될 수 있는 언론 · 사상 · 토론의 자

---

64) 존 스튜어트 밀, 《자유론》(박문재 옮김, 현대지성, 2020〔6쇄〕), 3장.
65) 존 스튜어트 밀, 《존 스튜어트 밀 자서전》(최명관 옮김, 서광사, 1983), 201
~202. 밀은 이 생각을 《자유론》 2장에서 발전시키고 있다. 이와 관련해
John Skorupski, *Why Read Mill Today* (London: Routledge, 2006), 24~
31쪽도 참조.

유를 위한 기본권, 66) 나아가 충분한 정도로 문화적 다양성을 유지할 국가의 책임, 67) 끝으로 아이들을 다양한 삶과 사유 방식에 익숙하게 해주는 교육 방식을 제안한다. 68) 여기에 더해 미완성작으로 헬렌 테일러(Helen Taylor)가 1879년에 밀의 유고에서 편집해 출간한 《사회주의론》(*Chapters on Socialism*)을 살펴보면, 69) 삶의 마지막 시기에 밀은 자유주의적 기본권과 제도를 넘어서 국가가 책임지고 노동자 계급의 이해관심을 훨씬 강하게 반영하는 새로운 경제 형식을 실험해 보는 것 또한 필요하다고 확신하게 된 것처럼 보인다.

---

66) 밀, 《자유론》, 2장. 이에 관해서 다시 한 번 Skorupski, *Why Read Mill Today*, 41~51.

67) 밀, 《자유론》, 148~170.

68) 앞의 책, 231~236.

69) John Stuart Mill, *Über Sozialismus : in der Übersetzung von Sigmund Freud* (hg. von Hubertus Buchstein und Sandra Seubert, Hamburg 2016) ; 존 스튜어트 밀, 《존 스튜어트 밀의 사회주의론》(정홍섭 옮김, 좁쌀한알, 2018). 이 연구의 의도와 출간에 관해서는 독일어본 편집자의 후기(123~174)를 참조. 나아가 밀과 사회주의의 관계에 관해서는 C. L. Ten, "Democracy, Socialism, and the Working Classes", in : John Skorupski(Hg.), *The Cambridge Companion to Mill* (Cambridge University Press, 1998), 372~395쪽을 참조.

당연히 이러한 사회정치적 요구 사항은 그것의 실현을 위한 어떠한 방법적 틀 없이 제시될 경우에 일련의 물음을 자아내는데, 여기서 우리가 그것을 본격적으로 다룰 수는 없다. 무엇보다 밀이 자신의 개혁 방안을 공리주의적으로 정당화하려고 했는지 아니면 완전주의적으로 정당화하려고 했는지, 다시 말해 이러한 개혁을 모든 사람의 가능한 최대 행복의 합으로 생각했는지 아니면 효용을 목표로 하지 않는 좋은 삶에 대한 구상을 구현할 제도적 총합으로 생각했는지가 먼저 해명될 필요가 있을 것이다. 아마도 이사야 벌린(Isaiah Berlin)이 처음으로 제기한 메타윤리학적 물음,70) 즉 밀을 공리주의자로 분류하는 것이 맞는지에 대한 의문도 이와 결부되어 있다. 그러나 이러한 문제는 밀의 사유에서 인정의 역할을 다루는 우리의 주제와는 관련이 없다.

인정의 역할과 관련하여 우리에게 훨씬 중요한 물음은, 마찬가지로 자주 논의되는 것으로서, 제도적으로 장려되어야 할 한 사람의 자기실현 과정이 다른 사람의 자기실현 의도와 충돌할 때 밀이 어떤 사회적 통제 수단을 염두에 두고 있는가이다. 잘 알려진 것처럼 밀은 이러한 종류의 갈등이 이른바 "해악의 원리"(*harm principle*)에 따라 규제되어야 한다고 생각한다. 이 원리에 따르면

---

70) 이사야 벌린, 〈존 스튜어트 밀과 인생의 목적〉, 《이사야 벌린의 자유론》(박동천 옮김, 아카넷, 2014).

한 사람이나 집단의 발언 혹은 삶의 양식은 그것이 다른 사람이나 집단의 상응하는 자기실현의 시도를 침해하거나 제한하는 경우에는 억제될 수 있다. 71) 밀은 자신의 저작에서 그러한 침해가 시작되는 규범적 경계를 정확하게 규정하기 위해서 많은 노력을 기울였다. 《공리주의》에서는 그동안의 문화적 발전을 통해 모든 개인은 침해되어서는 안 되는 "도덕적 권리"(*moral right*) 를 가지고 있다고 생각한다. 72) 이 권리는 《자유론》에서도 등장하는데, 여기서 밀은 앞서의 규범적 경계를 가능한 한 확장하려고 노력한다. 자해(自害) 까지 감수하며 스스로를 실험해 보려는 개인들에게도 가능한 한 많은 자유가 보장되어야 한다는 것이다. 73)

그런데 이 두 책 모두에서 그러한 갈등을 사전에 방지하거나 사후에 조정할 수 있는 가장 적합한 수단은 도덕적 칭찬과 비난을 통하여 주체들이 동료 인간들의 이해관심을 고려하게끔 이끄는 것이라는 조언이 상당히 중요한 자리를 차지하고 있다. 그러니까 법적 처벌의 위협을 통해서가 아니라 공적인 승인이나 비난을 통해서 사회는 가장 잘, 그리고 가장 효과적으로 개인적 자기실현

---

71) 이 원칙은 《자유론》 4장에 정식화되어 있다. 이 원리를 실제 적용할 때의 어려움에 대해서는 John Skorupski, *John Stuart Mill* (London: Routledge, 1989), 340~343쪽을 참조.

72) 밀, 《공리주의》, 5장. 이와 관련해서는 Skorupski, *Why Read Mill Today*, 34~38쪽도 참조.

73) 밀, 《자유론》, 4장.

의 상이한 길들 사이에서 있을 수 있는 갈등을 미연에 방지할 수 있다고 밀은 확신한다. 물론 밀은 이러한 사회적 수단을 권장하는 곳에서 동시에 이를 통해 빠르게 "다수의 전제"가 생겨나 마치 "풍기(風氣) 경찰"(*moral police*)처럼 삶의 습관의 모든 혁신을 질식시킬 위험이 있다는 우려를 빼놓지 않는다.74) 그러한 경우에 공적인 승인이나 비난은 도덕적 자기통제를 위한 자극이 아니라 사회를 새롭게 바꿔 보려는 창조적 동력을 억압하는 수단으로 기능한다는 것이다. 이러한 염려에도 불구하고 밀은 여전히 공적인 칭찬과 비난이 조심스럽게 그리고 자유주의적으로 사용된다면, 서로 충돌하는 삶의 방식들 사이에서 갈등을 피할 수 있게 해주는 잠정적 최선의 수단이라고 확신한다.

도덕적 비난이 그 정도로 효과적인 수단인 이유를 밀은 자신의 저작에서 반복해서 언급하는 인간 본성의 기본 특성에서 찾은 것처럼 보인다. 그의 사회정치적 사유의 이러한 독특한 지점에서 우리는 마침내 인정 관념을 고유한 방식으로 사용하는 밀을 만난다. 그러니까 밀의 확신에 따르면, 사람들이 공적 비난에 의해 흔쾌히 타자에 대한 도덕적 고려를 하도록 움직여질 수 있는 것은

---

74) "*moral police*"라는 표현은 《자유론》 192쪽과 199쪽에 나온다(* 박문재는 이를 192쪽에서는 "풍기 경찰"로, 199쪽에서는 "감찰반"으로 옮겼다 ─옮긴이).

인간에게 깊이 자리 잡고 있는 욕구, 동료 인간들로부터 사회적으로 좋게 평가받고 싶은 욕구 때문이다. 자신이 속한 공동체에서 인정받는 구성원이 되고자 하는 바람이 공적으로 행해지는 비난을 성공적 자기통제 수단으로 기능하게 하는 동력이다. 모든 동료 시민들이 보는 앞에서 이러한 방식으로 비난을 받는 사람은 조만간 구성원 자격을 잃게 되지 않을까 염려해야 할 것이고, 따라서 서둘러 권장되는 규범을 따를 태세를 갖출 것이다. 밀이 보기에 우리를 공동체로 묶어주는 것은 상호 인정의 사회적 유대이다. 이에 상응하여 《공리주의》에서 밀은 다음과 같이 쓰고 있다: "자기에게 이로운 결과가 없어도" 공동체의 의지를 행하도록 "우리를 이끄는" 것은 "동료들이 우리에게 가지는 불쾌감에 대한 두려움"이다. 75)

이렇게 존 스튜어트 밀의 사회정치적 사유 속으로, 우리가 이미 심리학적으로 훨씬 세련된 형태로 데이비드 흄과 애덤 스미스에게서 만났던 바로 그 인정 관념이 들어온다. (밀이 공리주의자였다면) 이 공리주의 사상가는 불편부당한 관찰자나 내적 재판관의 구성 같은 것은 전혀 하지 않지만, 자신의 두 스코틀랜드 선배들처럼 인간은 사회공동체의 좋은 평가를 얻고자 자신의 행위 동기

---

75) 밀, 《공리주의》, 3장, 세 번째 문단.

나 의도를 스스로 수정할 준비가 되어 있고, 이러한 자기 수정을 통해 인간은 다른 모든 동료 인간들과 도덕적 조화를 이룰 수 있다고 확신한다. 이 세 철학자 중 어느 누구도 "인정" 개념을 명시적으로 사용하지는 않지만, 이들 모두 "인정"이 의미하는 사태를 긍정적으로 바라보고 있다. 흄이나 스미스에게 그런 것처럼 밀에게도 인간이 타자의 판단에 의존한다는 것은 무엇보다 자신의 행위가 (모든 동시대인들로 이루어진 이상화된 또는 실제) 공동체의 규범적 기대와 조화될 수 있는지 검토하도록 압박을 느낀다는 것을 의미한다. 76)

영국에서 인정에 대해 생각할 때 이러한 일치가 생겨난 원인에 대해서는 추측만 할 수 있을 뿐이다. 이 장을 시작하면서 나는 유럽의 다른 나라들에 비해 영국에서 자본주의 정신이 빠르게 확산되었다는 사실이 이와 관련하여 의미 없지 않을 것이라고 추정했다. 이러한 문화적 경향에 대해 철학적 수단을 가지고 대응하기 위해서 17·18세기 영국의 사상가들은 홉스 이후로 지배적인 "소유개인주의"에 맞서77) 인간의 사회적 본성을 강조해야 한다고 느

---

76) 이것이 독일 전통이 아니라 영국 전통에서 유래하는 인정 개념이다. Peter Stemmer는 영국 전통의 인정 개념을 기반으로 "규범성"을 존재론적으로 근거지으려고 시도했다. Peter Stemmer, *Normativität: Eine ontologische Untersuchung*(Berlin: de Gruyter, 2008), 특히 8절 참조.

졌다는 것이 나의 논지이다. 존 스튜어트 밀의 경우는 나의 이러한 추측이 이제 19세기에도 해당될 수 있다고 확인해 주는 것 같다. 밀도 이기심, 탐욕적인 이윤추구, 사회적 가혹함이 증가하는 것을 당시 영국의 특징으로 지각했고, 공통감각을 강조하는 이론을 통해 이에 맞서 싸워야 한다고 생각했다. 만년(晩年)의 밀이 초기 사회주의와 공감하며 대결한 것은 바로 이러한 동기에서 비롯된 것임이 분명하다. 《사회주의론》에서 밀은 반복해서 "공적이고 사회적인 감정"이 위험할 정도로 약해지고 "개인적 이득에 대한 탐욕"이 커지고 있다고 말하면서,[78] 사회주의자들과 함께 이에 맞설 수 있는 제도적 해결책을 찾는다.

얼핏 보기에는 위에서 개괄한 영국 특유의 인정 이해에 관한 나의 논지를, 19세기 말에 영어권 철학에서 밀의 주도적 위치를 종식시킨 신헤겔주의의 가치를 적극적으로 평가하며 마무리하는 것이 적절해 보인다.[79] 실제로 이 철학적이고 사회적인 운동이 이미 흄과 스미스 그리고 밀에게 있던 상호주관주의를 독일 관념론의 도움을 받아 다시 한 번 심화시켰다는 추정은 자연스럽다. 이

---

77) 맥퍼슨, 《홉스와 로크의 사회철학: 소유적 개인주의의 정치이론》.
78) 밀, 《존 스튜어트 밀의 사회주의론》, 100~101.
79) Peter P. Nicholson, *The Political Philosophy of the British Idealists* (Cambridge University Press, 1990).

운동은 헤겔과 칸트의 철학을 수용하고 이들의 적극적 자유 개념을 사용하여 영국에서 들불처럼 번지는 개인주의에 맞서 개인이 그를 지원하는 공동체에 의지하고 있음을 증명하고자 했다. 토머스 힐 그린(Thomas H. Green)과 프랜시스 브래들리(Francis H. Bradley)는 모든 사람은 사회공동체 안에서 그곳에서 통용되는 규칙에 따라 행동하기를 배우고 그렇게 규범을 내면화함으로써 만 도덕적 인격이 된다고 주장한다. 80) 그런데 이 두 철학자에게 이것은 거꾸로, 공동체가 각각의 구성원에게 사회적으로 구속력 있는 규칙을 배우고 익히는 것 자체를 가능하게 하는 사회적 전제 조건을 마련해 줄 책임을 진다는 것을 의미한다. 81) 이러한 점에서 이 새로운 철학 운동의 모든 추종자들이 받아들인 것처럼 개인의 자기실현 과정은 사회의 윤리적 완성 과정과 같은 것이다. 이로부터 사람들은 정치적으로 노동자 계급의 민주적 법치국가로의 통합이란 목적에 기여할 수 있는 복지국가적 개혁을 제안하게 된다. 여기에 더해 이 운동이 맨체스터 자본주의의 폭발적 확장에 맞서 얼마나 격렬하게 저항했는지도 고려한다면, 지금까지 내

---

80) Thomas H. Green, *Prolegomena to Ethics*(David O. Brink〔Ed.〕), Oxford University Press, 2003); Francis H. Bradley, *Ethical Studies*(Oxford University Press, 1876).

81) Thomas H. Green, *Lectures on the Principles of Political Obligation* (London: Longmans, 1924), 121~141.

가 흄, 스미스 그리고 밀의 인정 관념에 대해서 말한 모든 것은 한층 더 강하게 영국의 신헤겔주의에 들어맞는다는 주장에 실제로 아무것도 반대할 것이 없어 보인다.

그러나 이러한 주장은 나의 재구성을 그렇게 마감하는 것을 불가능하게 하는 중대한 난점을 갖고 있다. 그린과 브래들리 그리고 버나드 보즌켓(Bernard Bosanquet)의 도덕철학적 기획은 독일 관념론의 사유 세계로부터 너무나 직접적으로 수입된 것이다. 거기에는 더 이상 독특하게 영국적 사유 양식이라고 할 만한 특징이 거의 들어 있지 않다.[82] 신헤겔주의는 스코틀랜드 도덕철학 전통이 인간의 사회적 본성과 관련하여 앞서 전개한 사유를 더욱 발전시키는 것이 아니라, 영국 경험주의 흐름에 반대하는 것을 주요한 사상적 동력으로 삼은 전통의 개념적 지평에서 인간의 상호주관성을 파악한다.[83] 따라서 영국 신헤겔주의에서 암묵적으로 사용되는 인정 관념은 내가 지금까지 근대 초기 영국의 철학 담론에서 전형적이라고 묘사한 인정 관념과 본질적으로 완전히 다르다. 인간의 동기가 타자의 기대나 평가에 의존적임이 영국에서는 경험적 사실로 파악된다면, 독일에서 그것은 도덕적 주체의 구성

---

82) David O. Brink, "Introduction"(in: Green, *Prolegomena to Ethics*, xiii-cx)은 이 점을 매우 잘 밝혀준다.
83) John Skorupski, *English-Language Philosophy 1750~1945*(Oxford University Press, 1993), 3장.

조건으로 여겨진다. 이 둘 사이의 골이 실제로 얼마나 깊은지는 근대 초기 독일에서의 인정 관념의 발생과 전개를 쫓아가는 다음 장에서 드러날 것이다.

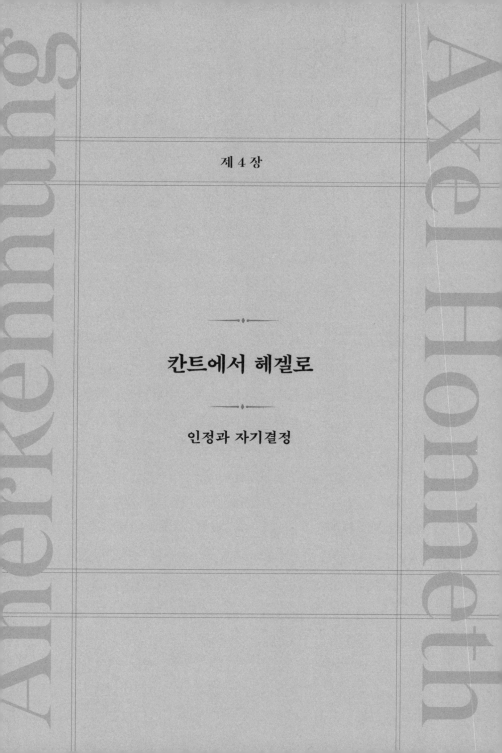

제 4 장

칸트에서 헤겔로

인정과 자기결정

지금까지 근대가 시작하고 그 이후로 견고해지는 과정에서 타자의 인정에 대한 인간의 의존성이 파악되는 매우 상이한 두 가지 방식을 살펴보았다. 프랑스어권의 근대 사상가들은 개인의 속성이 사회적으로 부여됨으로 인해 인간이 자신의 고유한 자아를 시야에서 놓쳐 버릴 위험에 빠진다는 이유로 이러한 의존성에서 재빨리 어떤 위협적인 것을 추정해 낸 반면, 영어권의 사상가들은 그곳에서 계몽주의가 발생한 이래로 그 의존성에서 오히려 긍정적인 어떤 것, 사회적으로 가치 있는 것을 보는 경향이 있었다. 흄과 스미스와 밀에게서는 그들의 모든 차이에도 불구하고 다른 사람들의 평가가 자신에게 중요함을 안다는 것은 항상 스스로를 도덕적으로 통제하도록 압력을 느낀다는 것을 의미하며, 이것은 공공복리의 증가에 기여하기 때문이다. 따라서 오늘날 우리가 "인정"이라고 부르는 것은 이 두 철학문화에서 아주 완전히 상이한 어떤 것을 의미한다. 프랑스어권에서는 인정이 우선적으로 (구체적이거나 아니면 일반적인) 타자의 입장에서 생각되며, 주체에게 어떤 개인적 속성을 부여하거나 승인하는 것을 의미한다. 영어권에서 인정은 오히려 인정을 추구하는 주체의 입장에서 구성되며, 개별 타자나 전체로서의 사회공동체에 자신의 행동을 도덕적으로 판단할 수 있는 규범적 권위를 시인하는 것을 의미한다. 그러나 이러한 맥락들에서 인정은 동등한 두 주체에게 동시적으로 일어나는 상호성의 사건으로는 거의 생각되지 않았다. 이러한 사고는 내가 올바르게 보고 있다면 비로소 독일적 맥락에서 일어난다. 여기에서 인정 개념과 더불어 온전한 인정이론이 생겨난다.

근대 초기 독일에서 이러한 철학적 발전이 길을 낼 수 있었던 사회문화적 전제조건은 당연히 같은 시기 프랑스와 영국에서 지배적이었던 그것과 크게 다르다. 매우 중앙집권적이고 절대주의적인 왕정이 지배하던 앙시앵레짐의 프랑스에서는 사회구조의 거대한 변화가 무엇보다 투쟁의 형식으로 일어났다. 지배층인 귀족과 초기 부르주아지는 왕에게서 특권을 얻고자 생각해 낼 수 있는 온갖 상징적 구별 짓기 수단을 동원하여 이 투쟁을 전개했다. 그래서 그곳에서는 내가 추정한 바에 따르면 총애와 명예를 얻기 위한 투쟁을 전개하도록 내몰린 사람들에게 그런 투쟁이 어떤 미심쩍은 결과를 가져올 수밖에 없는지가 오랜 시간 동안 사회철학적 담론의 핵심 주제가 되었다. 그와 달리 영국에서는 이 시기의 거대한 변혁이 사회적 투쟁의 범주보다는 도덕적으로 구속력 있는 삶의 형식이 처한 위기라는 범주로 인지되었다. 이 나라의 사회 철학적 담론의 핵심 주제가 된 것은, 내가 밝히려고 시도했듯이 이윤과 사익 추구라는 자본주의적 심성의 위협적인 우위에 맞설 수 있을 만큼 인간이 연대를 위한 충분한 자연적 본성을 가지고 있는가 하는 물음이었다. 인간관계의 가치와 특성에 관해 이 두 나라에서 빠르게 퍼지기 시작한 생각들에 프랑스와 영국의 이러한 사회문화적 독특함이 각기 두드러진 방식으로 반영된다. 프랑스에서는 아무르 프로프르라는 부정적 음조의 개념이 인정 관념의 담지자가 되는 반면, 영국에서는 공감이라는 긍정적으로 채색된 개념이 재빨리 이 역할을 맡는다. 그런데 근대 초기의 독일 제국에서는 전자도 후자도 사회철학적 사유를 위한 결정적인 도전으로 여겨질 수 없었다.

어떤 내적 구심점도 없이 조각보처럼 정치적으로 여러 제후국과 몇몇 "자유" 도시로 쪼개져 있던 독일은, 주도권과 특권을 둘러싼 사회적 엘리트들의 전면적 투쟁 같은 것을 알기에는 충분히 중앙집권적이지 못했고, 자본주의적 심성의 전파에 대해서 단지 첫 예감 이상을 갖기에는 경제적으로 충분히 발전하지도 못했다. 봉건적 지배구조가 오랫동안 지속됨으로써 시민계급은 자유 도

시 밖에서는 어떤 정치적 힘도 갖지 못했지만 행정과 교육, 문화
적 삶의 영역에서 그들은 큰 책임을 지고 있었고 그래서 대체불가
능하다고 여겨졌기 때문에 유럽의 다른 많은 나라에서와 달리 사
회적으로 높은 신망을 누리고 있었다. 1) 조각조각 분열되고 후진
적인 상태에 있던 17·18세기의 독일 제국에 과연 바로 **이것**이다
할 수 있는, 그곳의 사상가들 모두가 어떤 방식으로든 씨름할 수
밖에 없었던 공통의 사회적 도전 같은 것이 있을 수 있었을까 하
는 것은 충분히 정당한 의문이다. 사회적 인정 구조에 대한 의구
심이 주제화되기에는 이 나라는 아직 여러 곳에서 봉건시대의 신
분질서가 너무 잘 보전되고 있었다고 생각할 수도 있다.

그러나 그렇지 않았다는 것, 정치적으로 분열된 독일에서 정치
에 관심 있는 동시대인이라면 어느 누구도 간단히 무시할 수 없는
하나의 사회철학적 핵심 문제 같은 것이 이미 있었다는 사정은,
이 나라에 전형적인 격차, 즉 시민계급이 한편으로는 정치적으로
무력하지만 다른 한편으로는 문화적으로 굉장히 중요한 역할을
한다는 두 측면 사이의 격차에서 기인한다. 특히 프랑스와 대조적
으로 독일 제국의 중요한 학자와 철학자, 예술가들은 거의 예외

---

1) Seigel, *Modernity and Bourgeois Life*, 114쪽 이하. 분열된 독일에서 시민계급
   의 특별한 역할에 대해서는 Helmuth Plessner, *Die verspätete Nation: Über
   die politische Verführbarkeit bürgerlichen Geistes*(Frankfurt: Suhrkamp,
   1974), 특히 4~6장도 참조할 것.

없이 귀족계급 출신이 아니라 바로 중간 시민계급, 때때로는 하층 시민계급 출신이었다. 그들은 수공업자, 목사, 교사 혹은 교수의 아들로서[2] 대학과 영주의 궁정 혹은 귀족의 가정에 고용되었고, 그곳에서 문화적으로는 최고의 신망을 누렸지만 정치적으로는 그곳에서도, 그 외의 어느 지역에서도 어떠한 영향력도 갖지 못했다. 이런 의미에서 마찬가지로 시민계급의 아들이었지만 외교적 재능 덕에 그들의 귀족 상관에게 영향력을 미칠 수 있었던 라이프니츠(Gottfried Wilhelm Leibniz)와 괴테(Johann Wolfgang Goethe)는 실로 예외였다. 따라서 독일어권에서 사회적 상호작용 구조와 관련하여 곧 제기될 수밖에 없는 물음은, 시민계급이 정치적 평등과 공동 결정권의 획득을 통해 해방을 달성할 수 있는 조건에 관한 것이었다. 이런 점에서 근대 초기의 독일에서 인정 관념이, 모든 시민의 동등함이라는 생각을 철학적으로 매우 독특한 형태로 표현하는 바로 그 역할을 떠맡는다는 것은 놀라운 일이 아니다.

그러한 인정 관념의 첫 흔적을 17세기 독일의 위대한 두 지식인, 사무엘 푸펜도르프(Samuel Pufendorf)와 고트프리트 빌헬름 라이프니츠에게로까지 거슬러 올라가서 찾고자 하는 유혹을 느낄 수 있다. 어쨌든 푸펜도르프는 인간의 자연적 사회성과 평등을 상정

---

2) 여기서 다루는 저자들은 그 시대에 그랬던 것처럼 거의 예외 없이 남자들이다.

하여 근대 자연법을 위한 길을 준비했고,3) 라이프니츠도 인간의 타고난 사회성에 대해 마찬가지로 확신했다. 라이프니츠는 이러한 성향을 오늘날 보기에 거의 공리주의적 특성을 갖는 사회질서를 기획하기 위해 이용하려고 했지만 말이다.4) 그러나 그렇게 선행자를 찾아내려 하는 것은 18세기 후반에 인정 관념이 독일에서 길을 낼 수 있었던 사상적 전제조건의 완전한 새로움을 경시하는 것이 될 것이다. 라이프니츠의 저작과 독일 관념론 전성기 사이에 놓인 거의 3세대 동안 독일 사유에서는 이전에 철학적으로 생각되던 모든 것을 낡아 보이게 만드는 혁명이 일어났다. 칸트와 함께 세계 전체를 이성활동의 범주를 통해 파악하고자 하는 체계적 사유가 생겨났는데, 독일에서 인정 관념이 전개될 수 있는 체계적 틀을 제공해 준 것이 바로 이 이성 관념론이다. 인정 관념의 선구자는 임마누엘 칸트이고, 요한 고트리프 피히테가 첫 인정 사상가가 될 것이며, 게오르크 빌헬름 프리드리히 헤겔의 저작에서 인정 관념은 완성된 형태를 갖출 것이다.

---

3) 개인의 자기결정이란 근대적 생각이 준비되는 데 푸펜도르프가 한 역할에 관해서는 제롬 B. 슈니윈드, 《근대 도덕철학의 역사 1: 자율의 발명》(김성호 옮김, 나남, 2018), 7장 참조.

4) Gottfried Wilhelm Leibniz, "Über die öffentliche Glückseligkeit"〔1677/ 78〕, *Politische Schriften II* (hg. H. H. Holz, Frankfurt/M. , Wien: EVA, 1967), 134~135.

임마누엘 칸트

인정 관념의 출현을 도운 것이 프랑스에서는 아무르 프로프르라는 범주, 영국에서는 공감이라는 범주였다면, 독일에서는 존중 (*Achtung*)*이라는 범주가 그 역할을 맡았다. 칸트는 자신의 도덕철학에서 이 개념에 매우 특수한 과제를 부여했는데, 이 과제는 그의 이성비판이라는 이론적 건축술 전체가 고려될 때에만 제대로 이해될 수 있다.

1781년 처음 출간된 《순수이성비판》에서 쾨니히스베르크의 철학자에게 우선적으로 중요했던 것은, 우리의 모든 이론적 인식이 선험론적으로(*transzendental*) 파악된 고정된 범주와 감각적 인상이 종합되어 나온 산물임을 증명하는 것이었다. 다른 말로 간략하게 표현하자면 인간은 인간 정신이 자신의 고유한 불변의 개념들을 가지고 자발적 활동을 통해 실재에서 파악할 수 있는 것만을 인식할 수 있다는 것이다. 잘 알려져 있듯이 칸트는 근본을 뒤흔드는 이러한 주장을 통해 단지 영국 경험론의 인식론적 요구만

---

* 〔옮긴이〕독일어 "*Achtung*"은 한국어로 주의(注意), 존중, 존경에 해당하는 뜻을 모두 갖고 있다. 칸트의 도덕이론에서는 그 대상이 도덕법인 경우에는 "존경"으로, 행위자 자신이거나 동료 인간인 경우에는 "존중"으로 옮기는 것이 대체로 적절한데, 통일성을 위해 대표 번역어를 선택해야 한다면 "존중"이 좀더 적합할 것이다. 이 선택은 호네트가 이 글에서 칸트의 "*Achtung*" 개념을 상호주관적 방향으로 해석하는 것과도 잘 어울린다.

이 아니라 모든 전통 형이상학의 요구에 제한을 가하고자 했다. 즉, 세계에 대해 진술될 수 있는 모든 것이 결정적으로 인간에게 고유한 인간 이성의 성과라는 것을 보여줄 수 있다면, 사람들은 지식을 정당화하기 위해 이제부터 더 이상 간단히 감각적 경험에도, 어떤 또 다른 고차적 인식 형식에도 호소할 수 없을 것이다.

그런데 칸트의 이러한 인식이론적 첫걸음은 다른 종류의 모든 인간 인식과 행위에 대해서도 그것들이 결국 인간 이성이 구성해 낸 성과임을 증명할 것을 요구한다. 자연적 환경의 인지적 파악만이 아니라 인간의 도덕적 행동과 미학적 지각에 대해서도, 그것들의 본질적 합법칙성이 어떤 방식으로든 지속적으로 활동하는 인간 정신의 산물임을 증명해야 했다. 이로써 칸트가 느꼈을 압박을 잘 생각해 본다면, 칸트의 이성비판과 더불어 철학적 체계 형성을 향한 전례 없는 압력이 생겨났음이 곧바로 명확해진다. 인간이 인식할 수 있는 모든 것의 영역으로 이해되는 세계 전체는 인간 이성의 구성 작업의 조화로운 건축물로 증명되어야 했다. 철학을 실재 전체의 합리성을 체계적으로 제시하는 기획으로 이해해야 한다는 이러한 압력은 19세기로 넘어가는 문턱까지 독일 사유의 상당히 중요한 특징이 될 것이다. 5) 칸트가 스스로 부

---

5) 다른 연구들 중에서도 Eckart Förster, *Die 25 Jahre der Philosophie: Eine systematische Konstruktion* (Frankfurt: 2011), 특히 1부 참조; Martin Heidegger, *Schellings Abhandlung über das Wesen der menschlichen*

과한 이 과제는 그러나 우선 그 자신에게는 단지 인간의 도덕적 행위 영역 역시 인간 이성의 합법칙성 아래에 있다는 것을 증명하는 것이었다.

칸트가 이러한 거대한 도전을 결국에는 온전히 독자적인 방식으로 완수하지만, 그리로 가는 길에서 그는 바로 앞의 선배들의 통찰을 활용한다. 루소에게서 칸트는 방향제시적 제안을 받아들인다. 이 제안은 행위의 규칙 혹은 결정 근거를 스스로 세운 것으로 이해할 수 있을 경우에만 비로소 도덕적 행위에 대해 말할 수 있다는 것이다. 그렇지 않다면, 예를 들어 자연적 충동에서 나온 행동도 "도덕적으로" 여겨질 수 있을 것이고 그렇게 되면 우리는 도덕적 선함의 영역을 한낱 욕구 충족에 불과한 영역과 구분하는 데 커다란 어려움을 겪게 될 것이다. 6) 그러나 그런 개인적 자기입법 과정을 어떻게 표상해야 하는가 하는 물음과 관련해서 칸트의 해

Freiheit(Tübingen, 1995), 특히 27~51쪽 참조.

6) 장 자크 루소, 《사회계약론》(김영욱 옮김, 후마니타스, 2018), 29~30(1권 8장). Immanuel Kant, *Grundlegung zur Metaphysik der Sitten*(《도덕형이상학 정초》), (AA)389: "한갓 경험의 원리에 기반하는 규정은 그것이 어떤 점에서는 보편적 규정일지라도, 그것의 동인(動因)이 조금이라도 경험적 근거에 의지하는 한 실천적 규칙일 수는 있어도 결코 도덕법칙이라고 불릴 수는 없다"(* 'AA'는 베를린 학술원판 칸트 전집에 따른 쪽수임을 나타낸다. 이 쪽수는 오늘날 대부분의 칸트 저작 및 번역에 병기되어 있다 -옮긴이).

결책의 대부(代父)는 루소가 아닌, 잘 알려져 있지 않지만 애덤 스미스였다. 그러니까 쾨니히스베르크의 철학자는 이 스코틀랜드 계몽주의자에게서, 도덕적 자기통제란 자신을 가능한 한 불편부당한 관찰자의 위치에 세우고 그 관점에서 자기 자신의 행동을 판단하는 것을 의미할 수밖에 없다는 아이디어를 빌려 온다.

그러나 이 두 철학적 통찰의 조합 또한 칸트가 1788년 출간한 《실천이성비판》에서 본래 목표로 삼은 주장에 도달하기에는 아직 충분하지 않다. 이 책에서 칸트는 이론적 인식과 마찬가지로 도덕적 행위 역시, 비록 오로지 이성에 의해서만은 아니겠지만 그래도 결정적으로 인간 이성의 성과를 통해 규정된다는 증명을 제시하고 싶어 한다. 이를 위해서는 추가적인 요소가 필요한데, 이 요소는 칸트로 하여금 루소와 스미스의 도덕 이해를 훨씬 넘어서게 한다. 왜냐하면 이제 칸트는 도덕적 자기입법을 위해 필요한 공명정대한 관찰자 관점의 인수는, 이 관점 인수가 이성의 명령에 대한 순종으로 여겨질 수 있을 때에만 적절하고 논리정연하게 이해될 수 있다고 주장하기 때문이다. 7) 명시적으로 언급하지는 않지만 이로써 칸트는 스미스가 공정한 관찰자의 관점을 단계적으로 확장하는 사고 과정에서 이미 실험해 본 사유 가능성을 자

---

7) 임마누엘 칸트, 《도덕형이상학 정초》, (AA) 400~402쪽의 유명한 표현들을 참조.

기 것으로 만들고 있다. 공평한 관찰자의 관점을 모든 사람의 관점을 포함하는 것으로 포괄적으로 생각한다면 — 이따금 스미스는 이렇게 추정했다 — 그 관점을 직접적으로 이성과 동일시하지 말아야 할 근거를 찾기는 힘들 것이다. [8] 스미스는 자신의 경험주의적 가정에 제동이 걸려서 머뭇거리지만, 칸트는 이러한 동일시를 매우 결연하게 수행한다. 칸트에게 도덕적 이성이라는 것은, 사고할 수 있는 모든 이성적 존재의 관점에서 도덕적으로 옳은 것으로 여겨질 수 있는 것과 동일하다. 이렇게 해서 칸트는 자신의 철학 체계에서 실천이성이라는 능력을 다루는 부분의 핵심 요소에 도달한다. 이에 따르면 우리는 도덕적 행위의 영역에서 인간 정신의 영향력을 다음과 같이 표상해야 한다: 인간 정신은 규범적 규칙 혹은 "준칙"을 명령하는데, 우리가 동료 인간에 대해서 도덕적으로 옳게 행동하고자 한다면 우리는 이 규칙을 준수해야 한다.

그런데 바로 이 마지막 문장의 조건절은 이미 하나의 문제를 가리키고 있으며 칸트는 자신의 도덕철학 안에서 이제 이 문제를 풀어야 한다. 지금까지 칸트가 증명할 수 있었던 바는, 주체는 이성의 도덕법에 순종할 마음가짐이 되어 있는 한에서 그것에 따라야

---

8) 애덤 스미스, 《도덕감정론》, 682(VII. iii. 2. 5).

한다는 것이었다. 그러나 주체가 그러한 동기를 실제로 발전시키는 것이 어떻게 가능한지에 대해서는 적어도 지금까지 충분히 설명되지 않았다. 칸트의 도덕철학적 사유의 이 지점에서 내가 앞에서 언급한 존중 개념이 중요한 역할을 한다. 이 존중 개념은 이미 말한 것처럼 인정에 관한 근대의 담론에서 특별히 독일이 기여하게 될 방향을 제시한다.

그런데 《도덕형이상학 정초》에서 방금 언급한 동기 문제를 다루기 전에, 칸트는 존중 범주를 우선 우리에게 부차적인 의미에서 도입한다. 즉, 도덕적 동기를 가진 주체와 그에게 규범을 명령하는 도덕법의 관계는 "존중"의 관계여야 한다고 칸트는 말한다.[9] 이것으로 칸트가 의미하는 바는 흄과 스미스가 암묵적으로 전제해야 했던 것과 거의 다르지 않다. 흄과 스미스는 그들의 주체들이 불편부당한 관찰자의 판결을 항상 인정할 것이라고 가정하는데, 이러한 인정은 그 주체들이 자신들의 이기주의를 제한할 마음가짐을 갖기 위해서 필요한 것이다. 그러나 "존중" 개념의 이러한 사용이, 개인이 도덕법을 준수하고자 하는 마음가짐을 도대체 어떻게 발전시킬 수 있는가 하는 문제를 아직 풀지 못하는 것은 당연하다. 도덕적 행위를 향한 동기부여 문제에 초점을 맞추면 이제 존중 개념이 조금 다른 의미를 갖게 된다. 주체들 사이의

---

9) 칸트, 《도덕형이상학 정초》, (AA) 400.

관계도 중요해지는 것이다.

여기서 칸트는 무엇인가를 해내야 한다. 그런데 그것은 지금까지 칸트가 발전시켜 온 체계의 틀을 폭파시킬 수도 있다. 즉, 도덕적으로 동기부여할 수 있는 근거를 명시하기 위해서 칸트는 인간의 경험적이고 결핍된 본성과 그가 이성이라고 부르는 정신적 힘 사이를 연결해야 한다. 지금까지는 칸트가 인간의 모든 도덕적 행위를 오직 이 이성을 통해서만 규정 혹은 구성되는 것으로 보려는 것 같았다. 그러나 이제 칸트가 도덕적 동기부여에 대해서 무엇인가 말하고자 한다면, 그는 그렇게 세워진 틀을 깨고 자연의 인과성과 이성의 명령 사이에 모종의 연결을 만들어야 한다. 이것이 바로 확장된 의미에서 존중 개념이 해결해야 하는 과제이다. 그러니까 이 개념의 도움을 받아 다음의 사정이 분명해져야 한다: 도덕적으로 행위하려는 사람들의 노력 속에서 우리는 이성의 명령이 그 자체로 요구하는 것이 구현되는 실례를 볼 수밖에 없기 때문에 그들을 "존중"하게 된다.

칸트는 이러한 대담한 생각을 《도덕형이상학 정초》의 상당히 긴 각주에서 발전시키는데, 칸트의 의도를 이해하는 데 이 각주가 갖는 중요성은 과대평가될 수 없을 것이다. 여기서 칸트는 우선 존중은 당연히 하나의 감정이지만 특별한 종류의 감정이어서, 인간의 욕구 본성 때문에 마치 떠밀리듯 갖게 되는 그래서 우리가 수동적으로 내맡겨지는 다른 모든 감정과 달리, 칸트의 표현 그대로 이성 자체를 통해 "생겨난" 감정이라고 말한다: "사람들은 내가 이성의 개념을 통해 이 문제를 분명히 설명하는 대신, **존중**이라는 단어 뒤에 숨어 의심스러운 감정에서 그저 도피처를 찾으려 한다고 나를 비난할 수도 있을 것이다. 그러나 존중은 비록 감정이긴 하지만 〔외부〕영향을 통해 수용된 감정이 아니라 이성 개념을 통해 **자체적으로 생겨난** 감정이고, 따라서 〔인간의〕성향 (*Neigung*) 이나 두려움에서 기인하는 첫째 종류의 모든 감정과 다른 종류의 감정이다. 〔…〕 본래 존중은 나의 이기심을 제한하는 가치에 대한 표상이다. "[10]

내가 보기에 이 마지막 문장은, 감정이 이성을 통해 생겨났다는 어느 정도 수수께끼 같은 표현을 이해할 수 있게 해주는 열쇠를 담고 있다. 이 표현이 의미하는 바는 이성적 통찰의 힘에 의해 어떤 대상의 가치에 대해 확신을 갖게 된다는 것인데, 이 확신이 자신의 감정 상태, 즉 욕구 본성에 어떤 것을 일으킨다. 그것이 바로 모든 이기주의적 성향과 의도에 대한 제한이다. 그렇다면 "존중"이라는 것은 우선 대상의 가치에 대한 어떤 표상을 갖는 것에 다름 아니다. 사람들로 하여금 그 가치에 제대로 부응하기 위해서 자신들의 이기적 관심을 뒤로 물리게 만드는 표상 말이다.

---

10) 앞의 책, (AA) 401, 각주.

그런데 그것의 가치가 직접적으로 통찰될 수 있어서 인간의 욕구 본성이 갖는 이기주의적 성향에 이러한 제한을 일으킬 수 있는 대상이 어떤 것인지는 아직 설명되지 않았다. 이제 여기서 지금까지 생략되어 있던, 칸트의 존중 개념의 동료 인간에 대한 연관성이 드러난다. 11)

같은 각주에서 칸트는 일단 우리에게 그런 존중심을 느끼게 만드는 대상은 이성의 도덕 명령 혹은 도덕법이라고 반복한다. 그러나 동시에 칸트는 도덕법은 어떻게든 지각될 수 있는, 그것의

---

11) 정확히 하자면 앞에서 언급한 각주에 나오는 존중 개념에 대한 칸트의 설명에서 두 가지 문제 층위를 구분해야 할 것이다. 하나는 인식론적 물음으로서 우리가 어떻게 직관을 통해 경험적으로 주어진 세계 안에서 도덕법을 구현하는 대상을 확인할 수 있는가 하는 것이고, 다른 하나는 도덕실천적 물음으로서 그러한 대상을 응시할 때 수반되는 "존중"의 감정이 어떻게 도덕적 행위로의 압박을 느끼게끔 우리에게 영향을 미치는가 하는 것이다. 《자연법의 토대》에서 피히테는 첫째 문제에 대해 직접 답하고자 시도했는데, 정신의 도야를 통해 형성된 인간의 "얼굴"에서 감각 세계에서 존중을 불어넣는 "대상"의 징후를 알아챌 수 있다는 것이다(Johann Gottlieb Fichte, *Grundlage des Naturrechts nach Principien der wissenschaftslehre*, *Fichtes Werke*(hg. von Immanuel Hermann Fichte 1845/46, Neudruck Berlin, 1971), Bd. III, 1-385. 여기서 81~85쪽). 몇몇 저자들은 피히테의 이러한 언급을 에마뉘엘 레비나스의 윤리 저작과 연결하려고 했는데, 그러한 시도가 성공적이었는지에 대해서는 평가를 유보하겠다. Simon Lumsden, "Absolute Difference and Social Ontology: Levinas Face to Face with Buber and Fichte", *Human Studies*, 3(2000), 227~241쪽 참조(이 언급은 마이클 낸스와의 상세한 대화 덕분이다).

가치가 감각적으로 경험될 수 있는 대상일 수 없다는 점을 시인하는 것처럼 보인다. 그래서 칸트는 이제 동료 인간이 그러한 법을 구현한다고 곧바로 이어서 말한다. 이 각주의 유명한 문장은 다음과 같다: "한 사람에 대한 모든 존중은 본래 오직 〔…〕 〔도덕〕법에 대한 존중일 따름이다. 그 사람은 그 법의 실례를 제공해 준다."[12]

이 짧은 문장의 핵심은 다음과 같은 생각이다. 존중의 대상이 되는 그 사람은 도덕법이 무조건적인, 우리의 자기 이익을 제한하는 가치를 가지고 있다는 것을 우리에게 본보기로서 분명히 보여 준다. 우리가 그 사람에 대해 느끼는 존중심은, 이성의 도덕 명령을 따르고자 할 때 필요한 그 모든 노력에 대한 생생한 실례를 그가 제공해 준다는 사정에서 생기는 것이다. 아마 좀더 분명하게 다음과 같이 말할 수 있을 것이다. 우리는 동료 인간들에게서 도덕법의 가치를 감각적으로 경험할 수 있는데, 그것은 도덕법을 따르고자 하는 그들의 노력을 우리가 생생하게 떠올릴 수 있기 때문이다. 그들은 일상 행위에서 이성의 도덕 명령에 부응하고자 가능한 모든 것을 시도하고 노력하기 때문에 이런 동료 인간들에 대해서 우리는 존중심을 느끼게 된다.

---

12) 칸트, 《도덕형이상학 정초》, (AA) 401, 각주.

이로부터 내가 칸트의 존중 개념을 다루는 계기가 된 동기부여 문제와 관련해서 다음과 같은 사실이 도출된다. 칸트는 우리가 감각적이고 경험적 세계에서 모든 "이기심을 제한하는 가치에 대한 표상"을 주는 대상을 동료 인간들에게서 만나기 때문에 도덕법에 순종할 동기를 갖게 된다고 생각한다. 13) 그러니까 완전히 추상적인 이성의 도덕법을, 《도덕형이상학 정초》의 한 멋진 문장이 말하는 것처럼 인간의 "직관에 그리고 이를 통해 감정"에 가까이 가져오는 것은, 14) 우리의 감각에 접근 가능한 다음과 같은 인식이다: 모든 인간은 가치를 구현한다. 우리에게 존중을 요구하고 그래서 우리의 이기적 의도의 실현을 포기하게 만드는 그러한 가치를 예시적으로 구현한다.

---

13) 나의 이러한 해석은 동기 문제에 대한 칸트의 해결책을 상호주관주의적으로 독해하는 것인데, 이것은 칸트 연구에서는 매우 논쟁적인 해석이다. 도덕적 행위로 동기부여하는 것은 인간의 자기 목적성에 대한 존중, 즉 자기존중이라는 것이 일반적인 칸트 해석이다. 그러나 내가 여기서 시도하는 것처럼 칸트의 존중 개념을 피히테와 헤겔의 인정 사유로 가는 단초로 파악하고자 한다면, 동기 문제에 대한 칸트의 해결책에서 동료 인간과의 만남과 연결된 상호주관적인 경향을 강조해야 한다. 칸트의 몇몇 강한 표현들은 이러한 해석을 충분히 정당화하는 것처럼 보인다.
14) 칸트, 《도덕형이상학 정초》, (AA) 436.

동기부여 문제에 관한 칸트의 이러한 해결책은 독일 관념론에서 곧 자리를 잡게 될 인정 관념에 대해 방향설정적 의미를 갖는다. 칸트가 동기 문제의 해결책으로 끌어온 존중 개념은 두 가지 점에서 자신의 이론 체계의, 이 개념이 없었더라면 아마 엄격하게 분리된 채로 있었을 하위 부분들 사이에 다리를 놓는다. 한편으로 동료 인간에 대한 존중은 인지적 성취인데, 이것은 순수하게 선험적인 이성의 성취도 온전히 감각적인 경험도 아니다. 오히려 이 존중 속에서 혹은 존중을 통해 현실 속에 있는 이성적인 것의 경험적 대변자가 지각된다. 여기서 독특한 방식으로 감각적 직관과 이성적 인식이 하나가 된다. 그러나 다른 한편 이러한 종류의 지성적 지각은 — 감각적 직관과 이성적 인식이 결합된 존중은 칸트에게 어떤 의미에서 지성적 지각(intellektuelle Wahrnehmung)일 것이다 — 우리가 자기중심적인 성향에 스스로 거리를 두게끔 우리의 경험적 동기부여 체계에 영향을 미친다. 이렇게 다른 사람에 대한 존중은 이기주의적 관심보다 이성의 도덕 명령에 우선권을 주도록 우리의 욕구 본성에 변화를 일으킨다. 이러한 점에서 칸트의 존중 개념은 경험적 세계와 예지적 세계 사이, 그리고 감각적 지각과 이론적이고 이성적인 인식 사이에 선명하게 그어져 있는 경계를 횡단한다. 칸트에 따르면 도덕적 이성은 경험세계 내부에서 자연과 정신 사이에 다리를 놓는 어떤 것이 있을 때에만 동기부여적 힘을 가질 수 있다. 그리고 바로 이 다리 놓기를 존중이 해내야 한다. 칸트가 보기에 우리는 서로 상대방에게서 도덕법의 실현을 위한 노력을 인식하기 때문에 이미 언제나 상호적으로 이 존중심을 품고 있다.

이러한 연결 기능에서 칸트의 존중 개념은 독일에서 주도적인 인정 관념의 이론적 선구자가 되었다. 독일 관념론의 두 대표자, 이 개념을 각인하고 거기에 체계적인 무게를 부여하게 될 피히테와 헤겔 모두 두 가지 점에서 칸트를 따른다. 우선 피히테와 헤겔도 모든 인정의 중심적 특성을 다름 아닌 이기심의 제한이라고 보는데, 이것이 바로 그들의 선배인 칸트가 인간 서로 간의 존중에서 특징적인 것으로 보았던 것이다. 나아가 피히테와 헤겔은 칸트로부터 그런 인정 혹은 존중이 일종의 "지성적 직관"이자 또한 자연적 욕구 체계에 변화를 일으킨다는 점에서, 인간의 자연 본성과 정신 사이를 매개해야 한다는 생각을 물려받는다. 그러나 이 두 철학자는 인정에 대한 이런 규정을 이성철학적 체계라는 틀에 이식했는데, 이 체계는 많은 점에서 칸트의 철학 체계와 상당히 다르다.

인정 관념에 대한 특별히 독일적인 기여의 형성 과정에 대해 본격적으로 다루기 위해서는 그전에 먼저 칸트의 존중 개념의 한 측면을 좀더 살펴봐야 한다. 지금까지의 논의로는 존중 개념이 모든 시민의 원칙적 동등함이라는 생각에 얼마나 도움이 되는지 전혀 알 수가 없기 때문이다. 인간의 동등함을 강조하는 칸트 존중 개념의 규범적 특성은, 그 개념을 근대 초기 프랑스와 영국의 지적 맥락에서 생겨난 인정 이해와 비교해 볼 때 비로소 적절하게 인식될 수 있을 것이다.

여기서 우선 눈에 띄는 것은, 칸트의 도덕철학에서는 사회적 가치평가 혹은 인정에 대한 욕구가 어떤 역할도 하지 않는다는 사실이다. 칸트는 그가 "존중"이라고 부르는 것을, 항상 자신의 동료 인간들을 존중해야 한다고 의무감을 느끼는 주체의 입장에서만 생각하지, 존중을 요구하는 주체의 입장에서 생각하지 않는다. 물론 칸트는 본인 저작의 몇몇 부분에서 사회적 우대와 지위에 대한 개인들의 욕망을 상당히 고려하기는 한다. 예를 들어 그의 역사철학적 저작에서는 곳곳에서 루소의 아무르 프로프르 개념으로부터 영향받은 아이디어가 등장한다. 사회적으로 두각을 나타내고자 하는 개인들의 열망이 계속해서 이론적·도덕적 혁신을 가져온다고 가정한다면, 우리는 인간 문화의 진보를 가설적으로 전제할 수 있다는 것이다. 15) 그러나 칸트의 실천이성 구상을 위

---

15) Axel Honneth, "Die Unhintergehbarkeit des Fortschritts. Kants Bestimmung des Verhältnisses von Moral und Geschichte", *Pathologien der Vernunft: Geschichte und Gegenwart der Kritischen Theorie*, Suhrkamp, 2017, 9~27.

해서는, 그의 철학 체계의 요구와 관련이 있고 쉽게 납득할 수 있는 이유에서, 그런 세속적이고 자기중심적인 충동이 동기부여의 역할을 해서는 결코 안 된다. 이성의 통찰에서 나온 도덕 명령이 모든 이기주의적 관심을 제한할 수 있어야 하는 곳에서, 도덕 명령의 효력을 인간의 어떤 욕구적 성향에서 도출하는 것은 칸트가 보기에는 말도 안 되는 것이다. 이런 점에서 칸트의 존중 개념 안에 이미 그 단초가 숨어 있는 인정의 동기는 우리가 지금까지 탐구한 다른 두 문화 맥락에서의 그것과 처음부터 완전히 다르다. 적어도 그의 도덕이론의 틀 안에서 칸트에게 중요한 것은 결핍된 주체가 추구하는 인정이 아니라, 오직 우리가 다른 주체에게 시인하는, 나아가 빚지고 있다고도 할 수 있는 인정뿐이다. 헤겔에 이르러서야 비로소 우리는 다시 인정을 향한 "욕구" 같은 것을 만나게 될 것이다. 그러나 그것도 아무르 프로프르 전통과 달리 심리적 욕망이 아니고, 헤겔의 이론틀 안에서 좀더 설명이 필요한 "정신적" 갈망이다. 16)

어쨌든 칸트는 "존중"을, 우리의 판단 능력을 동료 인간들에 대해서 적절히 사용하자마자 우리가 거의 피할 수 없이 갖게 되는 감정적 태도로만 이해하려고 한다. 판단 능력을 적절히 사용하면서

---

16) 이 책 202~205쪽 참조.

우리가 어떤 주체를 만난다면, 우리는 거의 자동적으로 이 주체를 도덕법의 예시적 구현으로 파악할 수밖에 없다. 그래서 이 주체에 대해서 우리는 즉각적으로 우리의 이기심을 제한하고 그렇게 존중하는 자세를 취하게 된다. 칸트가 계속해서 자신의 존중 개념에 부가하는 모든 추가적인 의미는 근본에 있어 이미 이러한 출발점에서 귀결된다. 첫째로, 우리가 모든 주체를 이런 식으로 지각하게 된다는 사정에서 칸트는 동등한 존중의 보편적 상호성을 도출한다. 우리가 **한 명의** 주체에게서 도덕법의 영향을 인식하기를 배우자마자, 우리는 모든 동료 인간에게 **같은** 종류의 도덕적 존중을 보여야 한다. 둘째로, 칸트에게 이러한 종류의 존중은 다른 주체의 개인적 자유, 즉 독립적으로 목적을 세울 수 있는, 자신을 스스로 규정할 수 있는 자유를 시인하는 것에 다름 아니다. 이러한 존중에는 자동적으로 "나의 이기심"에 대한 제한이 동반될 것이어서, 나는 타자가 자신의 삶의 목표를 스스로 결정하는 자율성을 침해하지 않도록 나 자신의 이해관심을 뒤로 물려야 한다. 이 두 가지 귀결을 종합하면 칸트 도덕철학의 중심적인 주장이 나온다. 예지적 존재로서 인간은 그들 모두가 가지고 있는 자율성을 서로 존중할 의무가 있다.

칸트의 이성 도덕의 이러한 핵심이 당시 후진국이던 독일에 얼마나 엄청난 해방적 영향을 끼쳤는지는, 칸트로부터 아주 깊이 영향받지 않은 후배 지식인이나 철학자가 거의 없었다는 사실에서 쉽게 알 수 있다. 곧 모든 서재와 대학 그리고 지적 모임들에서 《실천이성비판》의 정언명령은 모든 시민의 도덕적 평등을 획득하기 위해 귀족들의 지배로부터 스스로를 해방하라는 요구로 받아들여졌다. 17) 프랑스인이 거리에서의 승리를 통해 쟁취한 혁명을 독일인은 오직 정신 속에서만 수행할 수 있었다는 칼 맑스 (Karl Heinrich Marx) 의 유명한 확인은18) 맑스가 원래 염두에 두었던 헤겔보다 칸트에게 훨씬 더 잘 들어맞는다. 몇 년 안에 저 쾨니히스베르크의 철학자는 독일에서 도덕적 "사고방식"의 혁명을 일으켰기 때문이다. 이 혁명은 이제부터 모든 사람에 대한 동등한 존중이라는 전복적 요구를 인간의 이성 능력에 근거하여 정당화할 수 있었다.

그러나 이성 도덕의 경험적 주체를 향한 바깥 면을 형성하는

---

17) Harmann August Korff는 자신의 대작에서, 오늘날의 우리에게는 좀 낯선 화려한 언어로 칸트 윤리학이 끼친 이러한 해방적 영향을 잘 형상화하고 있다. Korff, *Der Geist der Goethezeit*, 전 4권(Leipzig: Koehler & Amelang, 1927~1930), 여기서는 2권 202쪽 이하. 좀더 최근의 설명으로는 Frederick C. Beiser, *Enlightenment, Revolution, and Romanticism: The Genesis of Modern German Political Thought 1790~1800*(Cambridge: Harvard University Press, 1992), 2장.

18) 칼 맑스, 〈헤겔 법철학의 비판을 위하여. 서설〉, 《칼 맑스, 프리드리히 엥겔스 저작 선집 1》(박종철출판사, 1991), 1~15.

존중 개념은 매우 깨지기 쉬운 기반 위에 서 있었다. 존중이라는 감정은 명백히 애매한 혼합물이었다. 반은 경험적 사실이고, 나머지 반은 이성적으로 통찰될 수 있는 의무. 이 둘 사이에는 쉽게 간파할 수 있는 연관 관계가 없다. 한편으로는 다른 주체를 만나기만 하면 모든 사람에게 당연히 존중심이 생겨야 한다. 그러나 다른 한편 특별한 형식의 판단력이 사용되어 그 동료 인간이 도덕적 존재로 표상될 때에만 존중심이 생길 수 있는 듯하다. 19) 당시 칸트의 이성 도덕에 열광하던 후배 철학자들 중 이런 기이한 애매성을 곧 칸트 도덕철학의 방법상의 민감한 약점으로 느끼지 않은 사람은 거의 없었다. 존중이라는 감정의 도움을 받아 도덕법이 인간의 동기부여 체계에 닻을 내릴 수 있게 하려는, 저 존경받는 사상가의 시도는 후배들에 의해 경험적 주장과 선험론적 사변 사이에서 어쩔 줄 모르는 무매개적인 동요로 파악되었다. 20) 그래

---

19) 칸트의 존중 개념의 문제와 체계에 대해서는 다음의 연구가 아주 좋은 설명을 제공한다. Steffi Schadow, *Achtung für das Gesetz: Moral und Motivation bei Kant* (Berlin: de Gruyter, 2012).

20) 칸트에서 이러한 동기 문제의 중요성에 대해서는 다음을 참조. Andreas Wildt, *Autonomie und Anerkennung: Hegels Moralitätskritik im Lichte seiner Fichte-Rezeption* (Stuttgart: Klett-Cotta, 1982), 165~173; Dieter Henrich, "Die Deduktion des Sittengesetzes: Über die Gründe der Dunkelheit des letzten Abschnitts von Kants 'Grundlegung zur Metaphysik der Sitten'", in: Alexander Schwan (Hg.), *Denken im Schatten des Nihilismus: Festschrift für W. Weischedel* (Darmstadt:

서 우선 피히테가, 그리고 조금 후에 헤겔이 준비한 인정 개념의
기능 중 하나는 이러한 중대한 문제점을 해결하는 것이다. 이런
점에서 철학적으로 볼 때 독일적 인정 관념은 도덕적 행위로의 동
기부여에 대한 칸트의 생각에 좀더 설득력 있는 대안을 제시하려
는 노력에 그 뿌리를 두고 있다.

존중의 동기부여 역할에 대한 칸트의 가정을 불충분하다고 느낀
당대의 사람들에게는 원칙적으로 두 가지 수정 방향이 열려 있었
다. 그들은 칸트의 존중 개념의 애매성을 경험적 방향 아니면 예
지적 방향으로 해결할 수 있었다. 그러니까 스코틀랜드 도덕철학
의 길을 가든지 아니면 새로운 체계 사유의 정신에 입각하여 완전
히 독자적인 해결책을 추구할 수 있었다. 전자의 경우 우선 존중
을 모든 인간이 추구하는 대상으로 만들어야 할 것이다. 그러고
나면 존중에 대한 이러한 갈망을 동료 인간들과의 도덕적 일치에
대한 욕구의 사실적 원천으로 파악할 수 있다. 후자의 경우에는
반대로 모든 사람이 반드시 도덕 원칙을 존중하도록 하는 모종의
이성적 동기를 발견하는 것에 성패가 달려 있다.
　피히테와 헤겔은 첫 번째 길은 당연히 막혀 있고 오직 두 번째
길만이 어떻게든 가 볼 수 있는 길이라고 여겼는데, 그 이유는 실

Wissenschaftliche Buchgesellschaft, 1975), 55~112.

재 전체는 결국에는 이성에 근거한다는 칸트적 체계의 전제에 그들이 전적으로 동의했기 때문이다. 그런데 그뿐 아니라 그들의 선배와 달리 이 두 후배는 지적으로 아직 독립하지 못했을 때부터, 실재의 그러한 합리성은 한갓 이성의 인식 구성의 산물이 아니라 오히려 실제 사태이고, 그러므로 세계 전체가 이성의 활동 결과로 파악되어야 한다는 증명을 제시하기 원했다. 21) 그래서 처음부터 피히테와 헤겔은 스코틀랜드적 길을 따라 감각적으로 주어진, 그들이 보기에 말하자면 도덕적 행위를 위한 세속적 동기를 찾는 것을 결코 생각할 수 없었다. 동기 문제의 칸트적 해결책에 더 일관된 대안을 제시하려 한다면, 그들은 오히려 인간의 정신활동 자체에서 나오는 도덕을 향한 동기를 명시해야 했다. 22) 피히테와 헤겔이 각자의 철학 체계에서 발전시키게 될 인정 개념의 과제는 바로 이러한 까다로운 문제를 푸는 것이다.

---

21) 이에 관한 간략한 개관은 다음을 참조. Paul Guyer, "Absolute Idealism and the Rejection of Kantian Dualism", in: Karl Americks(Ed.), *The Cambridge Companion to German Idealism*(Cambridge University Press, 2000), 37~56.

22) 실러도 칸트의 동기부여 문제를 풀려는 독자적인 시도를 한다: Friedrich Schiller, "Über Anmut und Würde", *Sämtliche Werke*, Bd. V(München 1984), 433~488. 이에 관해서는 Wildt, *Autonomie und Anerkennung*, 157 ~162 참조.

요한 고트리프 피히테

헤겔보다 여덟 살 많은 요한 고트리프 피히테는 칸트에 대한 공격을, 잘 알려져 있다시피 다음과 같은 과감한 주장으로 시작한다: 우리는 대상 세계의 형성을 한낱 인식적 성취가 아니라 이미 언제나 활동하고 있는 자아의 명확한 실천적 성취로 표상해야 한다. 1794년 출간된 《지식학》에서 처음으로 발전시킨[23] 이러한 관념론적 원칙에 입각하여 피히테는 자신의 철학 체계에서 "절대적 자아"가 이성활동에 힘입어 자신에 의해 만들어진 질료를 가공하면서 단계적으로 자율성을 실현해 나가는 과정의 윤곽을 그린다. 이하에서 우리의 관심을 끄는 것은 이렇게 암시된 프로그램의 방법적 정당화도 실행도 아니다. 우리의 문제 설정과 관련해서 중요한 것은 피히테가 개인들 사이의 관계를 주제로 삼으면서 그의 체계의 어느 지점에서 개인의 복수성에 대해서 말해야 할 필요성을 느끼게 되는가 하는 것뿐이다.

저 활동적 자아가 자율성에 도달하려 애를 쓰는 중에 자기 자신의 항상 이미 작용하는 "자유로운 활동"에 대한 의식도 획득해야 하는 어려운 과제를 마주하게 되었을 때, 피히테는 그러한 지

---

23) Johann Gottlieb Fichte, *Grundlage der gesamten Wissenschaftslehre* (1794), in: *Fichtes Werke*, Bd. 1, 83~328. 이에 관해서는 Frederick Neuhouser, *Fichte's Theory of Subjectivity*(Cambridge University Press, 1990) 참조.

점에 도달했다고 생각한다. 즉, 지금까지 "절대적으로" 생각된 주체는 더 이상 혼자서는 자기의식으로의 걸음을 내디딜 수 없다고 피히테는 확신한다. 주체에 의해 가공되고 조형된 질료는, 자유로운 자기활동의 능력을 갖고 있다는 것이 무엇을 의미하는지에 대해서 주체에게 결코 아무런 직관도 제공할 수 없기 때문이다. 이런 한에서 피히테 체계의 이 지점에서 이성의 자기활동 속에서 스스로를 실현하는 주체에 대해 더 이상 단지 단수가 아니라 복수로 말하는 것이 필요하다. 비슷한 주체성을 갖고 있는 다른 존재와의 만남 없이는 스스로를 실현하는 주체가 자신의 자유로운 자기활동성에 대해서 의식하는 것은 불가능하다.

여기서 곧장 제기되는 물음, 즉 피히테가 복수의 개인이라는 상호주관성을 향한 이러한 걸음을 통해 실제로 선험론적으로 사고하는 유일한 주체라는 자신의 출발점을 사후적으로 수정하려 했는지에 대한 물음을 우리는 더 이상 다루지 않는다. 이 문제에 대해 오늘날까지 해석자들의 의견이 갈리지만, 이러한 토론의 결과가 여기서 피히테에 의해 제시된 상호작용 사건의 이해에 큰 무게를 갖는 것은 아니다. 24) 이 상호작용 사건, 그러니까 지금까지

---

24) 이 문제에 대해서는 Axel Honneth, "Die transzendentale Notwendigkeit von Intersubjektivität: Zum zweiten Lehrsatz in Fichtes Naturrechts-abhandlung", *Unsichtbarkeit: Stationen einer Theorie der Intersubjektivität* (Frankfurt: Suhrkamp, 2003), 28~48. 특히 47~48쪽 참조.

고찰된 주체가 외부 실재에서 다른 주체를 만나게 되면 할 수밖에 없는 경험의 제시에 피히테는 사실상 책 한 권을 온전히 바친다. 1796년에 출판된 《지식학의 원리에 따른 자연법의 토대》라는 제목을 가진 이 책은 특별히 독일적인 인정 관념의 설립신고서로 여겨질 수 있다. 25)

영향력이 큰 이 저작의 제목부터가 벌써 피히테의 논증이 결국에는 주체들 서로 간의 관계를 법적 관계로 제시하는 쪽으로 나아갈 것임을 어느 정도 알려준다. 그러나 이러한 결론에 도달하기 전에 저자는 자신이 고찰하는 주체가 다른 주체를 만나게 되면, 그의 의식에 추정컨대 무슨 일이 일어나는지를 우선 제시해야 한다. 다른 곳에서도 대부분 그렇지만 여기서도 피히테는 칸트에게서 물려받은 선험론적 연역이라는 방법을 사용하는데, 이 방법을 통해 자기의식의 가능성의 필요조건을 단계적으로 발굴하려고 한다. 26)

　이 연역에서 우리와 관련 있는 단계로의 발판이 되는 것은 다음과 같은 관찰이다. "작용으로의 자유로운 자기결정"에 대해 의식하려는 주체는, 자신이 오직 질료만을 마주하고 있다고 이해하는

25) Fichte, *Grundlage des Naturrechts nach Principien der Wissenschaftslehre*.
26) Neuhouser, *Fichte's Theory of Subjectivity*, 93~102.

한 그러한 자기인식 행위를 수행할 수 없다. 자연을 상대로 해서 주체는 자연에 개입하여 자신의 표상에 따라 조형하려는 목적을 세울 수는 있다. 그러나 자기결정에 따른 자유로운 작용으로의 이 러한 결심에는 주체가 거기서 수행한 의지규정 자체에 대해 적절한 직관을 가질 수 있도록 해주는 것이 없다. 그래서 피히테는 이 렇게 추론하는데, 행위를 스스로 결정할 수 있는 자신의 능력에 대한 ― 지성적 지각이란 의미에서 ― 자기의식에 실제로 이르기 위해서는 언급된 주체의 편에서 또 하나의 단계가 필요하다. 27)

자신의 연역의 바로 이 지점에서 피히테는 자신의 주체를 갑자기 다른 주체들의 집단 안으로 밀어 넣어진 것으로 상정함으로써 설명틀을 대폭 변경한다. 간략하게 말해서 관찰하는 철학자로서 피히테는 이 주체가 갑자기 자신과 비슷한 존재의 현존을 깨닫게 되면 이 주체의 자기지각에 어떠한 변화가 생길지를 묻는다. 피 히테에게 이 주체가 자신과 비슷한 다른 주체를 만나게 되는 방식 은 "요청"(*Aufforderung*) 하는 소리를 듣는 것이다. 지금까지 자신 이 가공한 대상과의 관계를 성찰하던 개인은 돌연히 어떤 것을 "요청받는" 경험을 하고, 자신이 그런 모종의 발화의 수신자임을 순간적으로 확신하게 된다.

---

27) Fichte, *Grundlage des Naturrechts nach Principien der Wissenschaftslehre*, 30~39.

피히테가 타자의 이러한 첫 출현을 특징짓기 위해서 사용하는 요청 개념을 요구(Forderung)나 명령의 의미로 이해해서는 결코 안 된다. 최근에 다시 우드(Allen Wood)가 매우 설득력 있게 보여준 것처럼,[28] 그 개념으로 저자가 염두에 둔 것은 우리와 만나는 주체의 어떤 것을 해달라는 임의의 초대인데, 이것은 상대방이 응할 수도 응하지 않을 수도 있게 반응을 열어 둔 것이다. 여기서 피히테가 이런 의사소통 상황에 대한 분석에서 우선 중심에 놓는 것은, 말걸어진 주체가 자신에게 온 요청을 그러한 초대로 이해하기 위해서 달성해야 하는 해석 성과이다.

그러한 이해를 위한 첫째 조건으로서 피히테는 수신자가 자연 인과성에 의한 강제와, 요청하는 발화를 통해 자신에게 오는 권유의 형식을 구분할 수 있어야 한다는 사정을 든다. 원인과 결과의 도식에 따르지 않고 "지성"(Verstand)에 호소함으로써 기능하는 이러한 둘째 인과성은 "개념 능력이 있는 존재"를 이미 전제한다.[29] 그러니까 그러한 요청의 이해는 이미 지향적으로 행동하는 이성적인 다른 주체가 존재한다는 지식을 함축하고 있다. 그러나 말걸어진 주체가 분명하게 의식한 것이 그저 저 발화자의 이성적 특성뿐이라면, 그는 요청을 요청으로 만드는 것을 아직 완

---

28) Allen Wood, *The Free Development of Each: Studies on Freedom, Right, and Ethics in Classical German Philosophy* (Oxford University Press, 2014), 207.

29) Fichte, *Grundlage des Naturrechts nach Principien der Wissenschaftslehre*, 36.

전히 이해하지 못했을 것이다. 피히테가 주장하는 것처럼, 말걸어진 주체는 동시에 자신의 상호작용 상대방이 그러한 발화 행위와 함께 결부시키고 있는 가정 역시 분명히 인식할 수 있어야 한다. 발화자는 자신이 말을 거는 주체가 근거를 납득할 수 있고 그래서 자유롭게 행동할 수 있는 이성적 존재라고 가정하고 있다. 그래서 피히테는 요청이 그 수신자의 자유로운 반응을 기대하는 발언으로 이해된다는 사정을, "요청"을 이해할 수 있는 둘째 조건으로 본다. 30)

그런데 피히테의 선험론적 연역의 이 지점까지는 어떤 종류의 인정에 대해서도 전혀 말이 없다. 그래서 왜 이 모든 것이, 칸트가 도덕이론의 틀 안에서 존중이라는 감정을 도입함으로써 해명하려 한 동기 문제의 보다 나은 해결책에 관한 것인지 알 수 없다. 피히테가 그러한 해결책으로의 걸음을 비로소 내딛는 것은 그가 다음 단계에서, 요청을 받은 주체가 지금까지 제시된 것을 넘어서 이미 이성적 존재로 인식된 상대 주체에 대해 여전히 무엇을 더 알 수 있는지를 물을 때이다. 저 철학자의 답변은 짧지만, 그의 시각에서는 도덕적 배려로의 동기부여를 설명하기 위해서 필요한 모든 것을 이미 담고 있다. 피히테의 주체는 자신에게 요청해 오는

---

30) 앞의 책, 36.

화자에 대해서, 이 화자가 스스로의 자유를 자발적으로 제한했어야 했다는 점을 마찬가지로 이미 알고 있어야 한다. 요청은 수신자 편에서의 자유로운 반응에 대한 기대와 결부되어 있으므로, 요청자는 앞으로 자신의 이해관심 옆에 자신에 의해 요청받은 사람의 잠재적 이해관심이 자리를 차지할 수 있을 정도로 자신의 이해관심을 제한할 준비가 되어 있어야 하기 때문이다. 피히테가 이 지점에서 곧장 여러 번 자기 자유의 자발적인 제한이라는 표현을 사용하는 것은 우연이 아니다.[31] 피히테가 이를 통해 자신의 "이기심을 제한하는"[32] 존중이란 감정에 대해 말한 칸트를 분명하게 시사하는 것을 볼 때, 여기서 "요청"은 수신자에게 암묵적으로 이미 존중을 담아 전달하는 발화로 이해되어야 한다. 누군가에게 어떤 행동을 요청한다는 것은 상대방에 대해 자신의 사적 자유의 관철을 포기하는 것을 전제하기 때문에, 동시에 항상 수신자에 대한 존중도 의미한다고 피히테는 말하고 싶어 한다.

그러나 이것도 아직 피히테가 "인정"에 대해서 말하는 지점이 아니다. 거기까지 가기 위해서는 피히테의 연역에서 또 하나의 전환이 필요하다. 이 전환을 통해 이제 시선은 다시 요청을 받은 주체에게로 향해진다. 이 주체도 이제 저 요청에 적절하게 반응

---

31) 앞의 책, 43.
32) 칸트, 《도덕형이상학 정초》, (AA) 401, 각주.

하고자 한다면, 자유의 자기제한을 수행해야 한다. 타자가 자신의 발화로 수신자가 자발적으로 행동하는 것을 목표로 삼았으므로, 수신자도 이제 거꾸로 그 발화를 적절하게 이해했다는 신호를 보내기 위해서는 자신의 사적 자유를 마찬가지로 자발적으로 제한해야 하기 때문이다. 바로 이 지점에 피히테가 독일어권에서 인정 관념을 용어적으로 각인한 유명한 문장이 자리한다. "양자가 서로를 상호적으로 인정하지 않는다면, 그중 누구도 타자를 인정할 수 없다. 그리고 양자가 서로를 상호적으로 자유로운 존재로 대우하지 않는다면, 그중 누구도 타자를 그렇게 대우할 수 없다."33)

이 문장은 피히테와 헤겔 이후 독일이 고향이 된 인정 관념 위에 표어처럼 서 있을 수 있다. 그리고 미래에도 이곳에서 계속해서 주체들 사이의 관계를, 서로를 "자유로운 존재"로 인정함에 내장되어 있는 저런 상호성을 본보기로 해서 사고하려는 철학적 시도

---

33) Fichte, *Grundlage des Naturrechts nach Principien der Wissenschaftslehre*, 44. 그러나 여기서 우리는 칸트가 자주 감정으로서의 "존중"에 대해 말한 것과 달리, 피히테는 감정으로서의 "인정"에 대해 말하지 않는다는 것 또한 볼 수 있다. 자신의 이해관심의 "제한"에서 피히테에게는 단지 그 "표출적" 측면만이 중요하다. 그런 인정에 특정한 감정 상태가 결부되어 있어야 하는지에 대해서 피히테는 아무런 말도 하지 않는다 (이 관찰도 마이클 낸스 덕분이다).

가 있을 것이다. 그러나 저 인용된 문장은 피히테에게는 그가 자기의식의 가능성 조건의 연역에서 지금까지 밝혀낸 것을 분명히 하는 일종의 중간결산일 따름이다. 그래서 그는 다음 단계로 넘어가서 동등한 인정의 상호성이 모든 법적 권리 관계의 토대가 되는 이유를 제시하려고 한다. 34) 그러나 우리의 목적, 즉 피히테가 자신의 인정 관념을 동기 문제에 대한 칸트의 해결책보다 더 나은 대안으로 생각한 이유를 이해하기 위해서는 여기까지 제시된 것만으로도 이미 충분하다.

요약을 겸해서 되돌아보면 피히테는 자기의식의 조건에 대한 분석에서 제2의 주체를 등장시킬 수밖에 없다고 생각했다. 다른 이성적 존재의 현존 없이는 피히테에 의해 관찰된 첫 주체가 자신의 정신활동에 대한 직관을 가질 수 없기 때문이다. 자기의식을 욕구하는 이 주체가 어떻게 둘째 주체의 현존에 주목하게 되는가 하는 물음을 피히테는 상호주관적인 "요청"을 도입하여 요령껏 해결한다. 여기서 요청이란 한 사람이 다른 사람을 어떤 행동으로 초청하거나 권유하는 언어 행위로서 결국 일상적으로 일어나는 일이다. 이제 이 상호작용하는 두 주체가 스스로를 적절하게 이해하기 위해서 충족되어야 하는 조건이 피히테의 이어지는 전체 분석의 핵심을 이룬다. 한 주체의 다른 주체에 대한 그런 식의 요

---

34) 앞의 책, 41~56(§4, Dritter Lehrsatz).

청은, 그 요청이 상호적으로 이해되어야 하기 때문에 두 주체 모두의 태도 전환을 초래하고, 이 전환은 그들 각각의 자기의식을 근본적으로 변화시킨다고 피히테는 확신한다. 요청하는 주체에 대해서 피히테는 그가 그런 발화 행위를 하는 순간, 수신자에게 스스로 원하는 대로 반응할 자유를 시인할 수밖에 없기 때문에 수신자에 대해서 자신의 "이기심을 제한"할 수밖에 없다고 주장한다. 요청받은 주체에 대해서도 피히테는 근본적으로 같은 것을 주장한다. 이 주체도 자신의 "이기심을 제한"할 수밖에 없는데, 화자에게 다시 자신의 반응에 반응할 자유를 시인함으로써만 그 요청을 이해했다는 신호를 보낼 수 있기 때문이다. 피히테의 설명에서 두 주체가 자신들을 상호적으로 적절히 이해하기 위해서 이루어 내야 하는 도덕적 성취에 대해 내가 여기서 "자신의 이기심"에 대한 스스로의 제한이라는, 존중에 대한 칸트의 규정을 사용한 것은 우연이 아니다. 이런 규정을 통해 피히테가 분명히 그런 상호존중을, 요청이라는 발화 행위에 대한 상호적 이해 가능성의 조건으로 생각한다는 것이 분명해지기를 바란다. 따라서 피히테가 자신의 연역에서 칸트가 도덕 행위의 동기로 도입한 사람들 상호간의 존중이, 의사소통적 표현을 이해하기 위해 이미 전제되어 있어야 하는 필수 조건임을 증명하려고 했다는 결론은 정당하다.

피히테로 하여금 의사소통적 상황을 도입하게 한 본래 물음과 관련해서 보면 다음과 같은 결론이 나온다: 도덕적 존중의 관점을 취하는 것은 피히테가 보기에 자기의식이 가능하기 위한 조건이다. 주체는 타자에게서 거울에 비친 듯이 자신의 활동에 대한 직관을 얻을 수 있기 때문에, 상호 인정의 의사소통적 관계로 들어설 때에만 자신을 이성적으로 활동하는 존재로 단박에 경험할 수 있다. 35)

이러한 인정 관념을 지금까지 다뤄온 상호주관성에 대한 표상들과 비교하기 전에, 피히테의 제안이 왜 동기 문제에 대한 칸트의 해결책에 대해 진지한 대안일 수 있는지를 간략히 설명하고 싶다. 내가 설명했듯 피히테는 몇 년 후의 헤겔과 마찬가지로, 인간이 어떻게 합리적으로 통찰할 수 있는 도덕 명령을 준수하도록 동기부여될 수 있는지를 칸트가 제대로 설명할 수 없었다고 확신했다. 그 둘에게는 그런 동기부여를 위해 칸트의 체계에서 자연의 인과성과 이성의 통찰 사이 어중간한 위치를 차지할 수밖에 없는 감정에 의존해야 한다는 제안이 의심스러웠다. 피히테는 이러한 분열을 자신의 체계 구상에서 해소하고 싶어 한다. 그래서 그는 도덕적 행위로의 동기부여 역시 스스로 만들어 낸 실재 속에서

---

35) 자기의식의 조건에 대한 보다 상세한 설명은 Honneth, "Die transzendentale Notwendigkeit von Intersubjektivität" 참조. Wildt, "Autonomie und Anerkennung", 2장 4절도 참조.

적극적 이성활동을 통해 자신을 실현하고자 하는 주체의 노력으로 이전시킨다. 피히테에 따르면 주체는 갑자기 다른 주체의 요청에, 즉 다른 동료 인간의 말걸기에 적절하게 반응해야 하는 과제를 마주하게 되었을 때 그런 합리적 동기부여를 받게 된다. 이때 말걸어진 주체는 화자에 대해서 존중의 태도를 취해야 한다는 압박을 느낀다고 피히테는 생각한다. 그렇게 함으로써만 그 발화를, 자유롭게 스스로 결정한 반응으로의 초대로 적절히 이해했음을 증명할 수 있기 때문이다. 그래서 존중, 즉 타자를 "자유로운 존재"로 인정하는 것은 피히테에게는 언어적으로 매개된 모든 상호작용의 — 이것이 자유롭게 스스로 선택한 반응으로의 초대 혹은 고무라는 성격을 가진 한에서 — 선물이 된다. 말걸어진 이가 도덕적 존중의 마음을 갖기 위해서 어떤 모종의 "감정"도 여기에 추가될 필요가 없다. 존중으로의 동기부여를 위해서는 상대방의 발화 행위를 해석하려는 정신적 수고만으로 이미 충분하다. 피히테의 이런 생각은 150년이 지난 후에 칼-오토 아펠(Karl-Otto Apel)의 작업을 통해 독일어권 철학에서 계속될 것이다. 아펠에 의해 결정적으로 준비되고 발전된 토의윤리학도, 언어적 표현의 상호주관적 이해가 결국 의사소통 참여자들에게 서로를 동등하고 자유로운 존재로 상호 인정할 것을 이미 요구하고 있다는 아이디어에 근거를 두고 있다. 36)

인간들의 만남의 의미에 대한 프랑스적 표상과 영국적 표상 사이
의 거리가 멀었던 만큼이나, 피히테의 인정 개념과 저 두 표상세
계 사이의 간격 역시 적어도 그만큼 넓다. 당연히 이 깊은 차이는
무엇보다 피히테가 칸트보다 나은 것을 제시해 보겠다는 욕구에
서, 세계 전체가 구성하는 주체의 이성적 활동의 산물임을 증명
하는 철학 체계를 발전시키려고 시도했기 때문이다. 그래서 상호
주관적 만남의 의미를 해독(解讀)하기 위해 프랑스에서는 심리학
적 수단을 통해, 영국에서는 경험주의적 수단을 통해 수행된 노
력이 피히테에게는 처음부터 너무 표피적이고 가볍게 보일 수밖
에 없었다. 진지하게 인간들의 만남의 의미를 이해하고자 하는
사람은 누구든지 그것을 인간 이성의 총체화하는 힘이 드러나는
관점에서 수행해야 한다고 피히테는 생각한다. 정확히 이런 의도
를 가지고 피히테는 이제 다음의 인식에 도달한다: 이성이 상대
방의 요청하는 발화를 제대로 이해하도록 우리를 이끌기 때문에
우리는 서로를 언제나 이미 상호적으로 "자유로운 존재"로 인정한

---

36) Karl-Otto Apel, *Diskurs und Verantwortung: Das Problem des Übergangs zur
postkonventionellen Moral* (Frankfurt: Suhrkamp, 1988); 피히테에 관해서
는 445쪽 이하. 아펠과 피히테의 관계에 대해서는 Vittorio Hösle, *Die Krise der
Gegenwart und die Verantwortung der Philosophie* (Munich: Beck, 1977), 특
히 220쪽 이하가 좋다. Wolfgang Kuhlmann, *Reflexive Letztbegründung:
Untersuchungen zur Tranzendentalpragmatik* (Freiburg: Alber, 1985) 도 참
조할 것.

다. 우리에게 강제되지 않은 자유로운 반응을 기대하기 때문에 우리가 행위로 요청받을 수 있었다는 사정을 분명히 파악하기만 하면 우리는 그런 상호 인정을 할 수 있다.

이러한 이성철학적 걸음을 통해 피히테는 지금까지 살펴본 논의에서 거의 아무런 역할도 하지 않았던 요소를 상호주관성 고찰의 중심에 집어넣는다. 타자와의 만남에서 중요한 것은 개인의 사회적 가치가 아니다. 사회적 관계를 추구할 때 촉진되는 것은 개인의 도덕적 자기통제 능력이 아니다. 오히려 개인의 자유가 그러한 의사소통을 통해 비로소 처음 산출된다. 물론 피히테는 이성적 존재의 자연적 자유 같은 것을 안다. 그 자유는 자신의 합리적 능력을 (스스로 산출한) 실재 속에서 가능한 한 온전히 실현하려는 격렬한 충동이다. 그러나 이러한 자연적 자유는, 마찬가지로 이성적인 다른 존재와의 만남에서 우리가 그들에게 우리의 이성 능력을 증명하고자 우리의 자유를 제한할 때 비로소 우리 의식에게 증명된 사실이 된다. 그러므로 피히테에게 인정이라는 상호주관적 만남이 이루어 내는 것은, 한낱 자연적이고 즉흥적일 뿐인 자유를 모든 사람의 자기결정 권리가 보장되는 현실로 전환시키는 것이다.

그러나 피히테가 인간 간의 의사소통을 이렇게 해석하기 위해서 지불해야 하는 대가는 상당히 크다. 지금까지 살펴본 전통과 달리 의사소통에 관한 피히테의 설명은 많은 부분에서 경험적 현실과 맞지 않는다. 루소든, 흄이든, 스미스든, 그의 선배들이 항상 일상적 상호작용의 지각 가능한 사실에서 출발하여 그것을 통해 자신들 각자의 분석을 뒷받침했다면, 피히테는 그런 상호작용에서 우선 오직 합리적으로 행위하는 존재의 의식 속에서 일어나는 부분만을 남겨 둔다. 피히테도 인정에 대한 이런 이상화하는 규정을 사후적으로 생활세계에서 실행되는 행위에 맞추어 그럴듯하게 하려는 노력을 계속한다. 그래서 잘 알려져 있듯이 피히테는 상호 인정의 그러한 형태가 모든 교육 과정에서 경험적으로 예시된다고 말한다. 여기서 성인은 아직 미성숙한 아이의 자기결정의 잠재력을 깨우기 위해서 아이에게 말을 걸 때 불가피하게 아이를 이미 "자유로운 존재"로 가정해야 한다. 37) 이에 더하여 "국가시민의 계약"을 주체들 간의 상호 인정의 침전물로 이해하려는 피히테의 시도 역시 선험론적 사건을 역사적 현실에 강하게 밀착시키려는 또 하나의 시도임이 분명하다. 38) 그러나 이러한 경험적 구체화 시도들도 피히테의 인정 모델이 결국 피도 살도 없는 주체에만 해당한다는 의심을 해소하기에는 역부족이다. 피히테의 논

---

37) Fichte, *Grundlage des Naturrechts nach Principien der Wissenschaftslehre*, 39. "자유로운 자기활동으로의 요청, 이것이 사람들이 교육이라고 부르는 것이다."

38) 앞의 책, 191~209 (Zweiter Teil, §17).

증은 여전히 너무나 칸트적인 예지적 존재들의 세계에서 움직이고 있어서 상호주관적 관계의 의미에 대한 이해에 지속적인 영향을 미칠 수 없었다. 39) 아마도 헤겔이 몇 년 후에 피히테에 의해 자극받아, 그러나 훨씬 더 경험적 내용이 풍부한 인정 개념을 발전시키지 않았다면 인정의 상호성에 대한 피히테의 몇 안 되는 언급 역시 독일어권 철학에서조차 어떤 여파도 남기지 못했을 것이다. 이제 우리가 보겠지만 피히테에서 헤겔로 나아가는 걸음의 핵심은 피히테에 의해 기술된 상호 인정 사건을 급진적으로 탈선험화하는 것이다.

게오르크 빌헬름 헤겔

헤겔은 피히테의 "자연법" 연구가 주는 자극을, 피히테에 의해 추상적으로만 규정된 상호 인정의 행위를 구체적인 직관 재료로 채울 수 있는 방법적 틀 안에서 받아들인다. 스스로를 실현하는 정신의 현상학이라는 형태로 자신의 체계를 발전시키려고 시도하면서 헤겔은 칸트가 촉발했고 피히테가 유지한 "경험적" 세계와 "예지적" 세계의 분리를 받아들이기를 거부한다. 헤겔은 더 이상 인간 이성의 자기실현을 위해 어떤 선험론적 조건이 필요한지를

---

39) 피히테가 자연법에 관한 논문에서 "유한한 존재"로서 인간의 욕구와 신체성에 부여한 무게에 비추어 볼 때 이런 표현은 매우 불공정하게 들릴 수 있다. 그러나 이 표현은 단지 피히테의 인정 모델만을 향한 것이다.

연구하려 하지 않는다. 대신에 이미 초기부터 헤겔은 정신이 모든 자연적 규정에서 해방되어 온전히 자율적이 되는 발전과정의 단계들을 "현상학적으로" 재구성하는 목표를 세운다. 정신은 자신을 실현하면서 세계 속에서 대상화되기 때문에, 헤겔 체계의 모든 주요 요소는 실제 역사적 세계에서 자신의 상응물, 자신의 구현체를 발견해야 한다. 체계 관점의[40] 이런 근본적인 변화에 근거하여 이미 예나 시기의 젊은 헤겔은 피히테의 인정 모델을, 정신의 형성에 구성적인 사건의 모든 세속적 특성이 다시 드러나는 방식으로 받아들이려 한다. 헤겔에 따르면 "자유로운 존재"로의 상호 인정이 구체적 인간들의 일상적 교류 속에 반영된 것이 남녀 간의 사랑이다.[41]

우리에게 좀더 가까운 언어를 사용하자면 자신의 초기 철학 체계의 이 지점에서 헤겔은 다음과 같은 논증을 펴고 있다: 어떤 사람을 사랑한다는 것은 그의 바람과 이해관심을, 그것들을 장려하고 후원할 만한 것으로 여기기 때문에 자신의 행동을 제한하는 근거

---

40) 헤겔의 체계 관점에 대해서는 Dina Emundts & Rolf-Peter Horstmann, *G. W. F. Hegel: Eine Einführung* (Stuttgart: Reclam, 2002), 특히 32쪽 이하 참조.

41) 초기 헤겔에서 "사랑"의 체계적 역할에 대해서는 Dieter Henrich, "Hegel and Hölderlin", *Hegel im Kontext* (Frankfurt: Suhrkamp, 1971), 9~40쪽 참조.

로 받아들이는 것이다. 타자를 위한 도덕적 자기제한의 이런 형식을 이제 사랑에서 그런 것처럼 상호적인 사건으로 생각해 보자. 그러면 우리는 여기서 피히테가 우선 자신의 "선험론적" 형상들에만 부여했던 바로 그 상호 인정의 구조를 사회적 형태를 갖춘 채로 다시 발견한다. 사랑하는 두 사람은 각기 상대방에 대해서 자신의 이기적 관심을 제한하는데, 이는 그럼으로써 각자가 보기에 상대방을 사랑받을 가치가 있는 존재로 만드는 바로 그러한 요소를 촉진하기 위해서이다.

이로써 칸트의 골머리를 썩게 한 존중이 사랑에서는 단초적인 형태로나마 거의 자명한 방식으로 이미 상호적으로 실행되고 있다고 젊은 헤겔이 생각한 이유가 설명된다. 그러나 도대체 왜 사랑 안의 그런 상호 인정을 통해 동시에 각기 상대방의 자유도 산출된다는 것인지에 대한 물음은 아직 열려 있다. 이 물음에 대한 헤겔의 답변을 이해하는 열쇠는, 사랑 같은 상호 인정의 형식이 "타자 안에서 자기 자신으로 존재"하는[42] 방식이라는 헤겔의 유명한 규정에 있다. 그러니까 한 사람이 상대방을 통해 인정되었

---

42) 잘 알려져 있듯이 《철학백과》의 《논리학》에서 "자유"란 "타자 안에서 자기 자신으로 존재하는 것"이다. G. W. F. Hegel, *Enzyklopädie der philosophischen Wissenschaften*, Bd. I (Frankfurt/M. , 1970), 84. 헤겔은 이후 이 표현을 조금씩 변형해 가며 여러 저작에서 사용하는데, 자주 상호 인정의 사건을 가리키기 위해서도 사용한다.

다고 느끼는 그 가치가 동시에 그 자신의 자기이해의 중요한 부분을 형성한다면, 그 사람은 이러한 인정을 자신의 자기임이 객관 세계에서 규범적 타당성을 획득하게 해주는 공개적인 지원으로 이해할 수 있다. 이런 의미에서 헤겔에 따르면 사랑과 관련해서 "인정됨"은, 상대방의 자기제한을 통해 공개적으로 가치를 평가받은 자신의 주관적 요소들을 확실하고 "의식적인" 방식으로 "자유롭게" 규정할 수 있는 경험을 하는 것을 뜻한다. 그렇다면 그에 상응하여 거꾸로 "인정함"은, 이해관심의 자기제한을 통해 사랑하는 상대방에게 자신의 욕구와 바람을 강제 없이 스스로 결정할 수 있는 자유를 명시적으로 시인하는 것을 의미한다. 따라서 언급한 방식으로 인정이 개인의 자유를 산출할 수 있기 위해서는 헤겔에 따르면 세 조건이 충족되어야 한다. 사랑은 상호적이어야 하고, 상호보완적인 자기제한이어야 하며, 마지막으로 표현되어야 한다. 즉, 일반적으로 알 수 있거나 지각될 수 있어야 한다.

물론 이것은 예나 시기의 체계 기획에서 사랑을 — 피히테가 우선 예지적 존재들의 나라에서만 일어나는 것으로 보았던 — 상호 인정 형식의 이미 존재하는 형태로 해석하면서 헤겔이 사용하는 언어는 아니다. 저 젊은 철학자의 내부 관점에서 보면 피히테의 선험론주의(*Transzendentalismus*)에 등을 돌리는 것은, 인정을 더 이상 두 의식 주체 간의 사건이 아니라 정신의 통일하는 힘의 결과로 해석하는 쪽으로 걸음을 내딛는 것이다. 정신은 사랑의 힘으로 대립을 해소하고 그를 통해 생생한 보편자를 산출한다. [43] 그러나 내적 서술방식을 택하든 외적 서술방식을 택하든 상관없이 헤겔의 이러한 초기 사유 과정에서 이미 확인할 수 있는 것은, 헤겔이 인정 관념을 지금까지 내가 다루었던 모든 사상가와는 아주 다르게 사용한다는 점이다.

이런저런 방식으로 루소와 사르트르, 흄과 스미스, 나아가 피히테조차 선험론적 방식으로 모두, 인간 사이의 모든 의사소통에 새겨져 있는 규범적 근본 특성들을 발굴하려고 시도한 반면, 헤겔은 처음부터 자신의 분석을 인간 의사소통의 단지 몇몇 특별한 형태에 제한한다. 오직 거기에서만 그가 "인정"이라고 부르는 것이 일어난다고 생각하기 때문이다. 다음과 같이 말할 수도 있다: 헤겔의 인정 개념은 철저히 규범적이다. 헤겔의 관심을 끄는 것은 사회적 상호작용의 보편적인 불변의 구조가 아니다. 그러니까 인간들의 모든 만남이 아무르 프로프르를 일으키는지 혹은 "불편부당한 관찰자"를 등장시키는지와 같은 물음이 아니다. 그와 달리 헤겔이 "인정"으로 의미하는 것은 역사적으로 주어진, 정신을 통해 산출된, 그리고 방금 전에 언급한 세 조건을 충족시키는 인간 상호성의 형태이다. 그것은 제도로 응고된, 그런 의미에서 인

---

43) Henrich, "Hegel und Hölderlin" 참조.

간 의사소통의 "현실적" 혹은 "객관적" 형식이어야 하는데, 주체들이 그들의 자기됨(Selbstsein) 혹은 자기결정의 측면에서 서로를 동등한 존재로 상호 인정한다는 것을 외부를 향해 "표현"하여 알림으로써, 그들 각자의 자기 이해관심을 상보적으로 제한하는 형식이다. 헤겔은 이렇게 생각하는 듯한데, 이러한 관계가 주어진 곳에서 주체는 그전에는 단지 사적으로만 느끼던 자유를 이제는 일반적으로 승인된 "객관적인" 자기결정의 권한으로 경험할 수 있는 가능성을 갖는다.

그런데 헤겔이 우선 "사랑"에서만 인정의 그런 실현을 볼 수 있다고 믿었다는 지적은 이미 그의 지적(知的) 발전이 이 단계에 머물지 않았음을 분명히 해준다. 헤겔이 자신의 체계 형성에서 진전을 이룰수록, 자연과 역사에서 정신의 실현 과정을 포착하기 위해 다른 현실 영역을 자신의 작업에 포함시켜야 할 필요성을 분명하게 알게 될수록, 점점 더 사랑의 객관적 위상이 상대화된다. 44) 자신의 철학 체계의 발전에서 헤겔이 새로운 단계에 도달한 것은 결국 그가 "객관 정신의 철학"을 구상할 때이다. 이에 따르면 정신의 실현은 제도적으로 규제된 사회적 공동삶의 수준에서 제시되어야 한다. 이로써 필요해진 기본 범주의 갱신 결과로 헤겔은

---

44) 호네트, 《인정투쟁》, 문성훈·이현재 옮김, 사월의 책, 2011, 88~90.

인정의 자유 보장적 역할을 지금까지 생각했던 것보다 훨씬 더 강하게 사회이론적으로 설명해야겠다고 생각하게 된다.

이러한 사회이론적 확장을 통해 헤겔의 인정 규정에 무엇보다 두 가지 변화가 일어난다. 첫 번째 변화는 자신의 철학 체계 틀 안에서 헤겔이 점점 더 다음과 같이 생각한다는 것이다: 인정하는 주체가 자신의 상대방에게서 구현되어 있다고 여기는 가치는 한낱 개인적 선호가 아니라, 서로를 상호 인정하는 주체들이 성장하며 학습한 사회적 선호질서를 표현한다. 이렇게 말할 수도 있을 것이다. 개인들이 어떤 바람과 이해관심을 가져야 하고, 그래서 개인들이 타자의 주관성의 어떤 측면을 높이 평가해야 하는지 배우도록 정하는 것은 이제 헤겔에게는 "객관 정신", 다르게 표현하자면 "제 2의 자연"이 된 특정 시기의 제도적 틀이다. 《법철학》에서 일어난 연구 방법의 이러한 "사회학적 전환"으로부터 현대 사회에 대해 다음과 같은 결론이 나온다: 현대 사회는 세 인륜 영역(가족, 시민사회, 국가)으로 구성되어 있는데 이 영역들이 합리적으로 조직되어 있다면, 그 각각의 영역 안에 개별 상호 인정의 특수한 조건들이 앞에서 언급한 규범적 의미에서 주어져 있다. 45)

---

45) 사회학사의 서술에서 19세기에 새로 생겨난 이 분과학문의 형성에 헤겔이 끼친 영향은 여전히 제대로 평가받지 못하고 있다. 보통 사회학의 "철학적 선구자"로서 몽테뉴, 루소와 콩도르세(Condorcet), 퍼거슨(Ferguson)과 애덤 스미스, 때때로 헤르더(Herder)가 언급될 뿐이다. Robert Bierstedt,

모든 인정 과정의 제도적 매개에 대한 이러한 통찰이 진전되면서 헤겔에게는 둘째로 다음과 같은 인식도 자라난다: 사회적 가치질 서에 근거해서 관련 주체들에게 규범적으로 서열화된 속성들이 부여된다면 상호 인정 행위는 항상 사회적 갈등의 불씨가 될 수 있고, 그렇게 되면 사회구성원들 사이에서 그들의 주관적 능력 중 어느 것이 실제로 가치 있고, 그래서 인정이라는 행위 제한의 근거로서 타당한가를 둘러싼 투쟁이 일어날 수 있다. 1806년 완 성된 《정신현상학》에서 객관적으로 보장된 자유 의식의 필요조 건으로서 상호 인정이 처음 언급된 다음에 오는, 유명한 "주인과 노예"에 대한 장에서, 헤겔은 자신의 이론의 이런 갈등이론적 측 면을 처음으로 체계적으로 표현하였다. 그에 따르면 주인과 노예 는 그들 각자의 자기됨을 상호적으로 지원할 수 없다. 왜냐하면 그들의 삶의 지평을 형성하는 사회적 규범이 그들에게 각자의 상 대방이 갖고 있는, 사회적으로 유형화된 속성 속에서 대칭적으로 자기를 다시 찾는 것을 허용하지 않기 때문이다. 46)

"Sociological Thought in the Eighteenth Century", in: T. Bottomore & R. Nisbet(Eds.), *A History of Sociological Analysis*(London: Rawat, 1979), 3~38.

46) G. W. F. Hegel, *Phänomenologie des Geistes*(《정신현상학》, Frankfurt/ M.: Suhrkamp), 145~155.

비록 글자 그대로 그런 표현이 발견되지는 않지만 헤겔이 인정에 대한 "욕구" 혹은 "욕망"을 가정하고 있다는 주장을 할 수 있게 되는 것이 바로 이러한 맥락이다. 이런 주장의 출현을 도운 것은 알렉상드르 코제브의 유명한 《정신현상학》 강의인데, 여기서 코제브는 "주인과 노예" 장에 대해 해설하면서 "타자의 욕망"에 대한 "욕망"을, 인정을 향한 인간 특유의 욕구로 해석했다. 47) 그러나 코제브가 그러한 "욕구"로 무엇을 말하고자 했는지는 매우 불분명하다. 48) 그리고 오늘날까지 많은 해석자들은 만약 헤겔이 그런 표현을 사용했다면 그 표현으로 무엇을 의미하려 했을까를 묻지 않은 채 그런 욕망에 대해 말하면서 코제브를 따르고 있다. 49) 《정신현상학》과 《법철학》의 저자가 그런 표현으로 어떤 경험적

---

47) 알렉상드르 코제브, 《역사와 현실 변증법》(설헌영 옮김, 한벗, 1988[6쇄]), 30쪽 이하.

48) Wildt, *Autonomie und Anerkennung*, 354.

49) 주디스 버틀러(Judith Butler)는 명백하게 코제브의 해석을 따르는데(Judith Butler, *Subjects of Desire: Hegelian Reflections in Twentieth-Century France*, New York: Columbia University Press, 2012, 특히 2장), 이 문제와 관련하여 때때로 스피노자의 사상을 활용한다. "코나투스"(*conatus*)라는 사회적 자기보존을 향한 충동을 인정 "욕구"의 원천으로 언급하는 것이다: 버틀러, 《권력의 정신적 삶: 예속화의 이론들》(강경덕 · 김세서리아 옮김, 그린비, 2019), 51. 헤겔의 인정 "욕구"와 스피노자의 자기보존을 위한 충동과의 이러한 문제적 동일시는 그녀의 《젠더 허물기》(조현준 옮김, 문학과지성사, 2015), 1장 〈나 자신을 잃고: 성적 자율성의 경계에서〉에서 더욱 분명하다. 특히 56~57쪽.

성향이나, 감각적 욕구나 혹은 자연적 갈망을 염두에 둘 수 없었다는 것은 명백하다. 그런 사실적 욕망이 헤겔의 "객관 정신"의 구성에서 일정 정도 의미를 갖기는 한다. 모든 사회질서는 항상 각 시기에 주어진, 역사적으로 세련되어 가는 인간의 욕구도 만족시킬 수 있어야 한다고 헤겔이 믿기 때문이다. 그러나 인정은 결코 주체의 자연적이고 감각적인 욕구의 대상일 수 없다. 인정은 바로 우리의 이성적 주체성의 실현을 위해 욕구되기 때문이다. 루소와 흄, 스미스가 사회적 특출함에 대한 욕구에 대해서 말할 때 언급하는 것들과의 모든 연상은 오해를 낳을 것이다.

인정 "욕구"가 있다고 암시할 때 헤겔은 오히려 훨씬 더 깊숙이 인간 주체의 정신적 구성에까지 미치는 그리고 자유로운 자기결정 능력을 객관적으로 표현하려는, 이성에 의해 인도되는 갈망 같은 것을 의미하는 추구를 염두에 두고 있다. 헤겔이 이렇게 전제하고 있음이 분명한데, 모든 인간 주체는 단지 감각적 성향만이 아니라 또한 더 깊이 자리 잡은 바람, 주체의 가장 내밀한 경험인 자유를 외부 세계에서 강제 없이 실현할 수 있었으면 하는 바람 역시 갖고 있다. 그리고 이러한 욕망을 충족시킬 수 있기 위해서는 제도적으로 규제된, 타자에 의한 인정이 필요하다. 타자는 자신의 자아중심적 이해관심을 제한함으로써, 상대방에게 자기를 스스로 규정할 권한을 부여함을 공개적으로 선포한다.

헤겔이 앞선 전통의 인정 사유에 가장 가까이 오는 듯이 보이는 이 지점에서, 그와 그의 모든 선행자들 사이의 가장 큰 차이 역시 동시에 드러난다. 루소와 흄, 그리고 스미스가 각자 강조점을 달리 두면서도 인정 욕구를 감각적 갈망으로, 그러니까 칸트가 인간의 "성향"이라는 총괄 개념 아래 일괄적으로 포착한 것으로 이해하고자 했다면,[50] 헤겔은 여기서 독일 관념론의 온전한 후예로서 그런 욕구를 이성의 자기 스스로에 대한 관심, 자기 자신의 실현에 대한 관심으로 이해하고자 한다. 헤겔에게 인정 "욕구"는 자유로운 활동을 향한 이성적 자기결정의 능력을 실현하고자 하는 갈망이다. 당연히 헤겔은 그러한 "정신적" 갈망이 한낱 허상에 불과한 것이 아니라 인과적 효력을 갖는다는 것을 경험적으로 그럴듯하게 제시해야 한다. 그래서 헤겔은 계속해서 이런 욕구가 사회적으로 주어진 현실 세계에서 감각적으로 구현된 모습에 주의를 환기시킨다. 그리고 그렇게 할 때 그는 항상 명백히 역사에 자리 잡은 주체들의 노력, 자기결정의 영역을 확장하려는 혹은 이미 제도적으로 주어진 인정 관계 안으로 편입되려는 노력을 시야에 두고 있다. 또, 보통 그런 표현들로 표시되는 것 이상을 항

---

50) 칸트, 《도덕형이상학 정초》, (AA) 413, 각주: "욕구 능력의 감각에 대한 의존성이 성향(Neigung)이므로 성향은 언제나 필요(Bedürfnis)를 증명한다" (* 여기서 "필요"로 번역된 독일어 단어는 "Bedürfnis"로, "인정 욕구"할 때 그 "욕구"에 해당하는 단어이기도 하다 ─옮긴이).

상 염두에 두고 있다. 이런저런 방해물들에서 미래에는 해방되고 자 하는 단지 감각적으로 경험 가능한 욕구만이 아니라, 이성이 우리에게 지시한 갈망, 자기결정의 능력을 가능한 한 제약 없이, 강제 없이 실천할 수 있기를 바라는 갈망 말이다.

이런 방식으로 피히테에게서 영감을 받은 헤겔은 칸트의 존중 개념에 사회학적인 그리고 역사적인 전환을 주었다. "자유 의식의 진보"라는 역사 과정 덕분에 현대 사회에서 형성된, 제도적으로 규제된 인정 관계 속에서 두 주체가 만난다면, 그들은 이미 사회화 과정에서 각 영역의 바탕이 되는 규범을 준수하도록 배웠기 때문에 서로를 항상 특별한 형식의 존중을 가지고 대한다. 이러한 기존의 인정 관계가 언젠가 주체들에 의해 너무 좁게, 너무 조여 오는 것으로 혹은 지나치게 불평등한 것으로 경험되면, 헤겔이 믿는 것처럼 자기결정을 향한 이성적 의지의 항구적 힘이 확장된 새로운 인정 형식을 위한 투쟁을 일으킬 것이다.

물론 정확히 이렇게 수준 높은 버전으로 헤겔의 사유가 특별히 독일적인 인정 관념의 담지자가 되었다고 주장한다면 그것은 확실히 사실이 아닐 것이다. 헤겔이 존중 개념에서 시도한 사회학화와 역사화 중 어느 것도 독일어권 철학에서 곧바로 적절하게 이해되지 못했다. 1980년대까지 그중에서 오직 인정을 향한 인간의

갈망과 그것의 좌절에서 오는 갈등이라는 가냘픈 주장만이 남아
있었다. 그러나 이렇게 극히 축소된 형태로도 헤겔의 인정 사유
는 독일의 지적 발전에 엄청난 영향을 미쳤다. 베르톨트 브레히
트(Bertolt Brecht)의 희곡 작업과 20세기 초에 시작된 대화철학도
그로부터 영향을 받았다.51) 그러한 영향에서 주도적인 사유는
언제나 다음과 같은 것이었다: 인간 사이의 모든 상호주관적 만
남에는 서로를 동등한 자들 중에서 동등한 자로 대우할 것이라는
기대가 각인되어 있기 때문에, 위반 행위가 일어나면 불가피하게
갈등이 생겨날 수밖에 없다. 독일에서는 계급투쟁에 대한 해석에
서도 거기에서 문제는 주인과 노예의 드라마에서처럼 체계적으
로 왜곡된 혹은 교란된 상호 인정의 관계라고 생각하는 것이 드물
지 않았다.52) 그러나 헤겔의 인정이론이 사실 얼마나 복잡한 구
조를 갖고 있는지는 이 연구를 마무리하는 다음 장에서, 지금까

---

51) 예를 들어 브레히트, 〈푼틸라 주인과 그의 종 마티〉, 《베르톨트 브레히트의
   희곡선집 2》, 송동준 옮김(연극과인간, 2015). 이에 관해서는 Hans Mayer,
   "Hegels 'Herr und Knecht' in der modernen Literatur(Hofmannsthal-
   Brecht-Beckett)", *Stuttgarter Hegel-Tage 1970. Vorträge und Kolloquien
   des Internationalen Hegel-Kongresses*(hg. von Hans-Georg Gadamer,
   Bonn: Meiner, 1974), 53~78쪽 참조. 대화철학에 대해서는 Michael
   Theunissen, *Der Andere: Studien zur Sozialontologie der Gegenwart*
   (Berlin/New York: de Gruyter, 1977), 제2부, 특히 473~474쪽을 참조.
52) 예를 들어 Hans Heinz Holz, *Herr und Knecht bei Leibniz und Hegel: Zur In-
   terpretation der Klassengesellschaft*(Neuwied/Berlin: Luchterhand, 1968).

지의 사상사적 재구성으로부터 체계적 결산을 시도할 때 온전하게 제시될 것이다.

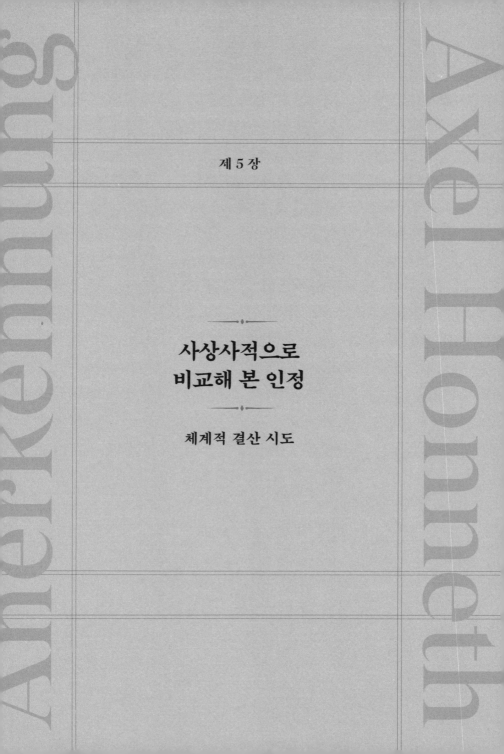

제 5 장

사상사적으로
비교해 본 인정

체계적 결산 시도

지금까지 살펴본 바에 따르면 주체가 동료 인간에 의한 인정에 의존하고 있음이 세 나라의 문화에서 각기 매우 다르게 해석된다. 근대 초기의 프랑스에서는 라로슈푸코에서 루소까지, 나중에는 사르트르와 알튀세르에 의해서도, 이러한 구성적 의존성에서 무엇보다 "진정한" 자아를 잃어버릴 위험성이 부각된다. 영국에서는 새프츠베리에서 흄과 스미스를 지나 존 스튜어트 밀에 이르기까지 이러한 의존성이 우선적으로 주체의 도덕적 자기통제를 위한 기회로 여겨진다. 18세기 말과 19세기 초의 독일에서는 칸트에서 시작해 피히테를 지나 헤겔에 이르기까지 같은 의존성이 개인적 자기결정의 가능조건으로 이해된다. 이러한 매우 상이한 의미 연상들이 서로에게 배타적인지 아니면 상호보완적인지, 다시 말해서 그 의미들이 서로를 배척하는지 아니면 함께 고려할 때 우리에게 같은 현상에 대한 심화된 통찰을 주는지 하는 어려운 물음에 착수하기 전에, 방금 언급한 차이를 다시 한 번 더 일반적으로, 그러니까 언급한 사상가들로부터 거의 독립해서 개괄해 보겠다. 이러한 개괄을 이끄는 물음은 저 세 나라의 상이한 맥락에서 각기 "인정"이란 용어는 정확히 무엇을 의미하는가, 그리고 그 인정이 거기에 참여한 주체들, 즉 인정하는 자와 인정받는 자에게 개별적으로 미치는 영향이 어떻게 해석되는가 하는 것이다.

이 두 물음 중 첫째 물음부터 벌써 답하기 매우 어렵다. 인정이 저 세 가지 의미 맥락마다 각기 다른 어떤 것을 의미하는 것 같기 때문이다. 첫째 경우, 그러니까 주로 프랑스 문화권의 사상가들의 경우 인정은 주체들이 자신들이 살고 있는 사회에서 좋은 평가 혹은 적어도 존립의 안전을 확보하고자 하는 욕구 때문에 추구하는 어떤 것이다. 이 욕망은 부분적으로는 타자보다 우월한 지위를 획득하는 것을, 부분적으로는 적어도 어떻게든 사회공동체의 정당한 구성원으로 대우받기를 지향한다. 이러한 인정이 인지적 성격의 것인지 아니면 규범적 성격의 것인지는 명확하지 않은데, 여기서 주체들이 욕구하는 것은 자주 단지 자신의 (가정된) 속성이 인식되었으면 하는 것이면서도, 경우에 따라서는 이러한 속성의 도덕적 칭송 역시 추구하는 것 같기 때문이다. 무엇이 욕구되는지는 언제나 맥락에 달려 있지만, 우리가 보았듯이 프랑스 전통에서는 인지적 함축이 명백하게 두드러진다. 이와 관련이 있는 것으로 여기서는 인정의 단계적 차등화, 다시 말해서 상이한 정도로 인정하는 것이 가능한지가 불분명하다. 인지적 함축이 주도적이라면 "객관적으로" 주어진 것에 대한 "인식"이 옳은가 그른가만이 중요할 것이기 때문에 그러한 등급화는 불가능할 것 같다. 반면 루소가 평등한 존중과 등급화될 수 있는 가치평가의 차이를 알려준 것처럼, 인정이 규범적 의미로 사용된다면 차등화는 충분히 가능하다.

둘째 경우, 즉 주로 영국 사상가들의 경우에는 사정이 완전히 달라 보인다. 여기서도 "인정"은 일반적으로 사람들이 그들을 추동하는 본성 때문에 추구하는 것을 의미하지만, 이때 사람들은 사회적으로 우월한 지위를 얻기 위해서라기보다는 사회공동체의 구성원으로 받아들여지기 위해서 인정을 추구한다. 그래서 여기서 추구되는 인정 역시 명확히 규범적인 성격을 갖는다. 사회적 교류에서의 태도와 행동에 대해서, 그러니까 규범들을 상황에 맞게 적절히 이해하고 자신의 행동을 통해 그것들을 적절히 구현하고 있는지에 대해서 사람들의 동의와 칭찬을 기대하기 때문이다. 이 전통에서는 동의나 칭찬을 줄 수 있는 동료 인간의 범위가 지속적으로 확장될 수 있기 때문에 인정의 등급화는 벌써 가능해 보인다. 한 사람의 행동에 대해 인정 혹은 칭찬을 보이는 사람들의 집단이 포괄적이면 포괄적일수록, 이 사람의 행동이 도덕적으로 바르고 적당하다는 보장도 더욱 확실해질 것이다.

마지막으로 셋째 경우인, 주로 독일적 맥락의 인정 사상의 경우에는 사정이 또다시 다르다. 여기서 인정은 주체가 자신의 욕구 본성 때문에 추구하는 어떤 것을 의미하지 않고, 오히려 이성적인, 자율적인 존재가 될 수 있는 조건을 나타낸다. 여기서 모든 인간의 인정 의존성의 근거로 여겨지는 것은, 인간은 상호성 속에서 공동으로만, 경험적 동기가 아니라 스스로 제정한 규범에 따라 행동할 수 있는 자신의 능력을 확인할 수 있다는 점이다. 이러한 맥락에서 서로를 상호 인정한다는 것은 타자에 대한 자신의 충동의 관철을 포기하는 것을 의미하는데, 이로써 이성적이라고 여겨지는 규범에 따라 방향설정하는 우리의 능력이 증언된다. 그런데 비로소 헤겔에 와서야 이러한 사건은 선험론적 성격을 벗고 역사화되어, 이제 추가적으로 등급화도 가능해진다. 헤겔에 따르면 서로 상호적으로 인정함의 역사적으로 상이한 형식들이 발견될 수 있는데, 이 형식들은 타자에 대한 배려가 점점 더 많이 요구되고, 따라서 자연적 충동의 관철을 위한 여지가 적어짐에 따라 가능한 자기결정의 정도를 단계적으로 상승시킨다.

그런데 이런 모든 개괄적 규정들은 아직 그것의 기원이 되는 인정 이론의 요소들에 너무 가까이 붙들려 있어서, 위의 세 경우를 사회적 인정에 대한 인간의 의존성을 이해하는, 서로 명확하게 구별되는 세 가지 패러다임으로 드러내 주지 못한다. 세 인정이론 전통의 패러다임적 차이를 대조를 통해 충분히 부각시키기 위해서는 "이념형"으로 첨예화하는 과정이 필요하다. 첫째 패러다임에서 개별 주체는 사회적 인정을 향한 욕구 때문에 사회의 판단에 무방비로 노출되어 있는 누군가로 표상되는 경향이 있다고 주장하는 것은 틀리지 않을 것이다. 모든 사회구성원이라는 일반화된 타자에게서 확인을 얻고자 하는 욕구에 내몰려서 개인은, 특별히 두각을 나타내서 존경을 받거나 아니면 바른 행실을 통해 동의를 얻기 위해서 사회의 기성 규범에 맞춰 행동하려고 애써야 한다. 이러한 갈망은 고대하던 확인이나 칭찬을 가져다주리라는 희망을 주는 그러한 속성들이 개인에게 공개적으로 부여될 때 충족된다. 그렇다면 여기서 "인정"은 인정받는 주체로 하여금 사회적 수용, 나아가 존경까지 기대할 수 있게 하는 개인적 속성을 부여하는 사회적 행위를 의미한다.

개인이 자신의 행동에 대해 판단하는 사회의 인질이 아니라 사회공동체의 동료 구성원으로 표상되는 둘째 패러다임에서는 사정이 다르다. 사회적 수용을 바라는 욕구에 의해 개인은 지배규범에 비추어 사회적 동의를 얻을 수 있게끔 자신의 행동을 통제하려고 노력한다. 그의 욕구는 사회적 동의라는 긍정적 반응을 통해 자신이 선호하는 공동체의 일원으로 정당하게 받아들여질 것을 확신할 수 있을 때 충족된다. 그래서 여기서 "인정"은 자신의 행동에 대해 도덕적 동의를 보이는 사회의 행위를 의미한다. 개인은 자신이 준거 공동체의 정당한 일원으로 수용될 수 있음을 확신하기 위해서 그런 동의 행위를 스스로 상상할 수 있어야 한다.

　개인이 확실히 사회적 판단의 인질이 아닐 뿐 아니라, 어떤 사회공동체의 동료 구성원으로 간단하게 표상되지도 않는 셋째 패러다임에서는 사정이 또 다르다. 오히려 여기서 중심에 서 있는 것은 사회공동체 안에서 자신의 자율성을 위해 애쓰는 주체다. 자신을 이성적 주체로 실현하고자 하는 관심에 이끌려 개인은 상대방의 반응에 의존적인데, 이 반응에서 자신이 스스로의 행동을 이성적 근거를 통해 실제로 결정할 수 있는 존재임을 경험할 수 있기 때문이다. 그런데 그는 타자에 대해 자신의 자연적 충동의 관철을 포기하고 그에게 도덕적 배려를 할 때에만 그런 자기결정을 할 수 있다. 따라서 여기서 "인정"은 항상 도덕적 자기제한 행위인데, 서로의 이성 능력과 이성적 존재들로 이루어진 공동체의 구성원 자격을 확인하기 위해 적어도 두 주체가 상호적으로 수행할 수 있어야만 하는 이중의 행위이다.

당연히 이런 성격 규정에는 개별 저자가 각각 인정 행위에 부여한 독특한 색채가 전혀 드러나지 않는다. 루소의 아무르 프로프르 구상과 사르트르의 상호주관성이론 간의 지대한 차이도, 내적 관찰자에 대한 흄의 버전과 스미스의 버전 사이의 많은 차이점도,

그리고 피히테의 선험론적 인정 개념과 헤겔의 역사화된 인정 개념 사이의 선명한 차이도 이런 성격 규정에서는 적절히 고려되지 못한다. 그러나 그것은 어느 정도 의도된 것이기도 하다. 이제부터의 과제는 인간의 타자 의존성에 대해 개별 문화에 따라 특수하게 채색된 성격 규정들 중에서 가장 일반적이고 널리 공유된 특성들을 증류하여, 인정에 대해 오늘날 통용되고 있는 세 가지 해석의 구별에 도달하는 것이기 때문이다. 이렇게 증류되어 나온 각각의 "패러다임"은, 주체들 서로 간 의존성의 모습을 근본적으로 — 다시 말해 구체적 경험 내용과는 독립적으로 — 생각해 보거나 상상할 수 있는 원칙적 가능성들 중 하나를 제시하는 것이다.

동일한 추상화 절차를 통해 이제 두 번째 물음, 즉 상이하게 해석된 인정이 참여자들에게 미치는 영향에 대한 물음에 답해야 한다면, 우리는 다시 세 가지 매우 상이한 표상에 도달한다. 프랑스 문화권에서 형성된 패러다임은, 개인의 속성 부여로 해석되는 인정이 그러한 속성 부여를 통해 등급별로 분류된 주체에게 미치는 영향을 일반적으로 부정적이게, 심지어 파괴적이게 묘사한다. 특정한 속성을 공개적으로 부여받음으로써 사회적으로 우월한 지위나 사회적으로 안정된 존립에 대한 욕구가 충족되는 개인은, 그런 고정화로 인해 결국 자신이 누구이고 앞으로 어떤 사람이 되고 싶은지를 스스로 규정하거나 탐색할 능력을 잃어버린다. 그래서 이 전통에서는 개인들 사이의 상호주관적 만남이라는 사실에서 언제나 거의 반사적으로 자아상실 혹은 주체 분열의 위험을 연상한다. 여기서 사회적 속성 부여로 해석되는 인정은 인정받는 주체에게 자아에 대한 일인칭 관점의 권위를 상실할 위험까지 함께 가져다준다.

스코틀랜드 도덕철학자들의 지적 자극에 힘입어 생겨난 둘째 패러다임은 인정의 영향을 전혀 다르게 본다. 여기서는 도덕적 칭찬 혹은 동의로 해석되는 인정이 그것의 대상이 된 주체에게 미치는 영향을 일반적으로 긍정적이게, 사회적으로 유익한 것으로 묘사한다. 사회구성원 자격을 얻고자 하는 욕구는 준거 공동체의 내면화된 규범에 비추어 자신의 도덕적 행위와 판단을 스스로 승인할 수 있을 때에만 충족되기 때문에, 그런 욕구를 가진 개인은 자신의 사회적 행위를 규범적으로 통제하도록 지속적으로 권장된다. 그래서 이 전통에서 주체들 간의 상호주관적 만남이라는 사실은, 개인이 자신의 준거 공동체에 적응하기를 배우는 긍정적 효과와 거의 자동적으로 연결된다. 주체가 사회적으로 적절한 행동을 통해 사회를 대표하는 자신의 "내적" 관찰자로부터 받는 인정은 도덕적 자기통제를 향한 마음을 촉진한다.

독일 관념론의 실천철학에서 생겨난 셋째 패러다임에서 인정의 자기통제 촉진 효과는 또 다르게 생각된다. 여기서는 어떤 의미에서 인정하는 주체와 인정받는 주체 사이의 구별이 사라진다.

인정의 상호성이 전제되고 있기 때문에 주체는 두 역할을 언제나 동시에 할 수 있어야 한다. 자기결정 혹은 함께 결정할 수 있는 일종의 규범적 권한 부여로 해석되는 이러한 상호 인정의 영향은 양쪽에서 동시적으로 일어나는 자유의 제한과 확장이다. 개인의 합리성을 실현하고자 하는 욕구는 동료 인간 앞에서 자신이 합리적임을 증명함으로써만 충족될 수 있기 때문에, 그런 욕구를 가진 개인은 이러한 목적을 위해 상호작용 상대방에 대해서 자신의 한낱 자기중심적인 동기를 포기하고, 그 상대방에게 자신의 행위 공간을 제약할 자유를 시인해야 한다는 압박을 느낀다. 그런데 이 상호작용 상대방 역시 자신의 상대방 앞에서 자신이 이성적임을 증명하기 위해서는 동일한 자유 제한을 수행할 수 있어야 하기 때문에, 자유 제한을 수행한 상대방에게 동시에 자유 확장을 가져오는 규범적 지위가 부여된다. 그래서 이 셋째 전통에서 주체들 사이의 상호 인정 사건은 항상 개인적 자율성의 가능조건으로 해석된다. 개인들이 자신들의 합리적 주체성을 증명하려는 이유에서 서로에게 표하는 인정은, 그들이 자신들의 자유를 사회공동체에 의해 승인된 방식으로 실현하는 것을 가능하게 한다.

세 인정이론을 "이념형적으로" 압축해서 제시하는 이러한 시도에서 우리는 프랑스, 영국, 독일에서 각기 발전한, 인간 간의 만남의 의미와 내용에 대한 표상들이 명백히 서로 무척 다르다는 것을 어렵지 않게 알아챌 수 있다. 주체들이 전형적으로 서로에게 보이는 기대 및 태도와 관련해서만이 아니라, 그러한 만남이 참여자에게 미치는 영향과 관련해서도 저 세 가지 문화특수적인 패러다임은 분명하게 큰 차이가 있다. 프랑스적 맥락에서는 사회적 지위나 사회적으로 안정된 존립에 대한 개인적 욕구의 결과가 자기상실의 위험이었다면, 영국의 맥락에서는 사회적 동의를 얻고자 하는 개인적 욕구에서 도덕적 자기통제를 위한 마음가짐이, 독일의 맥락에서는 상호 인정으로의 압박에서 개인적 자기결정의 가능성이 도출된다.

그런데 저 상호주관적 사건에 대한 숙고에서의 이러한 선명한 차이와 관련하여 저 세 인정 모델은 서로 어떤 관계에 있는가 하는 물음이 제기된다. 그것들은 동일한 현상, 즉 주체들 간의 인정 관계에 단지 각기 다른 빛을 비추는 것뿐인가, 아니면 같은 현상에서 상호보완적인 측면을 밝혀주어, 이것들을 종합해 보면 인정 사건에 대한 좀더 복합적인 상(像)이 생겨나는가? 이와 같은 물음을 다음과 같은 방식으로 표현할 수도 있다. 이제 우리의 관심은 앞서 재구성한 전통의 유산으로부터 인정에 대한 오늘날의 논의를 위해 어떤 결론이 도출될 수 있는지에 맞춰져야 한다. 쉽게 답할 수 없는 이러한 물음에 나는 먼저 현재의 토론을 지배하고 있는 몇몇 오해를 제거하면서 다가가려 한다. 그다음에 저 세 모델이 이론적으로 매개될 수 있는 가능성을 탐색해 보겠다.

내가 방금 "이념형적으로" 다시 한 번 요약한, 이론적 접근법과 그것의 실제적 결과에서 드러나는 커다란 차이를 볼 때 이 세 인정 모델 간의 원칙적 조화 불가능성을 주장하는 것이 그럴듯해 보인다. 인정이론의 논의의 장이 대체로 — 같은 차원에서 움직이면서 단지 매우 상이한 측면을 강조할 뿐인 — "긍정적" 접근과 "부정적" 접근에 의해 양분되어 있다는 오늘날 널리 퍼져 있는 견해에 반하여, 1) 우선 이러한 비교 시도의 극복 불가능해 보이는 어려움이 강조되어야 한다.

흔히 "긍정적"으로 표시되는 피히테와 헤겔의 전통에서 "인정"이 지시하는 것은, 오늘날 루소와 사르트르의 지적 유산은 등한시한 채 주로 루이 알튀세르 혹은 주디스 버틀러와 연결되는 "부정적" 전통이 "인정"으로 이해하는 것과 너무도 달라서, 단적으로 두 전통이 동일한 현상에 대해서 말하고 있다고 하기도 거의 어려울 정도이다. 다시 말해 "부정적" 전통에서는 인정 개념으로 우선 특정한 (정형화된) 속성을 사회적으로 부여하는 행위만을 의미하

---

1) Rahel Jaeggi & Ronin Celikates, *Sozialphilosophie*: *Eine Einführung* (Munich: Beck, 2017), 5장, 특히 69쪽 이하. 이러한 "부정적" 전통의 준거 텍스트로서 오늘날 장 폴 사르트르, 루이 알튀세르 그리고 주디스 버틀러 외에 — 이들 사이에도 다시 한 번 방법적으로 커다란 차이가 존재한다 — 다음의 두 저작이 자주 언급된다. Patchen Markell, *Bound by Recognition* (Princeton University Press, 2003); Thomas Bedorf, *Verkennende Anerkennung*: *Über Identität und Politik* (Berlin: Suhrkamp, 2010).

는데, 그 행위에는 속성을 부여하는 행위자의 "자기제한"이라는 어떤 규범적 요소도 없다. 반면 "긍정적" 전통에서는 동일한 개념이 다른 주체에게 도덕적 권한을 부여하는 행위를 지시하는데, 이러한 권한 부여는 필연적으로 자신의 행위를 제한할 의무를 스스로 떠안는 것을 동반한다.

피히테, 헤겔 그리고 이 둘에게 거슬러 올라가는 전통에서 인정은 — 이 점에서 칸트의 유산에 깊이 뿌리박고 있는데 — 다른 주체에 대한 태도와 행위방식, 그러니까 "자신의 이기심"(칸트), 즉 순전히 자기중심적인 행위의 실행을 (아마도 다양한 정도로) 포기함으로써 다른 주체에게 그들의 자율성과 "자유의지"의 실행을 (아마도 다시금 다양한 정도로) 가능하게 하는 태도와 행위방식이다. 그런데 그러한 태도와 행위방식에 둘째 요소, 즉 인정하는 주체의 도덕적 자기제한이 없다면, 그것은 피히테와 헤겔에게서 유래하는 전통에서는 "인정"이라고 거의 불릴 수 없고, 사회적 "[속성] 부여" 혹은 "분류" 같은 개념으로 표시되어야 한다. 프랑스 사상과 연결되는 이른바 부정적 전통에서도 "인정"이라 명해진 행위방식의 결과로서 결국에는 "자유의지" 혹은 자기의식적인 주체가 산출된다고 주장하더라도 이러한 매우 원칙적인 차이에는 변함이 없다. 동일한 표현이 이 두 전통에서 의미하는 바가 매우 다르기 때문이다. 한편에서는 자기결정을 위한 사회적으로 보장된 권한 부여를 의미한다면, 다른 편에서는 사회적으로 부과된

규정을 통해 이미 항상 교란되고 있는 자기결정의 허구에 대해서 말하고 있다. 2)

상이한 전통에서 유래하는 두 가지 모델을 섞어 버리는 것이 오늘날의 토론에 치명적인 것처럼, 스코틀랜드의 도덕철학에 의해 각인된 인정 모델의 생략 또한 지속적인 영향을 미칠 것이다. 내가 잘못 보고 있지 않다면 스코틀랜드 패러다임은 이미 오래전부터 다른 두 이론의 패러다임보다 우리 일상 언어에 훨씬 더 깊게 침투해 있다. 일상 언어에서 "인정"이 우선적으로 단지 방정한 행실에 대한 사회적 평가와 칭찬, 지속적으로 반복되면 내면화되어서 개인의 행동을 통제하는 심리적 권위가 되는 그런 사회적 평가와 칭찬을 의미한다는 것은 대중 심리학에서 이제 더 이상 거의 빠질 수 없는 직관이다. 이 직관은 오늘날의 도덕철학에도 그 흔적을 남기고 있는데, 저 경험주의적 전통과의 암묵적 연계 속에서 "칭찬"과 "비난"은 공개적으로 실행되는, 개인의 동기 구조 안에 도덕규범의 당위적 타당성을 확립하는 제재 수단으로 여겨진다. 3)

---

2) 예를 들어 Louis Althusser, *Ideologie und ideologische Staatsapparate* (《이데올로기와 이데올로기적 국가장치》), 1. Halbband (übers. von Peter Schöttler und Frieder Otto Wolf, Hamburg 2010), 98. 더 분명하게는 주디스 버틀러, 《권력의 정신적 삶: 예속화의 이론들》(강경덕·김세서리아 옮김, 그린비, 2019), 42~43.

그런데 인간 사이에서 동의와 칭찬의 사회적 가치에 대한 이러한 생각이 얼마나 널리 퍼져 있는지를 생각해 보면, 그런 친숙한 생각이 사회적 인정의 의미와 영향에 대한 오늘날의 논의에서 거의 아무런 역할도 하지 않는다는 것은 정말 놀랄 만하다. 매일 사용되는 격려라는 기본적인 인정 수단을 통해 아이들이 양육되고, 청소년들은 자아-이상(Ich-Ideal)을 발전시키기를 배우며, 성인들도 야심찬 계획을 실행하도록 서로를 동기부여한다는 사실이 매우 드물게만 고려되고 있다.

그러나 다시금 이런 표현을 통해 앞의 다른 두 이해방식이 각기 주제화한 행위와는 다른 사회적 행위가 지시되고 있다는 점 또한 분명해져야 한다. "부정적" 접근과는 달리 그러나 독일 관념론에서 유래하는 표상과는 일치하여 여기서도 인정에서 동의라는 규범적 계기가 강조되고 있지만, 그 계기에 동시적으로 동반되는

---

3) 이에 관해서는 인정 개념을 사용하고 있는 Peter Stemmer, *Normativität*: *Eine ontologische Untersuchung*(Berlin: de Gruyter, 2008)를 참조. 그런데 예를 들어 Wiggins의 윤리학 기획을 보면 오늘날의 도덕철학에서 "인정"이 얼마나 혼란스럽게 사용되고 있는지가 확연하게 드러난다. 그는 흄과 풋(Philippa Foot)을 활용하여 우리의 삶의 형식에 특징적인 "상호 인정"에 기반한 하나의 윤리학을 기획하는데, 그러면서 그러한 생각의 기원인 피히테와 헤겔은 언급도 하지 않는다: David Wiggins, *Ethics: Twelve Lectures on the Philosophy of Morality*(Cambridge: Harvard University Press, 2006), 243쪽 이하.

도덕적 자기제한이라는 추가적 요소는 빠져 있다. 칭찬과 찬양은 인정하는 반응이지만, 그러나 그것들은 칸트의 존중 개념으로 거슬러 올라가는 인정에 대한 표상 속에서는 언제나 함께 생각되는 자기중심성의 제한을 동시적으로 요구하지 않는다. 여기서 우리는 우선 인정에 관한 오늘날의 토론이 주제의 일면성과 개념적 차별화의 부족으로 상이한 기원의 직관들을 뒤죽박죽 섞고 있어서, 이 직관들이 어떻게 하나의 질서 잡힌 전체를 내놓을 수 있을지 매우 불분명하다는 것을 알 수 있다.

그렇다면 저 상이한 세 인정 모델이 더 이상 서로를 단지 배척하는 식으로가 아니라 오히려 생산적으로 서로를 보완하는 식으로 생각될 수 있도록, 어떻게 그것들을 서로 관련지을 수 있을까? 다르게 말해서 특수한 문화적 경험에서 얻어진 다양한 인정 모델들을 하나의 동일한 과정의 상이한 측면 혹은 상이한 실현 형식에 대한 역사적으로 응고된 통찰로 독해할 수 있는 길을 찾을 수 있을까? 그러니까 저 세 접근 방법을 종합하여 타자의 인정에 의존함이 우리 인간에게 의미하는 바에 대해 좀더 복합적으로 이해할 수 있는 길이 있을까? 이 사상사적 연구의 결론에 가서 나는 세 인정 모델의 그러한 통합이 어떻게 가능할 수 있을지 적어도 그 윤곽을 그리고자 한다. 그리고 그렇게 함으로써 유럽 안에서 타자에 대한 의존성이 나라와 문화에 따라 철학적으로 매우 상이하게 주제화되어서 그로부터 어떤 체계적 이론도 도출될 수 없다는 체념적인 증거 정황을 제시하는 것이 나의 주된 관심사라는 인상을 예방하려 한다. 그러나 하나의 관념의 다양한 발전 경로를 역사적으로 확인하는 것과 그것들 각각의 정당성을 체계적으로 탐구하는 것은 전적으로 다른 작업이다.

그런데 앞에서 문화특수적인 세 가지 전통을 각각 하나의 포괄적인 "패러다임"으로 일반화한 것을 다시 한 단계 철회하는 것이 때때로 나의 작업에 도움이 될 것이다. 그러니까 내가 다룬 사유 전통들 중 몇몇 접근이 나머지 것들과 함께 인간의 사회적 인정 의존성에 대한 조화로운 그림을 맞추는 데 다른 접근들보다 적합하다는 것이 드러날 것이다. 예를 들어 우선 모든 인정 경험은 불가피하게 물화로 전환된다는 사르트르의 존재론적 분석은, 개인들 간의 말걸어짐의 영향에 대한 긍정적 서술과는 거의 어떤 조화도 이룰 수 없다는 것이 분명하다. 이 경우 그의 이론을 인정에 대한 다른 서술방식들과 조화 불가능하게 만드는 것은, 이미 자주 비판된 사르트르의 인간 주체성 개념의 매우 유별난 전제들이다. 4) 그런데 사르트르의 예는 인정에 대한 저 세 가지 상이한 관념을 이론적으로 화해시킬 수 있는 길을 찾는 것이 결국 얼마나 어려운

---

4) 이 책 84~85쪽 참조.

일인지도 다시 한 번 분명히 보여준다. 인정의 의미와 그것의 영향에 대한 규정에서 화해 불가능성이 뚜렷할 뿐만 아니라 접근 방법에 있어서도 커다란 차이가 있기 때문이다. 심리학적·현상학적 묘사, 일반적으로 인식 가능한 경험적 사실로부터의 추론, 선험론적 분석 혹은 역사철학적 논증같이 이렇게 상이한 정당화 형식들을 사용하는 접근 방법들을 서로 결합하는 것이 도대체 어떻게 가능할 수 있을지 첫눈에는 전혀 알아챌 수가 없다.

이로써 제기된 문제에 대한 해결책은 내가 보기에 우선 이러한 방법적 차이는 제쳐 두고, 이 세 모델 중 어느 것이 인간의 사회적 삶의 형식이 전체로서 어떻게 구성되어 있는지를 설명하겠다는 가장 강한 주장을 내세우는지를 묻는 것이다. 인정에 대한 이런 가장 근본적인, 흡사 구성적인 이해를 기반으로 삼은 다음에, 그렇게 생겨난 인간의 사회적 공동삶에 대한 그림에서, 우리가 나머지 두 인정 모델을 포괄하려고 한다면 경우에 따라서 무엇을 변경·수정·확장해야 하는지 물을 수 있다. 처음에는 분명 자의적으로 들릴 이러한 절차를 통해 인간의 사회적 인정 의존성에 대한 좀더 복합적인 이해를 얻게 되면, 세 인정 모델이 생산적인 상호보완 관계를 이룰 가능성에 대해 말할 수 있을 것이다. 그렇게 되면 비로소 사후적으로 이러한 방식으로 저 상이한 모델들 사이의 방법적 차이 역시 어떤 식으로든 극복되거나 아니면 적어도 그 차이가 더 이상 이론적 통합에 장애물이 되지 않을 정도로 최소화

될 수 있을지가 드러날 것이다. 내가 앞으로 제안하게 될 모든 것
에서 이미 말한 것처럼 간과해서는 안 되는 것은, 저 세 모델의
통합을 매우 어렵게 하는 것은 개별 인정 이해의 개념적 차이만이
아니라, 각각의 근저에 깔려 있는 인식 방법상의 커다란 차이이
기도 하다는 사실이다.

나의 사상사적 고찰에 따르면 독일 관념론 전통에서 유래하는 인
정 이해를 세 모델 모두의 통합을 위한 이론적 받침대로 사용하자
는 제안은 놀랄 만한 것이 아닐 것이다. 이러한 선택의 이유는,
피히테와 헤겔이 그들 각자의 인정 구상을 통해 가장 일반적인 차
원에서 설명하려고 한 것을 생각해 보면 분명해진다. 많은 차이
에도 불구하고 이 두 사상가는 "정신적 세계"에서 산다는 것이 인
간에게 무엇을 의미하는지를 해명하려고 한다. 규범을 공유하고
그것을 함께 행위 지침으로 삼는 것이 "정신적 세계"의 주요한 특
징인데, 이것이 저 두 철학자에게 의미하는 바는 그러한 규범의
적절함과 그것의 적용의 올바름에 대해 항상 함께 결정할 수 있는
역할이나 규범적 지위를 서로에게 부여 혹은 시인하는 것이다. 5)

---

5) 이것과 다음에 오는 내용에 관해서는 "의무론적 신헤겔주의"(R. Brandom, T.
Pinkard, & R. Pippin) 와의 연관 속에서 Heikki Ikäheimo, *Anerkennung*
(Berlin/Boston: de Gruyter, 2014), 168~171쪽과 Titus Stahl, *Immanente
Kritik: Elemente einer Theorie sozialer Praktiken* (Frankfurt: Campus, 2013),

따라서 우리는 — 이것이 피히테와 헤겔이 하려는 바라고 할 수 있는데 — 인간 주체들이 공동의 규범에 대해 판단할 권위를 갖춘 존재로 서로를 인정한다는 전제 위에서만 인간의 사회적 공동삶을 이해할 수 있다.

칸트의 존중 개념의 상호주관적 재해석에 근거한 인정에 대한 이러한 이해는, 그 밖의 사회적 인정의 형식들이 생겨날 수 있기 위해 필수적인 의사소통 조건을 기술하고 있기 때문에 다른 두 이해방식보다 더 근본적인 것으로 여겨질 수 있다. 영국 전통에서처럼 타자를 나의 행위에 대한 그의 판단이 내 행위를 통제하는 그런 권위로 지각하든, 아니면 루소에서 유래하는 전통에서처럼 나의 속성에 대한 그의 판단에 내가 뜨거운 관심을 갖는 그런 권위로 느끼든, 이 두 경우 모두에서 동료 인간을 우리의 공동삶에 대해 발언권을 갖춘 인격으로 인정하는 것이 선행되어야 한다. 이런 의미에서 피히테와 헤겔에 의해 촉발된 인정 관념은 — 그것의 근본 통찰은 오늘날 다양한 버전으로 발견되는데[6] — 다른 인

4장 7절 참조.

6) 이미 언급한 "의무론적 신헤겔주의" 외에 아펠과 하버마스의 작업을 참조. Karl-Otto Apel, *Diskurs und Verantwortung: Das Problem des Übergangs zur postkonventionellen Moral* (Frankfurt/M.: Suhrkamp, 1988), 이와 관련해 이 책의 제4장 주 36도 참조; 위르겐 하버마스, 〈제4장 탈선험화의 길: 칸트에서 헤겔로 그리고 다시 헤겔에서 칸트로〉, 《진리와 정당화: 철학 논문집》(윤형식 옮김, 나남, 2008). 피히테와 헤겔의 전통과는 어떤 관련성도 없

정 모델들의 토대로 여겨질 수 있다. 이 나머지 두 인정 모델에서 긍정적으로 혹은 부정적으로 서술되어야 하는 것은 이미 주체들이 서로를 그들이 실천하고 있는 규범의 공저자로 인정하고 있음을 전제한다.

그런데 우리가 본 것처럼 헤겔은 규범적 권위의 상호 부여가 도덕적으로 짜여진 인간의 삶의 형식에 구성적이라는 사실을 단지 "선험론적" 논증의 결과로만 놔두지 않았다. 이러한 "정신적 세계"를 역사적으로 전개되는, 자신의 내적 잠재력을 점진적으로 발휘하는 구성체로 이해하자는 제안에 근거하여, 헤겔은 다양한 규범 위에 제도로 성립된 인정 관계들이 단계적으로 발전한다는 전제에서 출발한다. 이로써 사회규범을 통해 우리 모두를 구속하는 사회적 실천은, 그 규범을 검토하고 해석할 수 있는 발언권을 우리가 상호적으로 부여함으로써, 무역사적 불변성을 상실하고 그 대신 여러 형식들로 존재하게 된다. 이러한 형식들은 그것들에 의해 열려진 자유 공간을 통해 서로 구별될 수 있다. 7) 헤겔이 다

<hr />

는 시도이지만 Darwall의 작업도 여기서 마찬가지로 언급될 수 있을 것이다. Stephen Darwall, *The Second-Person Standpoint: Morality, Respect and Accountability* (Cambridge: Harvard University Press, 2009).

7) 이러한 생각은 위르겐 하버마스가 자신의 이론을 발전시켜 가는 과정에서 "의사소통 관계" 혹은 "상호이해 관계"(*Verständigungsverhältnisse*) 라고 부른 것

양한 인정 구성체의 이러한 구분을 당연히 규범적으로도 이해한 다는 사실, 즉 공동으로 승인한 규범의 적절성과 그것의 적용을 검토함에 있어 외적 강제와 자연 의존성에 의한 제한이 적으면 적 을수록 그런 구성체는 헤겔이 볼 때 더욱 발전된 것이라는 사실은 잠정적으로 나의 현재 의도와 관련해서는 아직 중요하지 않다. 이 자리에서 관련이 있는 것은 우선 헤겔이 "정신적 세계"의 역사 화를 통해 상호 인정이라는 근본적 실천에 경험적 형태를 부여했 다는 사실뿐이다. 이 경험적 형태가 다른 인정 모델과의 거리를 훨씬 좁혀준다. 피히테와 마찬가지로 헤겔에게서도 그러한 인정 실천으로의 동기는 자유로운 주체성을 실현하고자 하는 개인들 의 갈망에서 나오지만, 헤겔은 이러한 실천을 탈선험화하고 구체

과 매우 유사하다. 의사소통 관계 또한 역사적으로 변화하는 가운데 합리성 이 증가하는 경향이 있다. 이러한 핵심 아이디어가 하버마스의 저작에서 갖 는 중요성에 대해서는 Henrich, "Kritik der Verständigungsverhältnisse" (in: Dieter Henrich & Jürgen Habermas, *Zwei Reden. Aus Anlaß des Hegel-Preises*, Frankfurt/M.: Suhrkamp), 9~22쪽 참조. 이케하이모의 인정 주제에 대한 소개는 훌륭하지만 바로 이 지점에서 나는 그와 생각이 다 르다. 이케하이모는 인정의 상이한 개별 형식들이, 인간의 삶의 형식에서 나 오는 각각의 도덕적 요구와 관련된 독자적인 유형이라고 주장한다(Heikki Ikäheimo, *Anerkennung*, 7장 2절). 그와 달리 나는 헤겔과 함께 다음과 같 은 주장이 옹호될 수 있다고 생각한다. 인정의 상이한 형식들은 "규범적 지위" 를 상호적으로 부여하는 하나의 사건의 분화의 결과이다. 이 분화에 따라 활 용될 수 있는 근거의 종류와 주제화되는 인격의 부분이 달라진다.

적인 경험적 질료로 채워야 했고, 이런 방식으로 헤겔이 생각한 인정 실천은 영국과 프랑스 전통에서와 마찬가지로 생활세계적 사건이 된다. 그래서 사회적 인정에 대한 헤겔의 이해와 관련해 서는 — 피히테와 관련해서는 아니지만 — 다른 두 인정 모델이 헤겔의 이론의 완성 혹은 교정을 위해 어느 정도 기여할 수 있을 것인가 하는 물음이 의미가 있다. 상호 인정이 오직 정신적 공간 에서 일어날 뿐 사회적 실천과 제도라는 현실에서 어떠한 지지대 도 갖고 있지 않다면, 루소와 흄, 그리고 스미스의 심리학적이거 나 경험적인 관찰은 그런 인정의 심화된 분석을 위해 거의 아무런 기여도 할 수 없을 것이기 때문이다.

나의 관점에서는 헤겔의 인정이론과 영국에서 발전된 "내적 관찰 자"의 통제 기능을 연결시키는 것이 아주 어렵지만은 않을 것 같 다. 그것이 어떻게 가능할지를 보기 위해서 먼저 다시 한 번 헤겔 이 자신의 인정이론을 가지고 무엇을 설명하려고 하는지를 짧게 상기해 보아야 한다. 헤겔은 "정신적 세계", 즉 자연조건에 의해 결정되지 않은 세계에서 산다는 것이 인간에게 의미하는 바를 해 명하고자 했다. 칸트 및 피히테와 함께 헤겔은 그것이 생각과 행 위를 자연충동이 아니라 스스로 세운 규범에 의해 규정하는 것을 의미할 수밖에 없다고 전제한다. 그러나 헤겔은 이제 이러한 규 범의 자기제정을, 칸트와 달리 그리고 피히테에 동의하면서, 기존의 불변하는 도덕법에 순종하는 개인적 행위로 이해하지 않는다. 오히려 익숙한 계명과 규칙들의 내용 및 적용의 적합함에 대해 감독할 수 있는 권위를 서로에게 부여함으로써 그러한 규범을 만들어 내는 협력 작업으로 이해한다. 8) 이런 점에서 사회를 "정신적 세계"로 구성하는 것은 주체들이 서로를 그들이 함께 준수하는 규범의 공저자로 인정하는 실천이다. 그러나 헤겔은 피히테와 달리 그러한 실천이 처음부터 그 "개념"이 요구하는 바로 그 형태로 존재하는 것은 아니라고 확신했다. 헤겔이 보기에 모든 주체가 동등하게 규범적 권위를 인정받는 사회 조건을 실제로 만들기 위해서는 제도로 성립된 그러나 아직은 불충분한 하나의 인정질서가 그 개념에 비추어 볼 때 더 나은, 즉 더 자유롭고 더 정의로운 인정질서로 대체되는 긴 역사적 과정이 필요했다. 이로써 헤겔은, 내가 제시하고 싶은 것처럼 규범적 권위 부여의 상호성을 사회적 규범의 존재를 위한 구성적 조건으로, 따라서 모든 사회적 삶의 전제로서 밝혀냈다. 나아가 이러한 근본적 인정 관계의 역사화를 통해 헤겔은 그러한 인정 관계에서, 도덕적 염려와 곤란에 의해 떠밀리는 육체를 가진 주체들이 만들어 내는, 생활세계에 뿌리박고 있으며 제도적으로 틀이 잡힌 실천을 볼 수 있는

---

8) 이에 관해서는 더 바랄 나위 없이 명료한 Robert B. Brandom, *Wiedererinnerter Idealismus*(übers. von Falk Hamann und Aaron Shoichet, Berlin, 2015), 2장 4절 참조.

가능성 또한 만들어 냈다.

　그러나 헤겔 이론의 이 모든 놀랄 만한 현실성과 구체성에도 불구하고, 서로 다른 상황에 처한 주체들이, 함께 만들고 실천하는 규범을 거의 당연한 듯이 상당히 일치하여 준수하게 되는 것을 정확히 어떻게 표상해야 하는지는 아직 열려 있다. 바로 여기, 그러니까 협력해서 만들어 낸 규범이 사회적 습관들의 조화로 전환되는 것에 대한 설명이 필요한 지점에서 스코틀랜드 도덕철학에 의해 주조된 인정 이해가 헤겔의 이론을 보충하는 역할을 할 수 있을 것 같다.

잘 알려진 것처럼 헤겔은 사회구성원들이 그들이 공동으로 "관리하는" 규범을 동기에 있어서도 대체로 같은 마음가짐에서 준수하는 사정을, 아리스토텔레스가 덕이론을 위해 발전시킨 습관 (*Habitus*) 개념을 가지고 설명하려 한다. 아리스토텔레스에 따르면 "성품의 탁월함"은 적합한 교육 수단을 통해 덕스러운 행동을 반복하게 됨으로써 올바른 행위 계기에서 쾌감을 느끼는 데 익숙해지고, 결국에는 윤리적으로 적절한 행동으로의 지속적인 성향을 발전시킴으로써 형성된다. 9) 그러나 이러한 구상이 그 사이에

---

9) 아리스토텔레스, 《니코마코스 윤리학》(김재홍·강상진·이창우 옮김, 길, 2011), 제2권; G. W. F. Hegel, *Enzyklopädie der philosophischen Wissenschaften III* (Frankfurt/M. : Suhrkamp, 1970), §§409~411, 182~197.

얼마나 유용한 것으로 증명되었든지 간에, 특별히 그 구상이 사회학에 미친 영향을 사람들이 얼마나 생산적으로 여기든지 간에,10) 이 구상은 도덕적 습관 형성의 심리 내적 과정과 그것을 촉진하는 자극을 이상하리만치 어둠 속에 남겨 두고 있다. 도덕적 관습의 제2의 자연성이라는 착상에서 아리스토텔레스의 사유를 활용하는 헤겔11) 역시 사회적 규범을 익히고 내면화하는 것에 대해서 기본적으로 할 말이 많지 않다. 만약 헤겔이 일면적으로 아리스토텔레스의 이론적 자극만을 따르지 않고, 추가적으로 스코틀랜드 계몽주의의 지적 자극 또한 자신의 사유 안으로 흐르게 했다면 사정이 달라졌을 것이라고 나는 생각한다. 이 지점에서 충분히 사려 깊었다면 그는 흄과 스미스에 의해 발전된 도덕적 습관 형성에 관한 숙고를 고려했을 것이고, 이는 두 가지 큰 이점을 가져왔을 것이다. 즉, 어떤 동기에 의해 그리고 어떤 심리 내적 과정을 통해 개인들이 공동으로 승인한 규범을 내면화하기를 배우는지에 대해 보다 쉽게 규명할 수 있었을 것이다.

첫째, 동기와 관련하여 헤겔은 피히테와 표준 답변을 공유하고

---

10) 사회학에서 습관 개념의 재수용에 관해서는 Pierre Bourdieu, *Entwurf einer Theorie der Praxis* (Frankfurt/M. : Suhrkamp, 1976), 139~202.

11) Axel Honneth, "Zweite Natur-Untiefen eines philosophischen Schlüsselbegriffs", in: Julia Christ & Axel Honneth (Hg.), *Zweite Natur. Internationaler Hegelkongress 2017* (Frankfurt/M., 근간).

있기는 하다. 다른 주체들과 공동으로 이성적이라고 판단한 규범에 스스로를 구속시키도록 주체를 움직이는 것은, 자신을 실천적으로 이성적 존재로 주장하고 싶어 하는 개인의 갈망이다. 그러나 헤겔이 자신의 인정이론에 부여하고 싶어 하는 역사적으로 구체적인 내용과 관련해서 이 해결책은 경험적으로 실제로 유효한 동기에 대해 알려주는 것이 너무 적기 때문에 불충분하다. 그러므로 헤겔이 데이비드 흄은 아니더라도 어떻게든 애덤 스미스를 좇아 사회공동체의 구성원 자격을 향한 욕구를 규범 준수를 위한 개인들의 동기로 파악했더라면 훨씬 좋았을 것이다. 그런 바람 혹은 욕구를 헤겔은 어렵지 않게 자신의 이성성을 실현하려는 "정신적" 욕구의 생활세계적 측면으로 이해할 수 있었을 것이다. 현실의 일상생활의 세계 속에서 사회공동체의 도덕규범을 동기적으로 자신의 것으로 받아들이도록 개인을 움직이는 것은, 이를 통해 공동체의 구성원들로부터 동의를 얻고, 그렇게 해서 자신을 그들 중 하나로 느낄 수 있으리라는 주관적 기대일 것이다.

그런데 이러한 첫째 지점보다, 그러한 도덕적 동기를 자기 것으로 만드는 과정이 어떻게 진행되는가 하는 물음과 관련된 둘째 지점이 훨씬 더 중요하다. 습관 개념을 사용하는 아리스토텔레스 전통에서는 이러한 과정의 심리 내적 측면이 생략되어 있다면 — 여기서는 아직 외적 자극이 신체적 자동 운동으로 번역된다는 상대적으로 기계론적인 표상이 우세하다 — 흄과 스미스가 사용하는 "내적 관찰자" 모델은 훨씬 더 복합적인 설명을 제공해 준다. 이에 따르면 도덕규범을 자신의 동기로 만드는 과정을 우리는 다음과 같이 표상해야 한다. 우리는 사회적 환경의 기대를, 그것이 내면에서 양심의 소리로서 우리의 행위를 성공적으로 통제할 수 있을 때까지 계속해서 스스로의 내면에서 재생산하기를 배운다. 물론 "내적 관찰자" 혹은 "재판관"이란 말에는 한 사람 안에서 또 한 사람을 상상하도록 유도하는 좋지 않은 비유적인 요소가 있다. 그러나 동시에 이러한 그림은 지그문트 프로이트(Sigmund Freud)의 사회화이론적 고찰로 연결 다리를 만들어 준다. 프로이트는 도덕적 초자아의 형성을 아이의 바른 행동에 대한 부모의 긍정적 반응이 아이의 심리장치 안에 침전된 것으로 해석했다. 그리고 애덤 스미스와 마찬가지로 프로이트에게서도 보호자를 통한 인정은 내면화되어, 결국 성인이 되어서도 완고하게 도덕적 의무를 상기시키는 목소리로 지속된다. 12) 그러나 도덕적 습관

---

12) 적어도 이것이 양심 혹은 초자아의 발생에 대한 프로이트의 두 설명 중 하나이다. 프로이트, 《문명 속의 불만》(김석희 옮김, 열린책들, 2005), 231~329쪽, 여기서는 302쪽 이하: "사람들은 이런 심리 상태를 '양심의 가책'이라고 부르지만, 이 상태는 그 이름에 적합하지 않다. 이 단계에서 죄책감은 명백히 사랑을 잃을지도 모른다는 두려움, 즉 '사회적' 불안에 불과하기 때문이다"(304쪽). 두 경쟁하는 설명에 대해서는 John Deigh, "Remarks on Some Difficulties in Freud's Theory of Moral Development", *The Sources of*

형성을 설명하는 데 스미스 이론의 중요성을 증명하기 위해서 프로이트 이론의 지원이 꼭 필요한 것은 아니다. 스미스의 이론은 자신의 발로 서 있을 뿐만 아니라, 설명력에서 오히려 프로이트의 이론보다 우월하다. 스미스의 이론은 내적통제 권위의 점진적인, 그러나 모든 개인적 선호의 거의 완전한 소멸에까지 이르는 일반화 가능성을 고려하고 있기 때문이다.

어쨌든 영국 전통의 인정이론을 상호 인정에 대한 헤겔의 관점을 보완하는 것으로 보자는 제안을 정당화하는 데에는 《도덕감정론》에 대한 이 정도의 간략한 언급으로도 충분할 것이다. "내면의 재판관"이라는 관념은, 상호적으로 서로의 규범적 권위를 인정하는 주체들이 공동으로 확인하고 확립한 규범이 어떻게 일상적 행위 습관으로 변화할 수 있는지를, 헤겔이 할 수 있는 것보다 더 잘 설명한다. 스미스에 따르면 이것이 가능할 수 있는 길은 이인칭 관점이 점진적으로 내 자신의 자아로 옮겨지는 것이다. 그렇게 되면 내 안에서 이 이인칭 관점이 양심으로서 나의 행동을, 점점 더 포괄적으로 확장되어가는 공동체의 사회적 기대와

Moral Agency: *Essays in Moral Psychology and Freudian Theory* (Cambridge University Press, 1996), 65~93쪽 참조. 스미스의 도덕철학과 프로이트의 이론 사이에의 연결에 대해서는 David D. Raphael, *The Impartial Spectator*: *Adam Smith's Moral Philosophy* (Oxford University Press, 2007), 48~49쪽 참조.

조화될 수 있는지에 맞추어 통제한다. 물론 헤겔도 개인의 "양심" 개념을 가지고 있다. 그러나 헤겔은 개인의 양심을 곧장 의심쩍은 칸트적 보편주의 도덕 원칙의 완고한 대리자로 간주할 뿐, [13] 예를 들어 점차적으로 "일반화된" 타자가 보일 도덕적 반응의 심리적 대변인으로 이해하지 않는다. 이 때문에 그의 실천철학은 한쪽에는 추상적 도덕, 다른 한쪽에는 인륜적 심성으로 나누어져 있고, 그 둘을 잇는 다리는 없다. 이렇게 해서 생긴 빈칸을, 헤겔은 관습 혹은 윤리적 습관의 형성과 관련하여 외적으로 부과되고 반복적으로 교육되어 익숙해진 행위 습관이 상대적으로 안정적인 자동성을 획득하게 되는 변화 과정을 전제함으로써만 메꿀 수 있었다. 그 대신 만약 헤겔이 내가 여기서 얼개를 그린 것처럼 자신의 인정이론을 기본으로 삼고 스미스의 사회화 모델을 통해 그것을 보완하거나 확장했더라면 그의 미완에 머무른 단편적인 해결책은 불필요했을 것이다. 개인적 양심을 칸트가 했던 것보다 더 유연하고 다양한 목소리를 가진 것으로 생각한다면, 즉 상이한 집단과 제도화된 영역들에서의 도덕적 반응 양상을 개인의 심리 안에서 재현하는 많은 목소리들의 합주로 생각한다면, 그것은 삶의 모든 상황에서 주체들이 공동으로 권위를 인정한 규범이 실

---

13) 그래서 《법철학》에서 헤겔은 양심을 "도덕성"에 할당된 2부에서 다루고 있다. 헤겔, 《법철학》, §136.

제로도 동기부여하는 효과를 가질 수 있게 해줄 것이다.

여기서 단지 간략하게 암시된 이러한 해결책은 물론 독일 관념론과 영국 경험주의 전통의 매우 이질적인 인정 개념틀이 하나의 특정한 지점에서 서로 조화 가능하게 생각될 수 있다는 것을 전제한다. 방금 윤곽이 그려진 그림에 따르면 이 두 이해방식의 관계는 대략 다음과 같이 제시될 수 있을 것이다. 헤겔의 개념은 지속적으로 변화하는 생활세계를 규범적으로 규제되는 것으로 파악할 수 있게 해주는 상호 인정의 기본 조건을 규정한다. 반면 흄과 스미스로 거슬러 올라가는 개념은 협력을 통해 만들어진 규범이 개인의 동기부여 체계에 닻을 내리게 되는 사회적 동의와 긍정의 실천을 명시한다. "인정"이라는 용어가 전자의 경우에는 규범을 만들고 검토할 수 있는 권위를 상호적으로 부여하는 실천을 의미한다면, 후자의 경우에는 이미 규범적으로 구성된 공동체가 개별 구성원들의 도덕적으로 방정한 행동에 대해 보이는 긍정적 반응을 의미할 뿐이다. 인정 개념의 이런 두 가지 용법에는 엄청난 차이가 있지만, 이 두 방식 모두 그 사이 일상 언어로 스며들었다는 사정은 이 두 방식의 관계에 대해서 연구해야 할 충분한 계기가 된다.

그런데 인간 간의 인정의 가치와 영향에 관해 프랑스 전통에서 자라난 표상과 관련해서는 확실히 위와 같은 주장을 할 수 없다. 일상 언어에서 사회적 인정을 받는 경험이 루소에서 시작해서 사르트르와 알튀세르에 이르기까지 프랑스 지성사에서 계속 반복된 것처럼, 일반적으로 부정적인 어떤 것과 연결된다고 주장하기 어렵기 때문이다. 프랑스에서 그런 부정적 측면에 대한 강조가 두드러졌던 사회문화적 원인은 우리가 본 것처럼 특수한 성격의 것이고, 내가 생각하기에 상당 정도 그 나라의 극단적 중앙집권주의에 근거한, 사회적 삶에서 상징적 구별 짓기의 높은 중요성과 관련이 있다. 그럼에도 불구하고 이제 인정에 대한 그런 부정적 이해 또한 인간 사이에서 일어나는 인정에서, 헤겔의 이론틀 안으로 통합될 가치가 있는 어떤 측면을 부각시키는 것은 아닌지 물어 보아야 한다.

그런데 프랑스 전통의 경우에는 그런 작업이 영국 전통의 경우보다 비교할 수 없을 정도로 어렵다. 이 전통에서는 상이한 접근법을 묶어 하나의 모델로 만들어 준 인위적인 집게를 풀어 버리면, 아주 상이한 직관들이 작용하고 있기 때문이다. 루소의 부정적 인정 개념을 자극한 사회적 지각은, 사회적 인정의 기능 방식에 대한 버틀러와 알튀세르의 표상 안으로 흘러들어 간 비판적 관찰과 확연히 다르다는 확인은 분명 아주 틀리지 않을 것이다. 인정을 속성 부여로 해석하고 그것이 개인의 자기이해에 미치는 부정적 영향을 강조한다는 점에서 지금까지 나는 저 두 인정 구상을 하나의 동일한 전통에 귀속시켰다. 그런데 헤겔에 의해 발전된 인정에 대한 근본적인 이해와의 관계를 탐색하기 위해서는 다시금 저 두 접근법 사이의 차이를 강조하는 것이 필요하다. 나는 루소의 부정적 구상 뒤에 숨어 있는 직관을 먼저 다룬 다음에, 주디스 버틀러와 루이 알튀세르의 표상세계로 관심을 돌리겠다.

우리가 기억하는 것처럼 루소에게서 인정에 대한 부정적 이해는 아무르 프로프르와 더불어 인간에게 상호작용 상대방 앞에서 그리고 그 사람의 눈에 항상 더 가치 있는 존재로 여겨지고 싶어 하는, 독이 든 욕구가 생겨났다는 관찰에서 출발했다. 이러한 새로운 종류의 갈망을 보다 상세히 분석하기 위해 저 제네바의 철학자는 흄의 저작을 통해 익숙해진 "내면의 재판관"이라는 형상을 엄격한 관찰자로 재해석했다. 이 관찰자의 시선 아래에서 개인은 자기 자신뿐만 아니라 동료 인간들을 상대로, 자신이 추구하는 사회적 지위에 걸맞은 개인적 속성을 갖춘 사람으로 여겨지기 위해 모든 것을 걸어야 했다. 그래서 루소에게서 "인정"이라 불릴수 있는 것은, 과시를 통해 상대방이 내가 열망하는 사회적 명예 상승을 가져올 속성을 나에게 부여하게 하는 것이다. 루소는 또한 이러한 가면 쓰기의 결과로 주체는 참된 본성에 따라 혹은 가장 내밀한 본질에 따라 자신이 진정 누구인지를 제대로 이해하기 위해서 지속적으로 싸워야 한다고 확신했다. 그래서 나는 루소를, 모든 사회적 인정의 이면 혹은 의붓자식은 개인의 자기상실

이라는, 주로 프랑스에서 유래한 관념을 정립한 사상가로 해석하
자고 제안한다.

물론 내가 《에밀》이나 《사회계약론》과 관련해서 지적한 것처
럼14) 루소의 인정이론을 덜 부정적으로 독해할 단서를 주는 일련
의 구절들도 있다. 거기서는 아무르 프로프르가 서로 간의 동등
한 존중을 사회적으로 촉진하는 치유적 방식으로 충족될 수도 있
다고 한다. 그렇다면 《인간 불평등 기원론》에서 묘사된 허장성
세 현상은 갑자기 사회적 수용과 인정을 향한 그 자체로 무해한
열망이 병리적으로 상승한 탈선 형태에 지나지 않는 것처럼 보인
다. 루소의 인정이론에 대한 이러한 해석이 강조되고 그와 함께
그의 후기 저작은 다시금 반대 방향을 가리킨다는 점이 괄호 안에
넣어질수록, 루소의 인정이론은 더 쉽게 헤겔의 이론과 매우 풍
요로운 방식으로 결합될 수 있다고 나는 생각한다. 《법철학》의
저자도 상호 인정이 탈선하는 경우를 알고 있기 때문이다. 프랑
스의 선구자들과 마찬가지로 헤겔도 이러한 탈선을 잘난 체와 허
세 같은 사회 현상과 인과적으로 결합시킨다. 그런데 이 두 이론
이 어느 지점에서 만나고 생산적으로 서로를 보완하는지를 이해
하기 위해서는 헤겔의 이론을 지금까지 해왔던 것보다 좀더 상세
하게 설명해야 한다.

---

14) 이 책 60~63쪽 참조.

내가 앞에서 제시한 것처럼 헤겔은 규범적 권위의 상호 인정을 허공에서 이루어지는 단지 정신적 사건이 아니라, 육체를 가진 주체들 사이에서 역사적으로 점진적으로 전개되는 실천으로 이해하고자 했다. 그래서 헤겔은 이러한 실천이 그 개념의 현실화 단계에 따라 이미 발을 딛고 있는 제도화된 관계를 찾아내야 한다는 압박을 느꼈다. 그러나 그는 변화하는 인정 구성체에 대한 그러한 "규범적 재구성"을15) 자신의 시대, 즉 근대 초기 사회에 대해서만 실행했다. 이러한 노력의 결과가 바로 그의 법철학이다. 여기서 헤겔은 그러한 세 가지 제도화된 영역을 찾아 근대적 가정, 자본주의적 시장 사회, 입헌군주제로 명명하는데, 이 세 영역에서 주체들은 각기 다른 역할에서 그들이 실천하고 있는 규범을 검토할 권한을 서로에게 상호적으로 부여하고, 그럼으로써 그들의 생활세계에 닻을 내린 자율성을 확인한다.

그런데 여기서 내가 관심을 갖고 있는 물음과 직접 관련이 있는 것은, 헤겔이 이러한 작업을 하면서 특정한 개인이나 집단이 상호 인정의 제도화된 실천에서 배제됨으로써 초래된 것처럼 보이는 심리학적 현상에 계속해서 시선을 준다는 사실이다. 그러한

---

15) 헤겔 스스로에 의해서는 단지 "서술적으로" 혹은 "직관적으로"만 생각된 이러한 절차를 "규범적 재구성"으로 설명하고자 하는 나의 시도에 관해서는 Axel Honneth, *Das Recht der Freiheit*: *Grundriß einer demokratischen Sittlichkeit* (Berlin: Suhrkamp 2011), Einleitung, 14~31쪽 참조.

종류의 현상의 예로 헤겔은 한편으로는 계속된 실업으로 인해 "천민" 계층이 "수치심과 명예심을 내동댕이쳐 버리는 것"과16) 다른 한편으로는 "직업 조합"의 구성원이 될 수 없었던 모든 "사업가"에게서 나타나는, 직업적 능력을 외적으로 과시하는 경향만을 언급한다. 17) 헤겔은 법, 도덕, 인륜성을 다루는 《법철학》에서 이러한 심리학적 현상들을 언급하는 것이 너무나 당연하다는 듯이 그것들에 대해서 말하는데, 헤겔이 보기에 이 현상들은 명백히 한갓 우연적인 성격 이상의 것이다. 헤겔은 오히려 이 현상들을, 사회의 구성원이 상호 인정의 제도화된 영역으로 충분히 통합되지 못하면 불가피하게 일어날 수밖에 없는, 사회적으로 산출된 개인들의 병리적 행동으로 파악한다. 이것은 다시 한 번 헤겔이 피히테와 달리 인정 과정의 주체 혹은 담지자를 얼마나 진지하게 실제로 피와 살을 가진 인간으로 이해하고자 했는지를 인상 깊게 보여준다. 실제로 육체, 영혼, 정신 사이의 구분은 그에게 완전히 낯선 것이다. 그런데 여기서 좇고 있는 물음과 관련하여 병리현상에 대한 이러한 언급에서 훨씬 더 중요한 것은, 헤겔이 얼마나 사회적 인정 과정의 제도적 현실에 대한 자신의 분석을 심리학적 관찰과 결합시키려 했는지를 그러한 언급이 증언해 준다는 사

---

16) 헤겔, 《법철학》, §245.
17) 앞의 책, §253.

실이다. 헤겔의 관찰은 루소의 관찰과 놀라울 정도의 유사성을 보여준다.

헤겔이 언급한 병리적 행동들 중에서 바로 두 번째, "천민"이 아니라 직업 조합에 편입되지 못한 사업가들의 병리적 행동은 특히 헤겔과 루소 사이의 놀라운 근접성을 선명하게 부각시킨다. 헤겔이 조합 내부의 인정 관계에서 배제된 이들의 심리적 반응을 묘사하기 위해 사용하는 표현들은 모두 마치 루소의 두 번째 논고에서 직접 가져온 것처럼 들린다. 헤겔은 다음과 같이 말한다. 이러한 사회구성원들은 자신들의 사업의 오직 "이기적인 측면"에만 관심을 갖게 된다. 나아가 그들은 자신들의 능력을 요란하게 과시함으로써만 "명예"를 증명할 수 있다. 루소의 표현을 빌려 짧게 말하자면 그들은 허장성세로의 "격렬한" 성향에 의해 내몰리고 있다. 이런 성격 규정을 종합해 보면 다음과 같은 주장이 성립한다: 헤겔은 자신의 선배 루소의 아무르 프로프르의 도를 넘은 탈선 형태를, 인정을 받지 못하는 것에 대한 심리적 보상의 결과로 해석했다. 헤겔이 확신한 것처럼 제도화된 인정 관계에서 배제되어 그 안에서 타당한 규범적 권위를 누릴 수 없게 된 사람들은 필연적으로 이상한 행태를 보이게 되는데, 그 행태는 루소가 둘째 논고에서 묘사한 행동들과 정확하게 닮아 있다. 이러한 해석이 맞다면, 그러니까 헤겔이 자신의 이론틀 안에서 루소의 아무르 프로프르의 "격렬한"(노이하우저) 형태를 심리적 보상의 증상으로 이해한다면, 이 두 사상가의 인정이론을 잇는 다리가 발견된다. 우리가 루소를 방금 개괄한 의미에서 해석하면, 저 독일 철학자에게도 그리고 저 프랑스 철학자에게도 이기심, 잘난 척, 허세는 상호 인정 혹은 동등한 존중에 기반한 공동체에 편입되지 못한 경험에 대한 반응이다.

저 두 저자의 인정이론이 서로 맞물릴 수 있는 가능성에도 불구하고 여기서 그 차이를 잊어서는 안 되는 매우 상이한 용어가 사용되고 있다는 사실에는 물론 변함이 없다. 루소는 아무르 프로프르를 사회 안에서 인정을 얻으려는 인간의 경험적 욕망으로만 이해한다. 루소가 실제로 이 욕망의 치유적 형태와 독이 든 형태, 사회적으로 용납 가능한 형태와 사회에 적대적인 형태를 구분했다 하더라도 이 점은 변하지 않는다. 반대로 헤겔에게는 앞에서 제시한 바와 같이 사회적 인정을 향한 "욕구"는 우선 "정신적" 동기이다. 그것은 자신을 이성적 존재로 실현하려는 열망에서 나온다. 이 충동을 헤겔이 기회가 닿는 대로, 규범 규제적으로 행동하는 주체들로 이루어진 공동체의 구성원이 되고 싶다는 생활세계적 동기로 번역하는 것이다.

이에 상응하여 이 두 사상가의 인정 개념도 크게 다르다. 루소는 아무르 프로프르라는 경험적 욕망을 만족시킬 수 있는 것을 일종의 사회적 속성 부여로 해석한다. 그 속성은 모든 인간이 공유하는 것일 수도 있고, 우리를 다른 동료 인간과 구별 짓고 그들과 비교해 우월하다고 느낄 수 있게 해주는 그런 속성일 수도 있다. 이와 달리 헤겔의 시각에서 이성적 주체로 인정받고 싶어 하는 갈망을 충족시킬 수 있는 사회적 반응은 언제나, 주체에게 공동으로 규범을 제정할 권한을 부여하고 그에 상응하여 그런 실천에 참여하는 다른 참여자들이 그를 함부로 대하지 못하도록 제한하는 인정 행위이다.

철학 체계의 전제들의 이런 날 선 차이에도 불구하고 루소와 헤겔의 생각이 만나는 지점이 있는데 바로 사회적 병리현상을 진단하는 지점이다. 이 두 철학자는 사람들은 일반적으로 동등한 존중 혹은 상호적 인정을 유보당하면 허세와 과시로 반응하는 경향이 있다는 생각을 공유하는 것 같다. 여기, 그러니까 사회적 인정의 심리학과 관련된 지점에서 헤겔의 이론은 루소의 통찰을 통해 확장될 수 있다.

이제 문제는 알튀세르의 저작에서 정점에 이르는 프랑스 전통의 다른 줄기에 대해서도 비슷하게 말할 수 있는가 하는 것이다. 프랑스 전통의 두 노선이 종국에 가서는 자아상실의 위험이라는 진단에서 일치한다 하더라도, 인정에 대한 부정적 이해의 둘째 노선이 출발점으로 삼은 직관은 루소의 그것과 많이 다르다. 루소는 사회적 인정이 개인의 성품을 변화시키는 영향에 대한 관찰을 통해, 알튀세르(와 버틀러)는 사회적 인정이 지배 관계를 안정화시키는 영향에 대한 인식을 통해 그러한 진단으로 나아간다.

프랑스에 전형적인 부정주의의 이러한 두 번째 후예를 다루면서 나는 그러한 전통에 기반한 인정 개념과 피히테와 헤겔로 거슬러 올라가는 인정 개념 사이의 골이 얼마나 깊은지를 이미 분명하게 제시했다. 전자의 경우에 "인정"은, 국가기관들이 개인이나 집단적 행위자에게 사회적으로 전형적인 속성을 부여하고, 그를 통해 그 행위자들이 그들에게 부과된 역할을 완수하게끔 비폭력적인 방식으로 유인할 수 있다는 것 이상을 거의 의미하지 않는다. 이와 달리 칸트에서 유래하고 피히테와 헤겔을 통해 확립된 전통에서 "인정"은, 마지막으로 반복하자면, 주체들이 공동으로 실천하는 규범의 검토와 해석을 위한 권위를 서로에게 부여함으로써 서로에게 표현하는 일종의 존중을 의미한다. 따라서 인정 개념의 이러한 두 용법 사이의 차이가 더 클 수는 없을 것이다. 그렇다면 알튀세르와 버틀러에 의해 일깨워진 그 개념의 이데올로기이론적 사용 어딘가에, 헤겔에 의해 토대가 놓인 이론에 동요를 일으키거나, 나아가 사고의 전환을 일으킬 수 있는 불씨가 들어 있을 수 있을까?

그러한 불씨에 대한 암시를 우리는 헤겔의 법철학 자체 안에서 이미 발견할 수 있다. "가정"에 대한 헤겔의 서술 중 지난 몇 년간 자주 논의된 단락에서 헤겔은, 결혼 관계에 있는 여자는 "감성적인 주관적 인륜성"이라는 "사명"을 가지고 있으며, 따라서 남편에게 복종해야 하고 "집안일"에서 자신의 과제를 찾아야 한다고 말한다. 18) 같은 맥락에서 헤겔은 더욱 고약해지는데, "여자"는 "보편적인 것"과 "이상"에 무능하다는 점에서 "식물"과 비슷한 반면, 남자는 "자연과의 투쟁 및 노동"에 근거하여 "동물"과 비교할 만하다고 한다. 19) 이러한 표현들에서 특히 당혹스러운 것은 오늘날의 시각에서 볼 때 그런 표현들에서 명백히 드러나는 어마어마한 여성 무시라기보다는, 헤겔이 몇 줄 내려가서 "남자가 여자보다 우월한 대접을 받아서는 안 된다", (근대적) 결혼에서 여성과 남성은 "같은 권리와 의무"를 갖는다고20) 단호하게 주장한다는 사정이다.

그러니까 헤겔은 당연한 듯 묘사된 결혼 관계에서 여성의 복종과 상호 인정에 근거한 부부관계 사이에서 어떠한 모순도 보지 못하는 것 같다. 마치 이 두 가지가 깨질 수 없는 하나를 이루는 것처럼 여기서 결혼 관계는 남자와 여자가 서로의 자기결정권을 존

---

18) 앞의 책, §§166, 167.
19) 앞의 책, §166.
20) 앞의 책, §167, 〈보충〉(Zusatz).

중하는, 그러면서도 여자가 남편의 지시를 따라야 하기 때문에 여자에게 불리한 제도화된 인정 영역으로 제시된다. 헤겔의 논증에서의 이러한 명백한 모순은, 확실히 여성이 자유의사로, 즉 자신에게 부여된 규범적 권위를 사용하여 결혼 관계에서 종속에 스스로 동의할 수밖에 없을 것이라고 헤겔이 믿는 이유가 설명될 수 있을 때에만 해소될 수 있다. 그리고 바로 이렇게 개괄된 이 지점에서 헤겔로부터 저 멀리 떨어져 있는 알튀세르의 인정 이해가 헤겔 이론의 확장과 완성을 위해 기여할 수 있는 바가 있다는 것이 나의 추정이다.

그것이 어떻게 가능할 수 있을지를 좀더 분명하게 보기 위해서 우선 근대적인, 더 이상 부모들의 조정이 아니라 "애정"에 근거한 결혼에서 여성과 남성이 편입된다고 헤겔이 생각한 인정 관계에 대한 심화된 설명이 필요하다. 여기서 부인과 남편이 언제나 검토할 수 있고 경우에 따라서는 의문에 부칠 수 있는 규범은 — 그들은 상호 인정을 통해 서로에게 그럴 수 있는 권한을 부여한다 — "상호적 사랑과 협력"[21] 그리고 "자연충동", 즉 성적 욕구의 (윤리적으로 억제되긴 했지만) "만족"이라는[22] 규범이다. 지금까지 우리

---

21) 앞의 책, §164.
22) 앞의 책, §163, 특히 〈보충〉.

가 헤겔의 관점에 관해 알고 있는 바에 따르면, 이상의 것이 의미하는 바는 결혼에서 남자와 여자가 각각 상대방이 이러한 규범을 실천하는 방식을 의문에 부치고, 그 규범의 새로운 적용 방식을 제안할 동등한 권한을 갖는다는 것이어야 한다. 그렇게 할 때 그들은 공동의 규범적 지평에서 정당하다고 여겨질 수 있는 모든 근거를 활용할 수 있다. 그러니까 "상호적 사랑과 협력"의 경우에는 주관적 욕구, 감정 상태 그리고 공동의 삶의 목표에도 호소할 수 있다. 이처럼 내적 규칙과 실행을 언제나 의문에 부치는 것이 가능하기 때문에 결혼은 극도로 변화 가능한 인정 관계이다.

그런데 헤겔은 이제 이 관계에 대해서 결혼한 여성이 자신의 한낱 종속적인 역할에 만족하지 못하고 공동으로 정당하게 여겨온 규범의 지금까지 지배적인 실행 방식에 반대해서 이의를 제기할 가능성을 원칙적으로 배제하는 것 같다. 헤겔이 볼 때 여성은 그러지 않고 있으며, 앞으로도 언제까지나 그렇게 하지 않을 것이다. 헤겔에게 이러한 사실은 규범 외부에, 규범에 대한 해석 가능성 외부에 있는 어떤 것과 관련이 있다. 그 외부의 어떤 것은 규범에 대한 이해와 해석을 처음부터 제한하여 여성이 먼 미래에라도 그러한 규범 이해나 해석에 이의를 제기할 수 있다는 가능성을 보이지 않게 한다. 이 "외부의 것"이 헤겔에게는 우리가 이미 눈치챌 수 있었던 것처럼 다름 아닌 "자연"이다. 인정 구성체의 역사는 자연 규정의 점진적인 극복과 해방이란 노선을 따른다는 자신의 일반적 믿음에 전적으로 반하여, 헤겔은 근대적 결혼을 다루는 자신의 철학 체계의 중요한 곳에서 갑작스럽게 완전히 비매개된 자연을 역사적으로 가장 발전된 인정 관계 속으로 집어넣는다. 헤겔은 여성이 현재에도 그리고 앞으로도 언제까지나 사랑 및 협력이란 결혼의 계명을 남편에 대한 여성의 완전한 종속으로 이해하는 해석에 동의할 것이라고 확신한다. 여성은 그런 종속에서 여성적 본성의 소명을 볼 수밖에 없기 때문이라는 것이다. 여기서 헤겔이 결혼을 인정 관계로 구성할 때 자연적 규정이 밀반입되고 있다. 바뀔 수 없는 단단한 사실이 아니라 한낱 가상에 지나지 않다는 것을 오늘날의 우리는 이미 알고 있는 자연적 규정 말이다. 여성들이 결혼에서 그들의 지위와 관련하여 정당하게 활용하고 있는 근거와 규범적 논거들 중 어떤 것을 헤겔은 생각조차 못한다. 그것들은 남녀관계의 본성에 반하고 따라서 도덕적 근거로서는 완전히 자격미달이라고 생각하기 때문이다.

확실히 《법철학》의 이런 세부 사항에서 주목할 만한 점은, 그런 구절들이 이 책의 저자가 결혼과 가정에 대해서 얼마나 보수적이고, 나아가 치유 불가능할 정도로 과거지향적으로 생각했는지를 누설해 준다는 것이 아니다. 물론 모두는 아니지만 많은 동시대의 철학자들과 함께 헤겔은 여자는 자연적 소질에 따라 경제적, 정치적 활동의 공공 영역이 아니라 부엌에 속한다고 생각한다.

그러나 여기서 좇고 있는 목적을 위해 유일하게 의미 있는 것은, 공유된 규범의 적용을 검토할 권위를 상호 인정한다는 것 자체는 참여자들이 거기서 실제로 어떤 근거를 동원할 수 있는지에 대해 전혀 아무것도 말해 주지 않는다는 사정이다. 그런 인정 관계에서 이의제기에 활용될 수 있는 정당한 근거는 명백하게 참여자가 그들의 관계에서 변화 가능한 것은 무엇이고 불가능한 것은 무엇인지, 그러니까 무엇을 사회의 산물로 혹은 자연의 산물로 여기는지에 따라 달라진다. 어떤 임의의 인정질서에서 공유된 규범이 실천되는 방식에 대한 지배적 해석에 반대하기 위해서 활용할 수 있는 근거들의 공간의 폭은, 참여자들이 입장 표명 및 비판의 권한을 상호 부여한다는 사실만으로 확정되지 않는다. 오히려 정당하게 동원할 수 있는 근거의 양, 따라서 무엇이 비판·반대될 수 있고 의문에 부쳐질 수 있는가에 관한 결정에는, 인정 관계에서 변화 가능한 것과 어쩔 수 없는 것, 문화와 자연을 구분함으로써 외부에서 인정 관계 안으로 들어오는 세계관과 해석 체계가 항상 함께 작용하고 있다. 인정 관계에서 참여자의 등 뒤에서 작용하고 있는 그러한 구분에 의거하여 기성의 것들 중 자연적인 것, 따라서 변화될 수 없는 것으로 나타나는 것이 많으면 많을수록, 참여자들이 의미 있게 활용할 수 있는 근거의 범위는 제한된다. 이러한 점에서 우리는 항상 모든 기존의 인정질서에서, 헤겔의 결혼의 예가 보여준 것처럼 자세히 살펴보면 문화로 여겨져야 할 것이 잘못하여 자연으로 경험되고 있지는 않은지 물어야 한다. 한 번 그렇다는 증명이 제출되고 적어도 몇몇 참여자가 그것을 받아들이면, 기성질서를 검토하는 활동에서 정당한 방식으로 활용할 수 있는 근거의 공간은 급격하게 확대된다.

내가 보기에 헤겔의 인정이론의 이러한 맹점은 알튀세르에 의해 촉발된 인정이론의 자원을 통해 극복될 수 있다. 개인이 처음에는 자신의 것이 아니었거나 아니면 단지 우연적으로만 자신에게 부여된 인격적 속성을, 왜 일정 시간이 지나면 자연이 준 것으로, 변화될 수 없는 것으로, 따라서 의문에 부쳐질 수도 없는 것으로 지각하게 되는지가 헤겔의 이론에서 설명되어야 하기 때문이다. 그런데 여기서 그 자체로는 우연적인 행동 특성의 이러한 "자연화" 과정을, 역사적으로 유력했던 형태, 즉 특정 사회집단 전부를 사회적 인정 관계 전체로부터 배제하는 것을 정당화하는 형식으로 표상해서는 안 된다. 물론 헤겔은 그런 사례도 알고 있고, 노예제를 예로 삼아, 또 어떤 "민족"에서 여성의 "존중받지 못하는" 지위를 예로 삼아 그런 사례를 다루기도 한다. [23] 다만 이 두 사례는 우리의 맥락에서 설명이 필요한 경우, 즉 역사적으로 발전된 인정 관계에서 이미 성립된 평등이 형해화되는 사건에 해당

---

23) 앞의 책, §162.

하지 않는다.

　이러한 차이를 고려하면서 알튀세르에 의해 고무된 인정이론을, 주로 두 번째 경우, 즉 인간의 속성이 자연화되어 상호적 인정 관계에서 활용될 수 있는 잠재적 근거의 공간이 제한되는 경우와 관련해서 이해하면, 알튀세르와 그의 계승자들의 설명은 다음과 같이 제시될 수 있다. 학교의 교육 과정에서, 관료적 행정 처리에서, 교회 행사나 노동 과정에서 특정한 집단의 구성원들이 준(準) 의례적 형식으로 반복해서 매우 전형화된 동일한 특성을 부여받고 그렇게 "호명"되면, 그들에게 덧입혀진 속성을 결국에는 그들 자신의 본성의 확고한 부분으로 파악하는 경향이 생겨난다. 그렇게 국가에 의해 지탱되고 매개된 인정에 의해 자연적으로 고정된 행위 성향이란 가상이 산출되고, 그것은 상호 인정 관계 내부에서 지금까지 행해져 온 실천의 수용 혹은 거부를 위해 동원될 수 있는 잠재적 근거들 중 일정 부분을, 그것들이 참여자의 본성에 반하는 것처럼 보이기 때문에 배제하는 식으로 영향을 미친다. 이렇게 되면 참여자들로 하여금 자신들의 어떤 속성을 변화될 수 없는 본성으로 여기도록 압박하는 유형의 인정이 위로부터 인정 관계 안으로 개입함으로써, 본래는 지배 없는 자유를 보장하는 인정 관계가 지배를 영속화하게 된다.

헤겔의 인정이론을 알튀세르의 이론과 느슨하게 연결하려는 이러한 시도는 어느 정도 인위적으로 느껴질 수밖에 없다. 알튀세르의 목적을 위해서는 본래 인정이란 개념틀이 거의 필요하지 않기 때문이다. 알튀세르나 주디스 버틀러가 염두에 두고 있는 사례들은 완전히 다른 종류의 개념적 수단을 통해 어쩌면 더 적절하게 묘사될 수도 있다. 예를 들어 "성별"이든 "인종"이든 "자연적" 특성을 통해 규정된 집단에 개인들이 스스로를 자발적으로 귀속시키는 현상은, 정치적으로 도구화된, 일정한 기간을 넘어 행해진 분류 관행의 루핑 효과(looping effects)로 파악될 수 있다. 24) 혹은 알튀세르의 국가중심주의에 좀더 강하게 반대해서 부여된 속성의 "자연화" 과정을 사회의 헤게모니적 언어 관습이 개인에게 침전된 것으로 포착할 수도 있다. 이런 언어 사용은 사회적·경제적 특권을 보전하려는 이해관심에서 (피부색과 성별 같은) 외적 특성에, 불리한 위치에 있는 집단이 당하는 차별의 지속을 정당화하는 전형적인 행위 특성들을 결부시킨다. 25) 사람들이 곧바로 시인할 수밖에 없는 것처럼 이 두 대안은 해당 현상에 대해서 알튀세르나 버틀러의 인정이론이 제공할 수 있는 것보다 더 나은 설

---

24) 루핑 효과에 대해서는 Ian Hacking, *The Social Construction of What?* (Cambridge: Harvard University Press, 1999).

25) Sally Haslanger, *Resisting Reality: Social Construction and Social Critique* (Oxford University Press, 2012).

명을 위한 단서를 포함하고 있다. 국가기구를 통해 행해지는 전형적인 속성 부여를 "인정" 개념으로 표시하는 것은, 그를 통해 이완과 압박, 유인과 억압의 동시성에 주목하게 된다는 점에서 그 자체로 의미가 있기는 하겠지만, 거기에 관여된 과정들의 심화된 이해를 위해서 그런 개념적 용어가 기여하는 바는 거의 없다. 여기서 이안 해킹과 샐리 해슬랭어의 제안은 의심할 여지없이 훨씬 더 풍부한 분석을 위한 단서를 제공해 준다.

사상사적 검토를 통합하려는 나의 시도에 알튀세르의 이론을 포함시킨 이유는, 그를 통해 결혼과 가정에서 남성 지배의 조건에 관한 설득력 있는 분석을 위한 힌트를 얻으려는 것이 아니었다. 그 대신 알튀세르의 사회적 인정 관념이 헤겔의 인정이론에 있는 중요한 허점을 보게 해준다는 점을 지적하고 싶었다. 이미 확립된 인정 관계에서 지배의 지속이라는 문제적 지점에서 그 외에는 그렇게 멀리 떨어져 있는 두 전통이, 부정적 전통이 좀더 근본적인 독일 전통의 약점에 주의를 환기시키면서, 놀랄 정도로 가까워진다. 헤겔이 상호 인정의 관계로 확인할 수 있다고 믿은 모든 것이 단지 그 때문에 이미 지배와 의존 그리고 억압에서 해방된 관계는 아니다. 인정 관계를 둘러싼 그리고 그것에 영향을 미치는 사회구조적 조건은 오히려 모든 참여자들이 자신들에게 원칙적으로 부여된 자유를 같은 정도로 사용할 수 없게끔 짜여 있을 수 있다.

사회구조적 조건이 인정 관계의 규범적 잠재력의 실현을 방해하는 두 경우를, 우리는 인간의 타자 의존성에 대한 유럽의 담론을 결산하면서 알게 되었다. 루소의 아무르 프로프르가 헤겔의 상호 인정 관념과 어떻게 연결될 수 있을까 하는 물음의 맥락에서, 저 독일 철학자는 라인강 건너편에 있는 그의 선배가 둘째 논고에서 묘사한 심리적 병리현상을 분명히 알고 있는 것처럼 보인다고 했다. 헤겔 《법철학》의 몇몇 구절들에서 추론할 수 있었던 것처럼, 개인들은 자신들에게 당연히 개방되어 있어야 하는 인정 관계에 편입되지 못하면 루소의 거침없는 아무르 프로프르의 특성과 꼭 닮은 행위 특성을 발전시키는 경향이 있다. 인정 관계의 잠재력이 저지되는 이러한 첫째 경우를 막스 베버(Max Weber)와 더불어 "사회적 폐쇄"나 "배제"라고 부르는 것이 좋을 것이다. 26) 이것이 의미하는 바는 쉽게 접할 수 있고 이미 헤겔이 서술한 현상, 즉 모든 전제조건을 충족시키고 있음에도 불구하고 어떤 이유에서건 특정 개인이나 전체 집단이 기성의 인정 관계에 참여하는 것을 가로막는 현상이다. 우리는 헤겔이 "천민"의 발생 또한, 자신들이 겪은 부당함에 대해 보이는 이들의 심리적 반응이 허세

---

26) 막스 베버, 《막스 베버 사회과학방법론 선집》(전성우 옮김, 나남, 2011), 272쪽 이하.

나 과시와는 다른 것이긴 하지만, 이러한 배제의 예로 언급했음을 기억한다.

인정 관계가 자신의 모든 규범적 가능성을 전개하는 것을 방해하는 사회구조적 조건의 둘째 경우를 우리는 방금 프랑스적 부정주의에서 기원하는 알튀세르의 독특한 인정 관념에 대한 고찰에서 만났다. 알튀세르의 인정 개념을 헤겔의 예에 대입해 보면, 특정 집단의 "자연적" 속성을 "이데올로기적으로" 구성하는 것이, 그 자체로는 동등하고 서로를 상호적으로 인정하는 사람들이 자신들의 관계를 규정하는 권한은 불평등하게 보유하게 되는 사정에 책임이 있다. 그러한 인정 관계에서 전문적 능력과 공적 권위 같은 지도자적 자질을 약속하는 자연적 속성을 준의례적 형식을 통해 더 많이 부여받은 사람은, 이러한 외견상의 사실을 토론을 중단시키고 관계를 규정할 수 있는 권한이 자신에게 있음을 주장하기 위한 논거로 사용할 수 있다. 이 둘째 경우에 상호 인정의 규범적 잠재력이 형해화되는 것은, 공동의 규범에 대한 본래 의문시될 수 있는 해석이 유일한 해석으로 제시되거나 자연에 의해 주어진 것으로 경험됨으로써 가능한 근거들의 공간이 축소되기 때문이다. 이러한 경우를 "사회적 폐쇄"와 구분하여 인정 관계의 "논증적 폐쇄"로 부르는 것이 좋을 것 같다.

제도화된 상호 인정 관계에서 참여 주체들이 자신들에게 부여된 규범적 권위를 적절하게 사용하지 못하게 하는 사회구조적 환경이 이로써 남김없이 포착된 것은 아니다. 주체에게 부여된 속성만이 아니라 제도적 규정 자체가 참여자들에 의해 자연이 부과한 것으로 혹은 적어도 상당 기간 변화될 수 없는 것으로 지각될 수 있다. 이것도 "논증적 폐쇄"의 사례일 것이다. 27) 이때 그런 방해하는 조건이 단순히 다른 참여자의 의사 표명을 저지하는 누군가의 권한 때문이 아니라는 사실도 고려되어야 한다. 의사 표명 권한에 대한 상호적인 승인은 사실적으로 주어진 것으로 전제되어야 하기 때문이다. 그렇지 않다면 그것은 제도화된 인정 관계에 해당하지 않을 것이다.

그런데 여기에서 이러한 규범적 자유 공간을 조이거나 허물 수 있는 가능성의 몇몇 예를 열거하는 시도는 인간 간 인정의 가치와 영향에 관해 유럽에 퍼져 있는 표상들의 놀라운 조우에 대해 다시한 번 주의를 환기시키는 의미만 있을 뿐이다. 헤겔의 관념 세계에서 그토록 멀리 떨어져 있는, 프랑스적 회의주의의 정신적 산물인 알튀세르의 인정 개념조차도 인정에 기반한 헤겔의 사회이론의 중대한 허점을 보여준다는 점에서 그 안에서 일정한 역할을 한다.

---

27) "불가피한 것"(*inevitabilities*)의 문화적 구성에 대해서는 Barrington Moore, *Injustice: The Social Bases of Obedience and Revolt*(London: Routledge, 1978), 14장 참조.

다른 전통과의 비교·보완을 통해 헤겔의 이론이 그 사이 어떤 윤곽을 갖게 되었는지를 떠올려 보면, 그에 의해 묘사된 인정 관계가—그가 약간 소홀히 다루긴 했지만—또 하나의 중요한 구성적 특징을 갖고 있다는 것은 이제 더 이상 놀랄 일이 아닐 것이다. 상호 인정 관계는, 사회 현실에서 서로의 행위를 조정하는 효력을 갖기 때문에 언제나 이미 제도화된 것으로 표상되어야 한다. 나아가 그 관계의 규범적 내용은 개인들의 습관이 되어 그들의 살이 되고 피가 된 행위 관행으로 생각되어야 할 뿐만 아니라, 마침내 또한 그 구체적 형태에 있어 항상 논란이 되는 것으로, 그 자체로 갈등적인 것으로 해석되어야 한다. 번갈아가며 서로를 대상화하는 주체들 사이의 항구적 상호작용이라는 사르트르의 인정 이해는 앞에서 말한 이유에서 매우 잘못된 것이기에 그를 제외한다면, 헤겔은 유럽의 인정 담론에서 타자에 대한 인간의 구성적 의존성 안에서 거의 잠재워질 수 없는 갈등의 싹까지도 본 유일한 사상가이다. 모든 인정 관계의 이러한 구성적 특성을 헤겔이 언제나 충분히 선명하게 강조하지 않았고, 더욱이 《법철학》에서는 그런 특성을 강하게 축소해서 오직 주변적 언급에서만 슬쩍 흘리고 있지만 말이다. 그럼에도 전체적으로 볼 때 헤겔이 인정 관계의 그런 갈등적 성격에 대해 충분히 명확하게 의식하고 있었다고 말해야 할 것이다. [28)]

인정 관계에서 다종다양한 갈등이 일어나는 혹은 인정 관계가 이를 유발하는 이유는 쉽게 인식될 수 있는데, 그것은 인정 관계가 깨지기 쉬운 재료로 이루어져 있기 때문이다. 인정 관계를 결속시키는 것이 오직 사회적으로 제도화된 규범뿐이라면 그리고 그것의 해석과 적용에 대해 주체들이 서로에게 함께 결정할 권리를 부여했다면, 그 규범의 적용 영역과 그 적용의 대상이 되는 사람들의 범위에 대해서 지속적으로 새로운 싸움이 생겨날 수 있다.

그런데 지금 공유된 규범의 적절한 해석에 대한 이견 때문에 생기는 분쟁에 대해서 말하고 있는 것이 아니라는 점을 유념해야 한다. 그런 논쟁은 어느 정도는 모든 인정 관계의 일상에 속하고, 근간이 되는 규범의 사회적 존재 방식의 본질을 구성하며, 따라서 아직 진짜 갈등이라고 할 수 없다. 오히려 진정한 의미에서의 갈등은, 규범의 적용 영역이 명확히 정해져 있고 모든 참여자들이 거기에 동의하고 있어서 규범의 해석만이 논란이 되는 곳에서가 아니라, 규범의 적용 영역의 실질적 경계와 그 영역에 속하는 사람들의 수 자체가 논쟁이 되는 곳에서 일어난다고 할 것이다. 앞에서 다룬 예를 활용하자면, 부모가 동반자적 결합이라는 규범에 비추어 가사를 어떻게 서로 나눌지를 두고 싸우는 것은, 부모

---

28) 이러한 방향의 해석으로는 악셀 호네트, 《인정투쟁》(문성훈 · 이현재 옮김, 사월의책, 2011) ; Georg W. Bertram & Robin Celikates, "Toward a Conflict Theory of Recognition", *European Journal of Philosophy*, 4(2015), 838~861.

가 자녀에게 그런 문제에 대한 발언권을 주고 그런 식으로 자녀를 자신들의 동반자 관계 속으로 편입시킬지에 대해 의견이 갈리는 것과 큰 차이가 있다. 이 예에서 작은 규모로 가시화된 것, 즉 규범의 구체적 적용에 대한 일상적인 소위 가내(家內) 분쟁과 규범의 타당성 영역의 주제적·인적 범위에 관한 갈등 사이의 차이는, 사회적 대결이란 큰 규모에서는 당연히 완전히 다른, 역사를 변화시키는 중요성을 갖게 된다. 만약 헤겔이 여기서 곧장 세계정신에 의탁하지 않았다면, 헤겔은 세계사적 규모의 그러한 갈등을 인정 관계의 도덕적 발전을 위한 추동력으로 여겼을 것이다.

헤겔의 인정이론에서 이제 더욱 연구되어야 할 영역에 대한[29] 이러한 어렴풋한 전망과 함께 나는 근대의 시작 이후 유럽의 몇몇 나라에서 발전되어온 사회적 인정의 의미에 대한 다양한 표상들에 일차적 질서를 부여하려는 나의 시도의 종착점에 도달했다.

---

29) 내가 받은 인상에 따르면, 헤겔의 역사철학에 대한 최근의 연구 성과들도 헤겔의 관점에서 볼 때 세계정신보다 낮은 단계에서, 그러니까 역사 속에 자리한 주체들 사이에서 그리고 그들의 힘에 의해 도덕적 진보가 이루어지는 사회 과정에 대해 좀더 분명한 상(像)을 전달해 주지 못한다. Terry Pinkard, *Does History Make Sense?*: *Hegel on the Historical Shapes of Justice* (Cambridge: Harvard University Press, 2017); Joseph McCarney, *Routledge Philosophy Guidebook to Hegel on History* (London: Routledge, 2000).

저 상이한 관념들의 모든 방법적 · 내용적 차이에도 불구하고 그것들이 서로 연결될 수 있는 길을 찾는 이 작업에서 다른 것이 아니라 바로 헤겔의 인정 구상을 이론적 열쇠로 삼은 것에 대해 나는 이 종합하는 고찰을 시작하면서 곧바로 정당화하려고 시도하였다. 그러나 내가 이런 결정을 내린 것이 단지 나의 드러나지 않은 철학적 전제 때문이거나, 더욱 나쁘게는 나의 정신적 문화적 고향에 대한 의식하지 못한 유대감 때문이 아닐까 하고 독자들이 계속해서 의심할 가능성을 배제할 수 없기 때문에 내가 앞에서 제시한 두 가지 근거를 다시 한 번 짧게 요약하고자 한다.

첫째 고려는 다음과 같은 것이었다. 헤겔과 피히테는 각자의 인정 개념을 가지고 사회적 공동삶과 관련된 어떤 현상만을 지목하려는 것이 아니라 동시에 사회적 삶 자체를 구성하는 조건을 명시하고자 한다. 우리가 서로를 공유된 규범의 정당성에 대해서 함께 판단할 수 있는 규범적 권위를 갖춘 인격으로 인정함으로써만, 우리는 규범적으로 규제된 인간의 공존을 위한 전제조건을 충족시킨다. 상호 인정의 사회구성적 역할에 대한 이러한 강조가 스코틀랜드 도덕철학, 특히 애덤 스미스의 "내적 관찰자"라는 개념에서도 관찰될 수는 있지만 그것은 사회를 규제하는 규범의 발생과 존재 방식을 설명하는 데까지 이르지 못한다.

칸트에게서 영향받은 독일 관념론 전통이 많은 근본적인 통찰을 제공해 준다는 것을 인정한다고 하더라도, 왜 피히테와 헤겔 모두가 아니라 오직 후자만이 사회적 인정의 통합적 이해를 위한 열쇠를 갖고 있다고 하는지에 대해서는 별개의 논거가 필요하다. 그 이유는, 헤겔은 피히테와 함께 규명한 인정의 사회구성적 역할을 선험론의 영역에서 풀어내어 사회 제도, 도덕적 습관, 그리고 이 두 가지와 씨름하는 육체를 가진 인간을 포함하는 객관화된 "정신"이라는 사회 현실 안으로 옮겨 놓았기 때문이다. 피히테를 넘어서는 이러한 중요한 걸음 그리고 그를 통해 발전된 상호 인정의 생활세계적 존재 방식에 대한 감각 때문에, 나는 앞에서 다룬 전통들이 인간의 상호의존성에서 각기 중심에 놓은 다양한 측면들의 사회적 위치를 탐색하는 작업에서 헤겔의 이론을 지침으로 삼았다.

이 작업에서 다른 전통에서 지각된 인정의 모든 측면들이 적절히 고려되지 못하고 모든 특성들이 통합될 수 없었던 것은 부분적으로는 그것들이 헤겔의 이론과 너무 거리가 멀어서이기도 하고, 부분적으로는 그것들을 포착한 관찰이 너무 특이하기 때문이기도 하다. 그럼에도 불구하고 인간의 공동삶을 위해 인정이 담당하는 구성적 역할에 대한 우리의 그림은 유럽의 다양한 전통을 통합하려는 시도에 의해서 크게 확장되었다고 생각한다. 우리는 이제 헤겔에게서 영감을 얻은 인정이론은 언제든 일어날 수 있는 병리현상에 대한 진단, 도처에 숨어있는 방해조건에 대한 탐구, 나아가 상호 인정의 갈등적 성격에 대한 분석, 이 모두를 항상 포괄해야 한다는 것을 알게 되었다.

옮긴이 후기

길지 않지만 이 책은 저자 악셀 호네트의 여러 장기가 종합적으로 잘 드러나는 책이다. 호네트는 독창적 이론가로서 자신의 사유를 전개하는 데도 능숙하지만, 다른 철학자들의 텍스트를 해석하는 데도 탁월하다. 호네트의 이 장기는 보통 글의 종류에 따라 따로따로 발휘되는데, 이 책에서는 두 장점이 잘 어우러져 있다. 프랑스, 영국, 독일의 주요 철학자들의 텍스트를 "인정"이란 주제에 맞춰 읽어 내는 2, 3, 4장에서는 호네트의 해석학적 능력이 빛을 발하고, 그렇게 얻어진 여러 갈래의 지식을 서로 맞춰 가며 체계적으로 꿰어 내는 마지막 장에서는 쥐락펴락하며 독창적으로 종합하는 사유의 힘이 감탄을 자아낸다.

호네트 글쓰기의 흥미로운 점 하나는 논증을 그저 펼치는 것이 아니라, 논증의 주요 마디마다 일종의 중간결산을 통해 자신의 논증이 현재 처한 상황, 나아가려는 목표 지점과 거기로 가는 길에서 맞닥뜨린 난관, 이 난관을 어떻게 돌파할지에 대한 모색과 구상 등, 자신의 머릿속을 보여주는 듯한 글쓰기를 한다는 것이다. 이 점에서 독자는 한 독창적 사상가의 사유 과정을 관찰할 수 있는 진기한 즐거움과 더불어 스스로 논증을 쌓아 가기 위해서는 어떻게 생각을 전개해야 할지에 대한 하나의 모범을 배울 수 있다. 그것은 단지 생각의 기술이 아니다. 자신의 해석 및 종합 시도에 유리한 정황만이 아니라 불리한 정황도 공정하게 드러내는 지적 정직함과 균형 감각은 인간 호네트의 성품의 반영이면서, 동시에 그의 논증의 수준과 품격을 높이는 중요한 요소이다.

　한 명의 독자로서 옮긴이에게 이 책에서 특별히 재미있었던 점 또 하나는 프랑스와 영국, 독일 세 나라의 사상가들을 다루고 있는 이 책의 특성상 각 나라의 특색 있는 사유 방식이 대조적으로 잘 드러난다는 것이다. 특히 영국과 독일을 다루고 있는 이 책의 3장과 4장을 읽어 보면 영국 경험론과 독일 관념론 간 차이를 생생하게 맛볼 수 있다.

아주 길지도 어렵지도 않고 주요 논지 이외에도 여러 흥미로운 요소를 담고 있는 책이므로, 꼭 필요하지도 않은 해설을 하는 대신 독자들에게 스스로 책을 펴고 직접 읽을 용기를 내라고 권하고 싶을 뿐이다. 다만 그릇된 기대에서 올 수 있는 불필요한 실망을 방지하기 위해서, 저자가 1장에서 이 책의 연구 방법을 설명하면서 스스로도 분명히 하는 바를 다시 한 번 환기시킬 필요는 있을 것 같다. 프랑스, 영국, 독일을 사례로 하여 근대 유럽에서 "인정"이란 생각의 상이한 발전 경로를 재구성하는 이 작업에서, "인정이란 생각"은 꼭 "인정"이라는 낱말로 표시된 생각이 아니다. 피히테와 헤겔에서 "인정"이란 확정적 표현을 얻기까지 그 생각은 프랑스에서는 "아무르 프로프르"로 표기되기도 했고, 영국에서는 "공감"으로, 칸트에게서는 "존중"으로 표시되기도 했다. 다시 말해서 여기서 재구성의 대상이 되는 것은 사태로서의 인정 관념이지 용어, 낱말로서의 "인정"이 아니다. 따라서 이 책에서 "인정" 개념은 호네트의 이전 저작들에서보다 사용의 폭이 훨씬 넓어져, 상호주관성 개념과 거의 같아진다. 개념 사용의 이러한 확장은 득도 있고 실도 있을 수 있는데, 그것은 이 연구가 내놓은 성과에 비추어 독자들이 판단할 몫이다.

번역과 관련하여 몇 가지 알리고자 한다. 하버마스의 《의사소통 행위이론》과 루만의 《사회의 사회》라는 중요하고 그만큼 두꺼운 책을 훌륭하게 우리말로 옮긴 장춘익 선생님은 도합 2,600쪽이 넘는 번역서에 "단 하나의 옮긴이 주도 달지 않았다". 역자 서문도 가능한 한 간략하게 쓰셨다. 선생님이 추구하신 미니멀리즘은 알게 모르게 나에게도 영향을 미쳐서, 몇 개의 역자 주를 달았지만 불필요한 개입을 최대한 줄이려고 했다. 번역 중에 사소하다면 사소하고, 그렇지 않다면 그렇지 않다고도 할 수 있는, 독일어 원문에 있는 몇몇 오류와 실수를 발견하고 저자와 협의를 거쳐 수정하였지만, 책의 주요 논증에 영향을 주는 것은 아니므로 따로 표시하지는 않았다. 없어도 되는 이런 저런 흔적을 남겨 책을 너저분하게 만들기 싫었다. 다만 혹시 독자들 중에 이 책의 한국어판이 독일어 원문이나 다른 언어 번역본과 다른 지점을 발견할 경우, 곧장 한국어 번역을 의심하지는 말라고 당부하고 싶다. 오히려 거꾸로 일단 이 한국어 번역본에 신뢰를 보내는 것이 더 안전한 선택일 수 있다. 몇몇 용어들의 경우—예를 들어 칸트의 "나이궁"(Neigung)—의식적으로 보통 사용되는 역어와는 다른 표현을 선택하기도 했다. 그 적절성은 맥락 속에서 독자들에 의해 판단될 것이다.

15년 전인 2006년, 호네트의 《물화》를 번역해 내놓으며 당시 "불안감을 주는" 한국의 번역 풍토에 대해 아쉬움을 표한 적이 있다. 그 사이 상황은 놀랄 만큼 달라졌다. 특히 주위에 있는 선생님, 친구, 동료 학자들이 좋은 번역서를 여러 권 출간해서, 이 책을 번역하면서 그들에게 뒤지지 않아야 한다는 심리적 압박감이 상당했다. 개인적으로도 노력을 했지만, 나는 복이 많은 사람이라 이번에도 출중한 역량을 갖춘 친구들을 거의 부려 먹는 호사를 누릴 수 있었다. 누구보다 정진범과 김주휘는 바쁜 중에도 번역 원고를 전부 읽고 정성 어린 여러 개선안을 제안하며 독일어 번역어로가 아니라 한국어로 옮길 수 있도록 실질적 자극과 도움을 주었다. 프랑스어를 전혀 모르는 나에게 김은주는 언제나 든든한 기댈 곳이었다. 나남출판사의 신윤섭, 이현오 두 편집자님은 독일어 원문의 포로로 있으려는 나를 풀어 주려고 애쓰셨다. 이 모든 분들의 도움이 이 번역을 "질적으로" 개선해 주었다. 실질적 도움을 받아 본 사람은 도움의 가치를 알게 된다. 진심으로 감사하다. 번역을 계기로 오랜만에 연락을 주고받은 호네트 선생님은 여전히 인간적으로 겸손하고 따뜻했다. 선생님의 이메일은 유머와 여운이 있어 좋았다. 정규직 자리를 갖고 있지 않으면서도 별 걱정 없이 학문 활동에 전념할 수 있는 환경이 되어 준 두 기관도 기록해 두고 싶다. 그곳은 서울과학기술대 기초교육학부와 한국연구재단1) 이다.

1993년 장춘익 선생님을 만나고 철학을 공부하기로 한 이후 나의 모든 학문 활동은 선생님께 지원을 받으며, 선생님과의 대화 속에서 이루어졌다. 그사이 나도 박사학위를 받아서 이 번역은 선

---

1) 이 번역은 2020년 대한민국 교육부와 한국연구재단의 지원을 받았다(NRF-2020S1A5B5A16083644).

생님의 도움 없이 해보려 했는데, 책에 피히테도 나오고 헤겔도 나오고 해서 헤겔 전문가이기도 한 선생님께 자문을 구했다. 선생님과 마지막 나눈 대화도 이 책과 번역에 관한 것이었다. 선생님은 내가 성장하여 같은 눈높이에서 팽팽하게 토론할 수 있는 동료가 되기를 바라셨다. 나도 정말 그렇게 되고 싶었는데, 평생 일방적으로 배움과 격려를 받은 부족한 학생에 머무르고 말았다.

2021년 5월 31일
강 병 호

지은이 **악셀 호네트 Axel Honneth**

1949년 독일 에센에서 태어나 본대학, 보훔대학, 베를린 자유대학에서 철학, 사회학, 독문학을 공부했다. 콘스탄츠대학과 베를린 자유대학을 거쳐, 위르겐 하버마스의 후임으로 1996년부터 2017년까지 프랑크푸르트대학의 철학과 교수로 재직했다. 2001년부터 2018년까지 프랑크푸르트학파의 산실인 프랑크푸르트 사회연구소의 소장을 맡아 비판이론의 발전적 계승을 위해 노력했다. 2007년부터 2017년까지 국제헤겔학회 회장을 역임했다. 현재 미국 컬럼비아대학의 Jack C. Weinstein 교수이다. 2015년에는 '에른스트 블로흐 상'(Ernst-Bloch-Preis)을, 2016년에는 '브루노 크라이스키 상'(Bruno-Kreisky-Preis)을 받았다. 저서로 《권력 비판》(*Kritik der Macht*, 1988), 《인정투쟁: 사회적 갈등의 도덕적 형식론》, 《정의의 타자: 실천 철학 논문집》, 《물화: 인정이론적 탐구》, 《분배냐, 인정이냐?: 정치철학적 논쟁》(공저), 《비규정성의 고통: 헤겔의 〈법철학〉을 되살려내기》, 《사회주의 재발명: 왜 다시 사회주의인가》, 《자유의 권리》(*Das Recht der Freiheit*, 2011) 등이 있다.

옮긴이 **강병호**

춘천의 한림대에서 철학과 사회학을 공부했다. 서울대 대학원 철학과에서 하버마스의 토의민주주의에 관한 논문으로 석사학위를 받았다. 독일 프랑크푸르트 대학에서 악셀 호네트와 마르쿠스 빌라섹(Marcus Willaschek) 교수의 지도를 받아 칸트의 도덕이론에 대한 논문으로 철학박사학위를 취득하였다. 현재 서울 과학기술대 시간강사 겸 한국연구재단 인문사회학술연구교수이다. 호네트의 글 중에서 "노동과 인정: 새로운 관계규정을 위한 시도"(《시민과 세계》, 2009)와 《물화: 인정이론적 탐구》(나남, 2015〔재판〕)를 우리말로 옮겼다. "Werte und Normen bei Habermas. Zur Eigendynamik des moralischen Diskurses" (*Deutsche Zeitschrift für Philosophie*, 2009), 〈악셀 호네트: 인정투쟁, 사회적 갈등의 도덕적 구조와 논리〉(《현대 정치철학의 모험》, 2010), "정언명령의 세 주요 정식들의 관계: 정언명령의 연역의 관점에서"(2014, 한국연구재단 우수 논문), "악셀 호네트의 인정이론적 도덕 구상의 의무론적 재구조화를 위한 시도"(2017, 〈철학연구회〉 제 18회 논문상), "생활세계와 체계: 하버마스의 이단계 사회이론과 그에 대한 비판에 대한 재고찰"(2020) 등의 논문을 발표하였다.

물화

인정(認定)이론적 탐구

악셀 호네트 | 강병호 옮김

저자는 게오르크 루카치의 "물화" 개념을 하이데거와 존 듀이의 통찰을 바탕으로 재해석한다. 단지 철학사적으로 정당화하는 데 머무는 것이 아니라 오늘날의 사회적 현실과 학문적 수준에 맞춰 새롭게 해석하고 재활성화한다. 새롭게 정식화된 "물화" 개념이, 인간의 삶의 가능성을 왜곡하고 제한하는 사회병리들을 사회학적으로 추적하고 규범적으로 비판하는 데 어떻게 쓰일 수 있는지 이 책을 통해 알 수 있다.

4×6판 | 154면 | 9,000원

정의의 타자

실천 철학 논문집

악셀 호네트 | 문성훈·이현재·장은주·하주영 옮김

우리가 '정의의 타자'에 관심을 두는 것은 정의의 원칙의 한계 때문이다. 절차주의적으로 지향하는 정의이론이 지닌 한계를 저자는 다양한 방향에서 규명하고자 한다. 저자는 '배려'의 윤리적 입장을 강조하지만, 정의와 배려의 양자택일이 아니라 양자를 아우르는 제3의 가능성을 모색한다. 비판이론 제3세대가 어디에 있고 어디로 가고 있는지 잘 보여주는 이정표 역할을 하는 저작이다.

신국판 | 416면 | 18,000원